本书是教育部课题青年基金（项目号：10YJC840008）阶段性成果

本丛书由复旦大学"985工程"学科建设项目资助

主　编　梁　鸿　刘　欣

编委会（以姓氏拼音为序）

陈家华　　顾东辉　　梁　鸿　　刘　欣　　彭希哲

瞿铁鹏　　孙时进　　王　丰　　王桂新　　周　怡

社会发展与社会政策论丛

追溯老年佳境：
基于社会资本理论的研究

The Pursuit of Optimal Aging:
From a Social Capital
Theoretical Framework

陈虹霖◎著

社会科学文献出版社
SOCIAL SCIENCES ACADEMIC PRESS (CHINA)

序

对上海老年人社会资本的研究显示，社会环境对社会资本发挥效力有重大影响。毋庸置疑，社会资本的本质对于人类来说有着十分重要的意义：如果我们能够充分了解其规律，从而引导老龄化社会健康运行，那将是一件功德无量的事情。当然，要实现这个美好的愿望，我们任重而道远。本书为我们呈现了一种研究社会资本的新视角，这对于加深理解社会资本有积极的意义。

社会资本由各种网络、规范、关系、价值以及那些非正式的制裁所组成，它们一起塑造着整个社会，包括社区交往的质量和水平。社会资本，无论在个体层面还是在群体层面，都对那些即将退休或者已经退休的老年人的生活质量的提高有着重要影响。本书试图了解中国老年人的生活情况以及他们所拥有的社会资本来源，并对老年人日益显现的需求进行调研，以期为相关的政策制定和服务改善提供意见和建议，从而使老年人在社区社会资本构建中扮演更为活跃和积极的角色；此外，本书还就社会资本的差异如何影响老年人的生活质量进行探索。

以往我们关于社会资本的研究常常着眼于形形色色的社会资本的定义，对其进行理论辨析，似乎我们的研究仅仅是对我们所说的这些词句进行排列组合，之后再对其进行按部就班的测量即可。但是，本书作者着重对社会资本概念进行详细的核查比对，从而探寻社会资本——对于中国的老年人来说——具有哪些具体的特性，又造成了何种影响。事实证明，个体在社会、经济、政治方面存在的差异，对其造成了迥然不同的影响，同时也影响社会资本对个人福祉的作用。

人们经常盲目地追求社会资本，好像社会互动越多，对个人越有益。但是人们却似乎忽视了：不是所有的社会联结都能给人带来归属感或是自我控制感。此外，我们曾一度认为，老年人的社会联结——包括与亲人、朋友以及其他社会团体的联系——越多，对其自身越有益。本书作者却发现，一般来说，那些社会参与较多的老年人会拥有较高的生活质量，但是，那些能够让他们聚集起来或参与到社会之中的因素也对这个过程有重要影响。在中国社会，特别是在内地，那些积极参与到社区事务中的老年人，更能和主流社会保持积极的联系，从而也不易有被边缘化的危险。那些参加各种组织——不论是官方组织还是草根组织——的人，在使用诸如社区凝聚力、社区网络等无形资源时享有更多的便利。当然，这些老年人，即便是独居老人，在享受此种资源时也可能会做出更大的贡献。而这种参与必须是实质性的参与，仅肤浅的"会员身份"的社会联结是不能起到作用的。

事实表明：这些老年人通过对社区生活的积极、实质性的参与，对周围的人群产生了较高水平的信任感，同时也对自己所在社区有了更强的归属感，从而能享受更高质量的生活。该书也让我们了解到，诸如生活方式的改变、出生地或祖籍以及政治归属等因素也会对老年人的社会资本以及他们的生活质量有所影响。

黄于唱教授

香港中文大学社会工作学系

2015 年 1 月 1 日

前 言

近十几年来，随着中国人口加速老化，老年学的理论和实务研究越来越受到国内学者的广泛关注，很多专家学者在西方经验研究的基础上发展性地阐述了老年学研究的理论框架，在发展长期照顾、居家养老、老年医学、老年社会保障政策等实证研究和理论政策研究的同时，开始探索活力老龄化（active aging），例如探索老龄化过程中老年人社会角色的转变，老年人的生活福祉（well-being）和生活满意度（life satisfaction），以及生活质量（quality of life）衡量标准的变化等。同时，学者们也致力于研究社会和政府应如何满足老年人物质、文化、精神的需求及帮助老年人追求理想的社会角色等。这些研究从对老年人身体健康及物质生活的关注转移到对老年人精神层面的关注，这充分表明了随着经济文明和社会文明的发展，高质量的老年生活不仅是老年人个人的追求，也是整个社会的诉求。

社会资本是一个集概念和理论"于一身"的学术词语，近二十年来在西方政治学、经济学、社会学等多个研究领域广受青睐，根本原因便在于它包罗万象，集合了"社会支持""社会融合""社会凝聚力""公众规范"等诸多学术概念的本质特征，这些要素被运用于政治学、经济学、人口学等不同学科及交叉学科研究中，它的出现为理论分析及实务研究开辟了一条崭新的途径。西方研究表明，社会资本几乎影响到个人、社会乃至国家治理的方方面面，对个人、家庭以及社区发展都至关重要，在众多目标行为中表现出了不可或缺的神奇力量（Castiglione, et al., 2008；OECD, 2001；Onyx & Bullen, 2001）。

本研究探讨了生活在日新月异的城市里的老年人的社会资本存量，他们积聚社会资本的因素，以及这些因素如何发挥作用。研究的重点在于探明老年人的社会资本如何影响他们的生活质量，以及从中国城镇社区老年人的社会参与的差异查看他们的生活状况。具体来说，本研究的目的体现在以下几个方面。

（1）充实相关研究，测量中国城市社区老年人个人层面及社区层面的社会资本；

（2）加深对社会资本定量测量的经验认识，并进一步促进其应用，包括对西方测量方法的本土化发展；

（3）期望对我国社会资本理论的构建有所贡献，并广泛探讨社会资本的性质和功能，承认其正面和负面的可能效用，在实证的基础上对我国社区社会资本进行研究；

（4）通过对社会资本理论的解读，为解决人口老龄化问题的社会政策制定和社会服务实施提供建议和意见；

（5）为社区和组织的从业人员提供切实可行的建议策略，以实现社区、社会和老年人群的互惠互利；

（6）在证实和认识社会资本战略效用的基础上发展出中国老年人社区参与的实用模型。

为达到这些目标，本研究对上海老年人群体进行随机抽样调查，对老年人感受到的社会资本进行测量。上海是中国老年人口比例最高的城市，上海市政府对人口老龄化的问题相当重视。在老龄化程度领先的上海开展关于老年人群体社会资本的实证研究极具理论意义和实践价值。

本研究的主要发现有以下几方面。①老年人在不同形式的社会资本方面均有差异，这种差异存在于个人层面和社区层面。那些更多地参与到社会网络中的老年人，感知到更多的社区社会资本，也更多地参与到政治事务中；那些更多地参与到组织网络中的人有更多的私交，并且他们的个人网络也更具功能性；那些更多地参与当地政治事务的人对政府的信任水平更低。②在男性老人和女性老人之间，有关个人水平的社会资本、可感知到的社区水平的社会资本或政治参与并不存在巨大差异。而被访者的"政党归属"则极大地影响了各种形式的社会资本。那些在社区中生活较久、受教育水平较高、社会地位较高、个人收入较高和拥有较强的日常生活活动能力的老年人，拥有较多的个人社会资本，也能较好地感知到社区中存在的社会资本。③社会资本对老年人的生活质量的影响最大。其他因素，如政党归属、是否接受社会救助、居住区域、社区的社会经济地位、收入、家庭规模等，也对被访者的生活质量有所影响。

本研究在社会资本和老龄化两个领域都做出了理论上的贡献，填补了中国当代城市社区老年人群体个人层面及社区层面社会资本评估的研究空白。虽然在世界范围内已有许多对社区老年人口的研究，但是少有聚焦于老年人的社会资本及其与老年人生活质量关系的研究。老年人的个人社会资本和他们所感知的社区社会资本是一个理解生活质量的新角度。研究中呈现的大量有关社会资本流通过程中的经验证据，在中国老年人群体中，更新了社会资本理论大厦中的"投资－累积"以及"进入－再生产"循环理论。有关社会资本的定量测量能让人们理解中国环境中社会资本的特性，并能为之后的同类研究带来参考。

在社区中达到产出性老龄化这一议题已经成为并将继续成为中国实践和政策领域中的焦点。本研究可能对此议题带来政策启示。本研究发现的社会资本的特性和功能可被用来发展一个中国城市老年人社区参与的实用模型。

总而言之，本研究最显著的特点在于它以对社会资本价值的探索为基础，探讨老年人获得较高生活质量的积极意义。在中国人口老龄化的环境下，我们清楚地认识到"提升社会资本质量"是一项有效措施，也是改善老龄化过程的一个实际解决方案。这支持了已有文献的观点，即"老年人越来越关注和致力于让自己的生活更加充实"。进一步来说，这种积极的参与对老年人个人和社会来说都是十分重要的。本研究也证明了社会资本及相关因素能够改善老年人福利，提高生活质量。

笔者希望通过对相关要素、指标深入、广泛的研究，使政府决策者、研究人员和服务提供者能够更好地理解如何改善老年人的生活状况，并加深他们对老年人社会资本的认识，以改善老年人的社会生活。此外，该研究应该对中国人口老龄化相关政策的制定有所裨益，笔者也希望即将展示的研究能够促进决策者和公众的对话以及政策制定者和研究机构的交流，并激发更多的人参与对中国老龄化的研究。

CONTENTS 目 录

第一章
引论

第一节　研究缘起

中国正迎来新一代的老年人，他们与之前所有的老年人都有显著的差异。如今的老年人身体更为健康，受过更好的教育，也更乐于接受新事物，他们无论在经济上还是生活上都更为独立，他们精力充沛，人生阅历也更为丰富（Berkanovic et al.，1994；Chi & Leung，1999；Lau et al.，1998）。此外，他们经常活跃于社会活动中，热衷于寻求高质量的晚年生活。

自20世纪70年代末的改革开放以来，中国逐步实行市场经济，这一发展再定位使经济显著增长。与此同时，中国人对国内外的社会、经济、文化和政治变革的感知也日渐强烈。可以说，当代中国老年人见证了过去几十年中伴随着信息化、全球化发展而来的巨大的社会变迁，这些变迁深刻地影响着他们的日常生活，改变着他们的生理、心理和社会交往等多方面的需求，重塑了他们的价值体系，也转变了他们的社会参与方式。

快速的老龄化进程、社会的根本性变化以及现代老年人不同于以往的价值观和社会期待，使政府、社会，尤其是老年人本身，面临众多的新挑战。今天，政府必须在社会和经济层面为这一老年群体提供支持和保障，以确保他们在未来几十年里度过圆满的银色时光。同时，老年人不仅希望拥有一种高质量的生活，更希望能发挥自身的余热，对社会有所贡献。社会应敏锐地感知这一群体的需求，关注他们的潜能，使他们能够更好地生活。

社会资本融合了社交网络、人际关系、社会规范、价值观念以及各种非正式的奖惩手段，这些要素共同影响了一个社会中社会互动的质量和水平。社会资本主要包括结构性内涵（粘黏、联合、链接）和认知性内涵（规范、信任、互惠）两个维度。社会资本这一概念起源于西方学术界，被广泛应用于多学科研究，并通过各地不同的实践得到了不断的发展（Grootaert & Bastelaer，2002）。尽管社会资本有较高的实证价值，但是由于学术界并没有一个统一的定义以及测量方法，人们在研究中使用这一概念时常常会引发争议。此外，社会资本的多样性也常常给成效评估带来困难。

国内学界关于社会资本的研究于 20 世纪 90 年代后期逐渐活跃，陆续出现了介绍社会资本理论的研究和专著，但大多数集中在理论研究的层面，缺少对于特定群体尤其是老年群体社会资本的相关实证研究。因此，将社会资本理论与实证相结合符合当前的研究趋势，从社会资本的角度入手解读社会老龄化的实际问题，将达到理论与实证完美结合的目的。

从理论上来说，本书是老年学理论和社会资本理论的有机结合。近几十年来，随着老龄化进程的显著加快，中西方对于老年学相关理论的研究取得了很大的进展，其中老年人的生活质量一直是研究热点之一，其核心概念也不断被更新，由健康老年（health aging）、活力老年（active aging）、积极老年（positive aging）发展至成功老年（successful aging）乃至创意老年（productive aging；creative aging）。这些理论和概念随着老年人生活水平的提高而不断被更新，理论核心要素也不断变化，并运用于实践，指导着老年服务及老年赋权（empowerment）等实务工作。在老龄化程度领先的上海开展关于老年群体社会资本（包括社区参与及社区融合等）的实证研究极具实践价值和时代意义，必将对相关理论的中国本土化发展做出贡献。

社会资本概念及其理论一直在批判中发展。社会资本在被证实有很多奇迹般的功用的同时，也受到很多质疑：中外学者均认为社会资本的概念仍需要进一步统一；与金融资本、物质资本大不相同的是，社会资本似乎很难用量化的方式去测量，这也是其局限所在。本研究采用量化的方法解析老年人的个人社会资本及社区社会资本，将抽象的学术表述转变成用数字衡量的指标，这是对社会资本概念及理论的进一步发掘，笔者期望在新的领域内拓展社会资本理论的应用。

社会资本不仅具有重要的理论意义，也在社会建设与发展方面颇有启示作用和实践意义（Aldridge et al., 2002）。在中国当前大力进行社会建设之时，社会资本理论为之提供了理论依据和指导。无论是在个人层面还是集体层面，社会资本都可能对提高老年人的生活质量有潜移默化的影响（The Department of Social Work and Social Administration, HKU［SWSA, HKU］, 2006）。理想的社会须通过一定的制度安排和道德约束来实现，其实现程度反映着一定时期公共治理的发展。而这一"制度安排"和"道德约束"便是社会资本的本质所在。社会资本的建立和积累，将实现公共治理，促进自然环境和谐发展；社会资本的调节，将缩小贫富差距，调控社会资源分配，增进经济效能；社会资本的价值实现，将有效地建立社会共识，亦有助于推动政府的行政能力，促进善治。本研究将探索社会资本如何在满足增长的老年群体需求与社会和谐发展之间发挥正面作用，本研究成果必将有效指导相关的实务应用。

从本研究的应用价值上来讲，人口老龄化是现今乃至将来很长时间内一个重要的发展趋势，老年人的社会参与是体现其社会生活质量的重要因素。随着人们健康水平的不断提高，很多老年人仍有积极参与社会活动的能力和愿望，他们是市民社会（civil society）和社区建设的重要力量。上海在全国各大城市中拥有最高比例的老年人，60 岁及以上户籍老年人口占城市户籍人口的 25.7%，即约有 367 万老龄人口。根据世界卫生组织的标准，上海已成为典型的老龄化城市（上海市统计局，2013）。随着近年来人口老龄化趋势日益严峻，上海市政府更是将老龄工作作为重点来抓。加之上海近年来在社区建设方面的飞速发展，老年人在社区生活中的文化、社会、经济及政治需求亦随之发生了巨大变化，他们的生理和心理需求也亟待社会的关注。在上海社区进行此项研究将会对其他地区的类似研究具有重大的参考价值。

在世界各地，老年人积极的社会参与都对社区福祉和他们自身生活质量的提高有所裨益（Coleman, 1995；David & Patterson, 1997；O'Reilly & Caro, 1994；Pillemer & Glasgow, 2000）。事实上，由于社会资本的潜在力量，老年人具有很大的社会价值（Coleman, 1995）。西方社会进行了大量调查研究来检验年龄和各种生产创造活动（productive activities）之间的关系。综合其结果可知，尽管生产创造活动的参与率与年龄的关系并不成正比，但是也有很多老人即使在高龄依旧保持着积极的状态（O'Reilly & Caro, 1994）；老年人在多个领域，如志愿服务、健康照料、政治舞台和社区建设、家庭照顾以及家庭以外的领域，做出的杰出贡献都得到了社会的广泛认可。有大量的文献表明，在中西方社会，老年人的社区参与和志愿活动对社区发展和积聚公众财富（public good）都极为重要（Coleman, 1995；David & Patterson, 1997；O'Reilly & Caro, 1994；Pillemer & Glasgow, 2000；Quah, 2003；周永新，2000）。与其他年龄层的人相比，老年人拥有更牢固、更广泛的社会网络，在离退休后更能持之以恒地进行志愿服务（Morris & Caro, 1995），他们也更有空闲积极地投身于各种形式的活动（Burr, Caro, & Moorhead, 2002）。总之，老年人为社会资本的建设做出了积极的贡献。

老年人的社会参与为社会所珍视（Bass & Caro, 2001）。老年人的社会参与，他们所加入的社会网络，在参与中形成的价值观与规范以及他们在参与互动中构建起的信任，是老年人个人层面社会资本以及社区层面社会资本的重要组成部分。

根据当前关于老年人积极参与社会活动以及社会资本水平的初步调查研究，我们提出这样几个问题：现代中国老年人的社会资本具有哪些特征？老年人本身的社会参与是否会有助于增加其社会资本？从社会资本这一建设性概念中能否窥视当今中国老年人的生活质量？社会资本是怎样影响他们的生活的？为什么会产生这些影响？这一系列令人兴奋的问题为本研究提供了理论思路。

第二节　研究空间

老龄化是目前一个重要的人口发展趋势，并将持续发展，因而老年人的福祉和生活状况应作为衡量社会健康与否的有效指标。在中国，尤其是在大城市中，60岁及以上的人群占人口的大部分。他们有潜力在社区建设和公民生活中发挥重要作用。当今国际化城市的经济增长和社会变革引起了老年人文化需求、社会需求、经济需求和政治需求的诸多变化，关于老年人社区参与的动力、方式、喜好等细节以及他们对社区的看法有待更深入的研究。

许多研究者基于他们的经验为人口老龄化构建了解释性框架，以此来回答老龄化社会中的一些问题，诸如当今中国老年人想要从他们所居住的社区中获得什么，如何提高他们的生活满意度，以及中国社会应该为老年人做些什么，等等（Chi & Leung, 1999; Chow & Chi, 1999; Hill, 2008）。

许多实证研究都从性别、家庭、个人等层面展示了社会资本的不同特性，但几乎没有专门针对老年人进行的研究，更不用说研究老年人社会资本和他们为建设社区公共社会资本做出的贡献。在有限的几篇讨论此问题的文献中，大多数研究认为老年人是一个社会资本缺失的群体。此外，大多数学者都采用了定性的方法来研究老年人的社会资本，仅有极少数的学者采用测量工具来客观和系统地测量其社会资本。

有些研究关注了中国人传统社会资本和现代社会资本之间的联系和区别，个体的社会资本被证明具有增加其他个人资本和缓冲个体困境（包括老年危机）的作用（SWSA, HKU, 2006）。也有大量文献研究了中国老龄化进程与个人福利的联系，以及福利体系对老龄人口的影响。尽管如此，仍鲜有研究聚焦于中国老年人社会参与和社会资本，尤其是聚焦于当今中国内地老年人个人层面的社会资本和生活质量的联系。因此，我们需要进行实证研究来填补这些空白。

第三节　研究目标及研究途径

本研究探讨了生活在日新月异的城市里的老年人的社会资本存量，这有助于发现他们积累社会资本的因素，以及这些因素如何发挥作用等。研究的目标是探索老年人的社会资本如何影响他们的生活质量，并从社会参与的角度来观察中国城市老年人的生活情况。要达到这些目的，我们首先需要开发一个可以有效测量中国老年人社会资本的测量工具，并在上海的老年人中进行测试和改善。

显然，厘清社会资本的概念和理论，并找到从个人和社区两个层面来客观评估老年人社会资本的办法，是研究工作展开的基础。社会资本的理论滥觞于西方社会，因此任何关于社会资本的测量都需要经历一个本土化的调适过程。在中国老年人中应用社会资本的理论需要对当前老龄化问题和老年人自身对生活的预期有一个全面的了解。

上海作为中国老年人口比例最高的城市之一，当地政府对人口老龄化的问题相当重视。上海市在发展社区中基层民主和倡导民众的公民责任等方面取得了巨大的成绩。上海民众的公民意识萌芽较早，为城市生活中社会资本的持续积累打下基础（Ho，2006）。然而，尽管20世纪90年代以来上海惊人的发展和繁荣吸引了众多学者的注意，他们从不同的角度对上海进行了研究和阐释，但大部分研究聚焦于经济和文化领域的发展，较少有研究关注当地社区演进的原因和内在动力（郭定平，2005）。

在本研究开展之前，笔者拜访了一些社区里的民间组织，发现老年人是这些组织的主力军。通过与他们的面谈，笔者发现，许多老年人都对过一种更有意义的生活有着强烈的向往，他们希望对社区有所贡献（陈虹霖，2007）。他们经常自愿参与公共事务，比如募捐、社区选举、志愿者活动等；他们对社区事务十分关心，比起社区里的其他群体，他们更积极地参与社区活动以及政治活动（Chen & Wong，2006）。他们希望并且有能力比以往更好地掌控他们自己的生活。这些观察也印证了不少经验性研究的结论：老年人的公民参与是社会资本构建的重要因素（Butler & Eckart，2007；Kaskie et al.，2008；Sander & Putnam，2006）。

笔者还观察到，活动参与率以及对社区生活的认知在不同的群体中有所差异。一些老年人积极参与社区生活，然而另一些人则由于各自的社会经济地位和多元化的需要而对参与社会活动有些消极（Chen & Wong，2006）。一般来说，那些较少为家庭琐事所困的老年人、只与配偶同住或独居的老年人、家境更殷实和身体更健康的老年人，常常更多地参与社区生活。

上述与本研究相关的访谈和问卷调查都是在本研究的不同阶段完成的，通过对总计413位老年人采用结构化和半结构化的问卷调查，笔者考察了老年人的个人社会资本及其对社区社会资本的认知。

我国其他地区的研究者在研究社区建设和老龄化时，可以将上海作为参照模型。上海城区众多的老年人是社会的宝贵资源。社会经济建设的快速发展已使上海成为中国人公认的龙头城市，因此上海经验可能为全国未来的发展提供重要的参考。总之，笔者希望通过对指标体系中政府、决策者、研究人员和服务提供者等进行广泛全面的检验，以便更好地了解老年服务的哪些地方需要调整和改进。我们还希望本研究可以加深上述这些群体对老年人社会资本的认识，并以此为契机，推动他们为老年人的活动提供支持。此外，本研究也将有助于中国老龄化政策的制定，笔者真诚地希望下文所呈现的研究将会推动政策制定者和公众之间的对话，增加政策制定者和研究实体间的交流机会，同时也希望本书能让学者对该领域进行更为深入的研究。

第二章

中国老龄化

人口老龄化是一个全球化的趋势。人们曾对世界人口的爆炸式增长非常关注，但是我们也要注意到世界人口的平均寿命也在不断延长。据联合国预计，全球范围内 60 岁及以上的人口占总人口的比例在 1950 年为 8%，在 2013 年达到 12%，到 2050 年，全世界 60 岁及以上的人口将接近 20 亿（Aging and Life Course Unit, World Health Organization [ALCU, WHO]，2008；United Nations, 2004）。其中，不发达地区 60 岁及以上的人口将在 2013～2050 年从 5.5 亿上升到 16 亿（United Nations, 2012）。联合国人口司（United Nations Population Division [UNPD]，1999）称，早在 1999 年，每 10 人中就有 1 人年龄在 60 岁及以上，到 2050 年，这一比例将变为 20%。所有的发达国家都有人口老龄化现象，许多发展中国家也同样如此（ALCU, WHO, 2008）。

新的人口结构将带来新的挑战，催生新的需求。老年人口数量的急剧增长意味着生活在社区中的老年人口将不断增加（Cox, 2005），并且他们将一如既往地保持活跃的状态（Chi & Leung, 1999；Gilleard et al.，2007）。这一代老年人与之前的任何一代老年人都大有不同。总体而言，他们更健康，受过更好的教育，更易接受社会和世界的变化，他们无论在经济上还是在生活上都更为独立，人生阅历也更丰富（Berkanovic et al.，1994；Chow & Chi, 1999；Lau, et al.，1998；Warnes & Williams, 2006；Yoon & Kolomer, 2007）。此外，他们在社会中的表现更为活跃。

第一节　中国老龄化特征

当世界人口总体呈现老龄化时，中国的老年人口比例也在提高，其增速也快于世界其他地区，而且，其增长速度还在日益加快。由于中国人口约占世界人口总数的1/5，中国未来几十年的老龄化问题，对全世界而言，也将是一个重要的议题。中国城市中的退休人员数量已从1978年的300万猛增至1999年的3730万。1982年至2004年，中国60岁及以上人口的年均增长率为2.85%，而在此期间，年均人口自然增长率仅为1.17%（中国老龄委办公室，2006）。21世纪，老年人口占比仍将持续增高。2001年至2010年这10年间，中国60岁及以上的人口自然增长率稳定在3.28%，几乎是10年来人口自然增长率（0.66%）的5倍（中国老龄委办公室，2006）。2011年国家统计局数据显示，全国60岁及以上老年人口已达1.8499亿，占总人口的比例达13.7%。[1] 如上所述，目前全球每9个人中就有1人年龄在60岁以上，而到2050年这一比例将为1/5，就中国而言，2050年，老年人口规模将达到顶峰，这一比例将变为1/3，老年人口约4.87亿，数量超过发达国家老年人口的总和。[2]

表2-1和图2-1摘自《2011年度中国老龄事业发展统计公报》，展示了我国老年人规模及抚养比的变动情况。

表2-1　2007~2011年中国老年人口规模变动情况

年　份	60岁及以上老年人口（万人）	占总人口比例（%）
2007	15340	11.6
2008	15989	12.0
2009	16711	12.5
2010	17765	13.3
2011	18499	13.7

[1]　国家统计局，《2011年度中国老龄事业发展统计公报》。

[2]　人民网，《中国将面临重度老龄化 速度是发达国家的2倍》，2012-10-24，http://old.cncaprc.gov.cn:8080/info/19356.html。

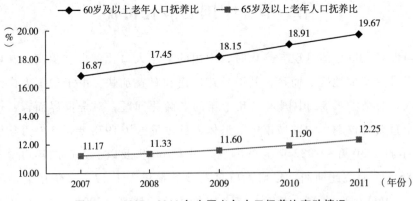

图 2-1　2007～2011 年中国老年人口抚养比变动情况

　　中国老年人口的快速增长，一定程度上也要归因于现行的计划生育政策。在新千年伊始，中国的人口约为 13 亿。中国现行的计划生育政策显著地延缓了世界人口达到 60 亿的时间，也减缓了世界人口的增长速度（Lin，2006）。目前，中国人的平均寿命为 74.99 岁，其中，男性为 72.96 岁，女性为 77.27 岁。与此同时，中国人的生育率已从 1950 年每个妇女生育 6.7 个孩子降至 2013 年每个妇女生育 1.55 个孩子。[①] 至今，低自然增长率和低生育率的情形已经持续了 20 多年，并可能再持续下去。这已使 0～14 岁的儿童人数占总人口的比例从 1982 年的 33.6% 骤然下降为 2000 年的 22.9%，2010 年这一数字变为 20%。相比之下，近几年的低死亡率使 65 岁及以上人口占总人口的比例从 1982 年的 4.9% 上升至 2000 年末的 7.0%，至 2010 年达到 8.9%，65 岁及以上人口约为 1.188 亿。[②] 表 2-2 反映了 1953 年至 2050 年中国人口结构的变化。

　　老龄化导致了老年抚养比[③]的变化。国家抚养比从 1999 年的 9.3% 猛增至 2011 年的 12.25%。[④] 然而，中国幅员广阔，人口老龄化的地区差异十分

---

① The World Factbook, https：//www.cia.gov/library/publications/the - world - factbook/geos/ch.html.

② 国家统计局，《2010 年第六次全国人口普查主要数据公报》（第 1 号），2011 - 4 - 28，http：//www.stats.gov.cn/tjgb/rkpcgb/qgrkpcgb/t20110428_ 402722232.htm。

③ 老年抚养比为 65 岁及以上人口数/15～64 岁人口数。

④ 国家统计局，《2011 年度中国老龄事业发展统计公报》。

表 2 - 2　中国人口结构变化趋势

单位:%

年龄 ＼ 年份	1953	1964	1982	1990	2000	2010	2020	2030	2050
0 ~ 14 岁	36.3	40.7	33.6	27.6	22.9	20.0	20.3	17.7	18.3
15 ~ 64 岁	59.3	55.7	61.5	66.8	70.1	71.1	67.5	66.2	60.4
65 岁及以上	4.4	3.6	4.9	5.6	7.0	8.9	12.2	16.1	21.3

来源：（Leung，2003：76）

显著：经济越发达的地区，老年人口所占的比例越高。比如上海，早在 1979 年就成了老龄化城市（60 岁及以上人口数量达到人口总数的 10%），比宁夏回族自治区（2012 年）早了整整 33 年。在所有的省、自治区、直辖市中，上海率先"实现"人口的负增长（在 20 世纪 80 年代）。如今，上海已成为我国老龄化程度最高的城市。

同时，中国的人口老龄化有六大特点。

（1）中国的老年人口总数巨大。整个 21 世纪，中国的老年人口规模将稳居世界第一位。

（2）中国的老龄化进程正在持续加快。中国 60 岁及以上的人口比例由 7% 升高至 14% 只用了 27 年，而大多数发达国家至少历经 45 年才达到这一水平。

（3）中国东部和西部省份的老龄化发展速度不均衡。经济越发达的地区老龄化进程越快。例如，在上海以及其他沿海地区的 65 岁及以上人口占总人口的比例（上海，10.12%；江苏，10.89%；浙江，9.34%），远高于西部省份（西藏，5.09%；宁夏，6.41%；新疆，6.19%）。这样的结果也可能是中国人口分布不均衡造成的（Yue et al.，2005）。

（4）与发达国家的情况不同，目前中国农村地区的老年人口比例高于城市地区。这种状况可能持续至 2040 年。

（5）老年人口中女性的数量比男性要多，并且老年女性中 70% 人口的年龄在 80 岁及以上。

（6）与西方国家不同，中国人口呈现未富先老的特点（Meng & Luo，2008）。这必将使中国在处理老龄化问题上处于一种经济上的弱势地位（中国老龄委办公室，2006）。

中国政府认识到人口老龄化的严峻形势，并认定未来25年是制定相关政策以应对人口老龄化问题的关键时期。针对庞大的老年人口，国家将集中力量完善老年服务、社会福利、医疗补贴以及多方面的社会经济政策（中国老龄委办公室，2006）。由于缺乏可以借鉴的先例，我们必须对现实情况进行研究，从而为制定老龄化政策和实施服务提供理论依据。作为老龄化速度最快的国家之一，中国不得不面临西方社会已经历的所有挑战，而且由于中国老年人口数量多，我们面临的问题将更为复杂。

中国现任的政治领导层正在推动中华民族伟大复兴的中国梦，并力求社会的可持续发展。老年人的福祉是和谐社会的重要组成部分，因此政府对老龄化问题格外重视。实现中国梦及社会的可持续发展这一目标需要依靠一套兼容的社会保障体系并且对之实行更好的系统化管理，这样才能从容地应对大量的社会问题。解决中国的快速老龄化问题无疑是中国梦实现进程中一个重要的方面。

中国政府也探索在中国共产党的领导下如何有效地利用那些自发的志愿活动，而对于如何管理志愿者，需要基于研究得出结论。以老年人为主的志愿活动组织，大多数是娱乐性质或者健康性质的，他们的活动，相对于其他群体而言更容易得到政府的鼓励。老年人的这些活动增加了他们的社会资本，同时也增加了社区层面的社会资本。人们通过多种多样的活动结识了同伴和朋友，从而也在社区中建立了相互信任的网络。这项关于老年人的实证调查也将有助于政府部门制定老龄化政策并提供相关服务来鼓励公民参与。

为了辨识和加强那些有助于建设和谐社会，同时也有助于消除贫富差距的社区资产和资源，我们需要建立相关的社会规范并建立一系列社会价值体系。这些社会价值体系和规范将会影响社会中人们的交往形态，也许最终会影响个人和集体的福祉。因此，从政策制定者的角度来看，一项关于老年人社区参与、社会资本以及社会资本对老年人生活质量影响的研究，将有助于他们更好地认识未来城市社区发展的动力以及更好地理解实现社会有效管理的方式。

第二节　不断变化的中国家庭结构

作为社会的一部分，家庭结构也与人口结构的变化息息相关。家庭结构会极大地影响一个人生活的方方面面。如何实现已经或者即将出现的数量庞大的老年群体的高质量生活，将是每一个家庭面临的挑战。伴随着政治、经济、文化的剧烈变革，家庭的结构性关系、功能性关系和意识形态关系也将发生巨大的改变。在中国传统社会中，老年人的社会保障是依托家庭的，然而目前，这也需要社区进行补充。

自 20 世纪 90 年代以来，中国的住房改革使传统家庭的经济和生活资源分配发生了根本性改变（Meng & Luo，2008）。后来，"福利社会化改革"引起了从单位制福利体系向更开放、多元的社会福利体系转变，这实际上意味着责任的多元化（Leung，2003）。不管怎样，家庭依然是中国社会养老的基本单位（张文范，2000）。不过，中国家庭现有的变化仍然反映了社会层面的变革。

一　家庭规模、人口迁移以及弱化的家庭支持

过去，中国是鼓励生育的。长期以来，儿孙满堂被认为是老年人最大的成就和幸福。中国有句老话叫"养儿防老"，这反映了传统中国老年人通常希望从年轻人和他们的家人那里获得经济、情感与生理方面的支持。在中国传统文化中，年长者被认为是权威人物，很受人尊敬。中国的孝顺理念认为，家中晚辈尊重和赡养年迈的父母是一种义务与法律责任（Sun，2002；张文范，2000）。

然而，随着时间的流逝，"婴儿潮"时期出生的人——他们大多数是独生子女一代的父母——即将步入晚年，中国将受到"独生子女"时代带来的巨大影响。这些独生子女的父母在晚年很有可能成为所谓的"空巢"老人，随着一代又一代"空巢"老人的到来，社会和家庭的结构无疑将会发生根本的改变（刘颂，2004）。因此，可以预见"四二一"家庭（夫妻有一个孩子、四个父母）将成为主流的家庭结构。自 2014 年开始实施的"单独二孩"政策显示了人口生育政策的进一步放开，但其对于老龄化社会的影响有多大还不得而知，

我们可以看到，西欧很多不限制生育的国家并没有因为鼓励生育而减缓其老龄化的速度。

伴随着全球人口的不断增加以及家庭规模的不断缩小，如今，大多数人都生活在 3 到 4 个人或规模更小的家庭之中（Field，2008）。目前，在中国，典型的家庭是由 1 至 4 人组成的，2010 年全国每户家庭平均人数为 3.10 人，相较于 1964 年的 4.43 人有所下降，同时期上海的数据仅为 2.49 人。此外，2010 年中国的"一人家庭"和"两人家庭"占家庭总数的比例分别为 14.5% 和 24.4%（国家统计局，2011），纯老户和老人户显著增加。

同时，每个年龄段夫妇的离婚率都在增加。2011 年依法办理离婚手续的夫妻共有 287.4 万对，离婚率是 2004 年的 1.7 倍（见表 2-3）。由于工作和生活压力的影响，以及教育和抚养等方面的压力，越来越多的夫妇——特别是在大城市中的夫妇，倾向于晚婚晚育。家庭规模逐渐缩小，这在一定程度上也受到了诸如丁克家庭（DINK，Double Income and No Kids）、同性恋伴侣以及单亲家庭（其中大多数是母亲带着孩子）等新型家庭结构的影响。

表 2-3　2004~2011 年中国结婚率、离婚率对照表

指　标	2004 年	2005 年	2006 年	2007 年	2008 年	2009 年	2010 年	2011 年
结婚率（%）	6.65	6.30	7.19	7.50	8.27	9.10	9.30	9.67
离婚率（%）	1.28	1.37	1.46	1.59	1.71	1.85	2.00	2.13

资料来源：《2011 年社会服务发展统计公报》，2012-06-21，http://www.mca.gov.cn/article/zwgk/mzyw/201206/20120600324725.shtml。

总体而言，家庭规模正在缩小。更小的家庭意味着在即时关系网内，潜在的沟通或支持，尤其是照顾性支持，将会变得更少。另外，女性家庭成员，尤其是妻子和母亲，她们在传统家庭中承担照顾家庭的责任，现在也转变为积极参加工作，这将进一步降低家庭的照顾性支持的供给水平[①]（Leung，2003）。

早些时候，中国人无论在国内还是在国外，总体流动性并不大（Zhou，1992）。在改革开放之前，国内人口流动率相当低（Lai & Siu，2002）。直

---

① 在 1999 年，46.7% 的劳动力是女性，年龄在 20 岁至 44 岁的女性中有 90% 的人参加劳动，这一比例和男性接近（Leung，2003）。

到 20 世纪 70 年代晚期，居住登记和食物配给体系一直占据主导地位，这限制了农村人口向城市迁移，并使城市和农村地区存在巨大差异。在城市中，牢固的单位制结构也限制了城市间的人口流动（Cheng & Seldon，1994）。

然而，近年来，户口登记体系的放宽、地区经济发展的不平衡、不同地区日益扩大的收入差距，以及城市化的快速发展，使人们在不同地区频繁地流动，以求获得更好的发展。农民进城，中西部的城市工人则奔赴经济更发达的地区，尤其是前往沿海地区找工作（Leung，1997，2003）。从郊区到市区，从城镇到城市，甚至从一座城市到另一座城市，移居现象愈加普遍。越来越多的农村青年，尤其是那些大学毕业生，为追求事业而移居城市，这样快速的迁移常常使他们与亲人相隔千里。

自 20 世纪 70 年代晚期中国实行改革开放以来，中国人口向国外迁移的比例亦持续上升（Zhou，1992）。新中国成立后，由于各种复杂的原因和动机，中国人开始移居国外（Wong，2007；Zhou，1992）。在过去的几十年中，前往国外的中国留学生规模不断扩大，他们构成了移民的主力军（Lee，2005）。不论是来自农村还是城市，中国有越来越多的年轻人正在国外工作或学习，这使得他们不得不和年迈的父母隔海相望（Lee & Xiao，1998）。尽管有些年迈的双亲为了家庭团聚，移居到孩子所在的国家（Lee，2005），但是绝大部分家长只能留在家乡，所有这些因素都致使家庭凝聚力逐渐变弱。

二　城市化改革、家庭经济纽带和价值观的代际变化

在近几十年中，中国实行以市场经济为主要导向的综合性城市改革，这一过程包括房屋、教育和医疗护理的商品化等众多方面（Du，2008）。在 20 世纪 90 年代之前，中国的城市住房属于公共福利，免租房由国家通过单位分配给城市居民（Leung，2003），同一单位的工人往往住在同一住宅区（Bian，1994；Freeman & Ruan，1997）。工作继承体制[①]以及由此带来的内部劳工市场使得跨单位的岗位流动规模很小。由于费用高昂，当时规模较大的家庭的流动受到了更严格的限制。因此，许多工人在整个工作生涯，甚至在退休之后，其居住地

---

① 在计划经济时期，当人们退休后，他们的子女通常接替他们的职位。

都与工作单位在同一街坊。这样一来，工作场所就成了中国城市居民最重要的社交网络（Gold，1988；Walder，1986）。

但是近几十年来，由于80年代末的住房改革，城市住宅间的距离不断增加，从而使得这一情形发生了巨大的变化。改革使得城市范围内的流动开始增加（Lai & Siu，2002）。自单位制解体以来，人们，特别是年轻一代再也无法依赖单位来解决住房问题（Meng & Luo，2008）。此外，子女也不再接替父母在原单位的工作。尽管大多数年轻人仍在购置房产时从父母那儿得到经济支持，但他们现在可能会定居在其他地区，甚至其他城市。

另外，如今上班族频繁的跳槽也推动了整个家庭的搬迁，在大城市中更甚。出于对通勤距离的考虑，一些家庭成员或许会分开居住。而且，由于大城市改建中的安置项目，有时会给予一个家庭多套住房（陈映芳，2006）。颇为讽刺的是，这会使得家庭成员相互分离，而非让他们团聚。城市改革引起的居住形式的变化以及家庭成员之间距离的增加，逐渐地减弱了家庭的经济纽带。同时，因现代化而弱化的家庭经济纽带，也减弱了家庭内部的社会联结。

20世纪70年代末期，中国开始实行相对开放的对外政策，这给整个国家带来了巨大的变化。一些受西方影响的现代观念开始在国内广为流传，这深刻地改变了年轻人，甚至他们父母的传统价值观。

一般来说，20世纪50年代之前出生的人现在正步入老年，他们养育了较多子女，这些子女出生于70年代至80年代的婴儿潮。目前大多数老年人将在未来几十年继续成为老龄化进程中的主力军（中国老龄科学研究中心，1994）。这一代人经历了新中国成立以来的一系列政治、经济和社会事件，其中也包括"文化大革命"和70年代以来的众多社会、经济变革。其中一些人，在经历了城市化和现代化的洗礼之后，更倾向于远离子女而居。对于那些相对富有的，在经济和生理上更独立的人来说尤为如此（Meng & Luo，2008；Palmer & Deng，2008）。然而，越来越多的老年人一方面宁愿独立居住，另一方面又选择住在离孩子相对较近的地方，有时甚至住在同一居民区内（Hareven，1987；Meng & Luo，2008；Unger，1993）。

与之相似，无论是单身还是已婚，更多年轻人选择远离父母居住，这样的年轻人家庭占了中国家庭的40%左右。在一些大中城市这一比例达到50%

（国务院人口普查办公室等，2011）。预计这一比例还将继续上升，这样的话，当这批独生子女的父母步入老年后，更多的人将和其成年子女分开居住。

综上所述，我们可以认为传统家庭结构以及家庭观念的改变将会对个人生活，甚至整个社会都产生众大的影响，这当然也会改变老年群体的价值观和需求。

第三章

社会资本、社区、老龄化和上海

　　本研究旨在探索当代中国老年人社会资本及其与生活质量的关系，这一过程包括对个人层面和社区层面的社会资本进行测量。因此，我们有必要对社区、社会资本的相关概念和理论，以及如何在上海这个城市客观地测量社会资本进行详细的讨论。我们当然也会就已有的研究进行论述，并充实该领域的某些理论及实证依据。

第一节　现代社区的概念及要素

　　随着人们居住环境的日趋城市化和商业化，社区已成为当下人们日常生活中的一个基本词语。作为社会学范畴的基本概念之一，关于社区的定义在学术界虽讨论已久，但没有统一的表述。很多从事社区研究的西方学者对社区的概念都做出了自己的定义（Fowler & Robert，1991；Bell et al.，1973，1974），但由于研究角度的差异产生了诸多争议，有学者认为"社区其实不能被定义"。

　　虽然理论界对社区的概念众说纷纭，但其中仍有一些相对稳定的要素，经过对学者们研究的总结，本研究将之概括为以下几层含义：①具有相同经济、社会结构共性；②拥有共同的社会联系和支持网络；③具有一定地域或人文结构，且其范围据不同标准可大可小（Berkman & Kawachi，2000；Sampson，2001；Wellman et al.，1988）。在很多社区研究中，相比地域特征，学者们更注重社区的社会结构特征，如，能为人们带来安全、支持、关爱以及其他一些非物质资源的社会支持网络，能赋予居民社区归属感（sense of attachment）、主控能力（sense of informal social control）和个人身份（personal identity）的邻里关系，这些往往被视为社区的更为重要的本质特征。而这些特征在现实社区中又具体表现为：①在社区中的相互关联常显现为错综复杂的网状而非链式的结构，这样的结构更便于联系的拓展，并且其中的个体可以享有平等的交往机会；②在社区的形成和发展过程中，由相似的历史、观念、规范而形成的特定文化，能使社区人群产生归属感和认同感；③社区个体之间的交往及对社区的认可和归属又促进社区文化的进一步巩固和发展（Etzioni，1996）。在这些表征中，人们意识形态上的"认同归属"及"价值观念"突出体现了社区概念的主观性，然而这也会淡化社区客观存在的地域特征。需要指出的是，很多不同种族、不同民族、不同生活文化背景的群体往往混杂居住，这也使这些同质性群体在地域上呈现分散的状态。

本研究中的社区是指居住在一处、有着大致的共同发展目标人群的地域和群体结构，这些人的社会行为和相互关系为一些保持社区认同和社区凝聚的社会规则及价值规范所约束。它既是一个行政管理的地域范畴，也是一个有着同质性价值规范的社会文化范畴。

一个健康的社区是不断向前发展进步的，社区发展的理想阶段便是达到社区和谐。一个和谐的社区应该对自我的包容保护和对异己的排斥达到一定的平衡状态；具备赋予社区人群自主、自治、自生及求同存异的机制；社区人群有参与社区生活并分享有关社区事务决策的权利；社区应具有帮助弱势人群（残障、贫穷、体弱、年长者）融合在社区主流生活之中的能力（Warren，2001）。因此和谐社区具备良好的公共特性，是社区建设与发展的理想目标。社区融合（community integration）与社区参与（community participation）的程度是衡量一个社区和谐与否的重要指标。

然而并非所有的社区都是和谐的，社区的某些自然本性如"排他性"、社区中存在的舆论冲突以及社区中亲疏不一的利害关系均可能导致社区人群的经济利益、社会地位和权利的不平衡，而这些不平衡恰恰是社区客观存在的不稳定因素。

但和谐的社区是可以塑造的，人们通过社区参与和社区融合，便能有效地构建和谐的社区。研究结果显示，如果社区居民积极运用自身资源并有效调动社区的资源参与社区生活和社区事务，将大大提升社区的活动水平（Warren，2001），促进社区融合，达到仅仅靠政府治理所达不到的效果。社区居民通过自身社区参与及社区融合而获得赋权（empowerment），这有助于其维持自身的社会角色，接受教育，获得向上流动的机会及生活的技能。政府对社区参与及社区融合的推动，亦有助于达到提升政策执行力、优化社区治理、改善社区服务、发展社区民主、发挥民众智慧等多方面的良好效果。总之，和谐社区的建设需要多方努力，也将使多方共同受益。

社会在某种意义上是社区的有机整合，社区是社会的构成单位，也是一定地域内的社会，更是个人走向社会的生活共同体。社区和社会在功能和结构上有很多共性。就功能而言，现代社区的功能已涵盖经济、政治、科教、文体、卫生、交通、环境、安全、服务等方面，社区可以被视为社会的缩影；就结构而言，社区内部各部门、团体和个体均是社会结构的必要组成部分。随着现代社会的发展，社会地域间的差异不断缩小，很多社区在其地域内的诸多功能被社会的普遍功能取代；当社区的共性在足够大的主体中得到不断发展时，社区便被称为社会。从广义上来说，只要选定的标准恰当，社会也是一个整体的社区（Durkheim & Wilson，1981）；而某些共性鲜明的社会，在发展中不断求同存异，从而在某种意义上更接近社区。

一　我国社区发展状况

由于我国社会学特殊的历史发展状况，社区的概念直至 20 世纪 80 年代中期才进入人们的生活。随着市场经济转型，政府将"小政府、大社会"作为新社会体制的目标（上海市社会科学界联合会、上海市社会发展研究会，2000），国内社区研究逐步发展，并受到了一定程度的重视。社区成为分析基层社会的重要概念，这一转变反映了我国基层社会的组织体系正由单一行政化模式向更健康、更民主的方向发展。不过，由于目前人们与工作单位仍存在较为紧密的联系，街道只是作为社区的一种行政载体，家庭的功能依然十分强大等一系列社会结构特征使社区的形成仍处于低速发展水平。同时也应该注意到，近年来在政府的推动下，各大城市逐步在社区里建设了多种公众活动的设施与场所（如社区中心、健身场所、居民之家等），形成了社区居民广泛参与自治的社区生活形态。

经过十几年的发展，社区虽然在组织结构上仍受到政府的巨大影响，但作为一定区域内社会活动和社会关系的共同体，社区已经发挥满足社区成员基本生活需求、协调社区社会关系、促进社区凝聚力建设以及推动整个社会发展和进步的功能。因此社区也成为弘扬社会主义精神文明，推动经济、政治、文化各方面协调发展的基本单位。

当前我国正大力建设和谐社会，目标是达到人与自然、人与人、人与社会的和谐相处和可持续发展（洪大用，2005）。这就需要有一个广泛的社会共识，因为一个和谐的社会不仅需要有法律条文的引导和约束，也需要政府的治理，更重要的是要有由价值规范构成的道德文化约束。这些道德文化约束从何而来、是否公正，在很大程度上决定着社会能否持续发展。如果公众的秩序建立起来，媒体发言权为公众敞开，达到信息开放、教育公平、资源共享，社会便可以通过自治来保持良好秩序（洪大用，2006；汪玉凯，2006），焕发健康发展的生命力，取得法律无法达成的效果。

因此，一个和谐的社会应是按照一视同仁的原则使资源在不同社区中有序但有区别地分配，并使社区中资源分配的差异显著减弱，使之不产生社会矛盾；一个和谐社会信奉的公众道德应当是源于各群体的共识、兼顾不同道德准则的统一体；一个和谐的社会也应是其中每个成员的精神家园，使大家具有共享公共生活的权利和义务，使不同人群、不同人种、不同民族的声音都成为社会的主旋律。这些要求均与和谐社区的特征互呼应，而从前述社区与社会的紧密联系来看，通过建设和完善社区来进一步构建和谐社会是切实可行的（Etzioni，2000），因此建设和谐社区具有重要的时代意义。

二　社区建设

社区作为一个有经济、人文等结构共性的社会范畴，在其形成和发展中，其共性越来越凸显于文化价值观等要素上。构建社区文化便成为打造和谐社区的首要目标。如前所述，由相似的历史、观念、规范而形成的特定社区文化能促进社区人群的归属感和认同感，但是归属感和认同感必定能促进人们的社区参与和共融，并对社区的形成发挥有利作用吗？该价值观的树立是否有利于解决矛盾和冲突？这个价值观应该代表谁的立场？这些疑问表明，为保证社区的健康发展，需要好好地把握社区文化价值观建设的方向。下面笔者便着重从文化价值观的角度探讨如何建设和谐社区，推动社会和谐发展。

首先，把握凝聚力的尺度，坚持求同存异的价值观。

社区凝聚力是社区共性的重要指标。群居生活和相互交流是人们精神和物质生活的本质需要，而人们的相互交往就是形成凝聚力的基础。另外，社区凝聚力形成的动力和动机则是影响凝聚力健康持续发展的重要因素，相比利益性的相互关系，出于关爱的单纯关系毋庸置疑将促成更稳固的人与人之间的关系。

那么是不是凝聚力越强越好呢？西方学者的研究表明，我们也要警惕社区凝聚力过强的情形（Etzioni，2000）：往往在一些凝聚力很强的同质性群体中（如民族种族团体、社区商户组织等），人们可能因为恪守共同规矩而束手束脚，以致抹杀个性，阻碍其新的发展，从而产生矛盾，对个体和社区都造成不良影响。打个浅显的比喻，由恋爱步入婚姻之后，有些女性成为"全职"主妇，为家庭逐渐地牺牲了自己的喜好和追求，放弃了自己的生活，而可能正因为如此，这些女性变得越来越平庸，家庭矛盾随之产生。此时孩子尚未成年，自己也因"隐退江湖"而落伍，失去了重新步入社会的能力，进而对其本人和家庭整体造成伤害。

社区就如一个大家庭，我们在促进社区凝聚力形成的同时也要遵循求同存异的原则，把握好塑造共性的尺度。也就是说，凝聚力的构建不能太过"凝聚"而不利于个人和社区健康发展的自然需要，也不可以太过松散而失去社区文化所依存的共性意义。其准则便是把"我"的社区和"我们"的社区有机地结合起来，既体现"我们"的整体形象，又彰显"我"的个人风采，兼顾二者利益，求同存异，使这个"大家"的活力永驻。

其次，时刻审视价值观的立场，寻求冲突中的共融。

价值观从根本上说是主观的，不论社区如何有凝聚力和包容性，因为对成员范围的界定而使得其具有"排他性"，这是任何一个社区都不可避免的特征，社区的成员和非成员之间往往受到明显的区别待遇——社区成员享受社区福利，非社区成员因不能享受利益而被排斥在外。在"排他性"的影响下，社区的经济、社会结构共性使得拥有共同社会联系、支持网络的个体更加聚合，也只有社会、经济特征相似的个体才更有聚合的基础，而这一聚合的力量也约束了个体对集体和共性的背离。

社区也因其排他性受到很多批判（Etzioni，2000），倡导"全球公民一体化""善待移民、异乡人"的呼声此起彼伏。然而由于个体与生俱来具有追求认可与归属的根本特性,社区不得不辩证地约定社区成员的范畴,因而不可能从根本上去除"排他性",以致"包容"与"排他"的抗衡至今仍在持续。但人们可以改进的是开放地处理二者关系,寻求二者在社区中的恰当平衡,避免社区内因种族、宗教、阶层、党派乃至性取向差异等产生的极端的排他倾向。

最后,正确处理平等与不平等的关系,保持社区良性平衡。

不平等是社区的另一个特性。与"矛盾"和"一致"原本就是相辅相成的统一体一样,资源在社区之间的平等分配是可遇而不可求的,就像人的天分各有千秋一样,音乐家很难有画家那种对色彩的敏感,更何况能力和需求本身就因人而异,因此,要寻求社区经济、地位乃至权利分配的完全均等,几乎像乌托邦一样不可能实现。资源较多的社区常常可以自主地解决实际问题,达成共同目的,比如较易获得政治、经济资源的群体可以通过政治建议或筹资为社区兴建学校,解决社区孩子的入学问题,而那些缺乏政治、经济资源的社区则需要花费更多成本送孩子到别处上学。对此,社区与社会所能做到的便是尽可能地减少而不是彻底地消除不平等。这是建设和谐社区非常艰巨且重要的任务。为达成此目标,政府则要在控制资源富足者聚敛更多资源的同时保证资源匮乏者生活所需的必要资源,比如设定居民的最低生活保障线,用税收限制高收入阶层的财产份额,以减缓贫富差距的进一步加大等。

由此可见,不论是社会还是社区,都有着一个共同目的,那便是寻求冲突下的共融,达成矛盾中的一致,以使社区或社会的聚合与排他能有机地融合为一体。理想的和谐社区及和谐社会便是在共同的利益中化解冲突,并将冲突灵活地融合在其共性文化可容纳的界限之内。

总之,社区的和谐发展是长期的过程,在社区和谐的基础上构建和谐社会更需要遵循一定的原则和规律,不能急于求成。我们国家正处于社区建设的初步发展阶段,因此更需要我们结合我国国情,借鉴成功的经验,准确地理解社区与社会的共性,从建设社区与社会的文化价值观等基本原则出发,少走弯路,促进社区健康发展,以达成建设和谐社会的目标。

第二节　社会资本

近几十年，社会资本的概念在众多学科和实践领域都显示出愈加重要的作用，并且已经在跨种族、地区和国家事务等研究中被应用。事实证明，它是解释经济发展、社区建设、政治参与、教育、儿童抚养、健康照顾、社会排斥、生活质量、贫穷、志愿者活动和市民社会等议题的有效工具。许多实践项目促进了社会资本的发展，尤其是在资源贫乏的社会，这些项目给公众和个人都带来了益处。

一　概念的起源和发展

两百多年前，亚当·斯密将（经济）资本看作公共利益的潜在推动因素（Smith，2002）。他强调，在文明社会，紧密、持久、可靠的合作是十分重要的。卡尔·马克思则批评了这一社会观，他认为资本是"由资本家和资产阶级所掌握的部分剩余价值"（cited in Lin，2001a：4-6）。因此，可以说资本这一术语最早是指诸如劳动、土地和金钱等物质和经济资源。然而，后来，"人力资本"（Becker，1975；Schultz，1971）更多地被用来指代无形的资本。文化资本、社会资本、政治资本、智慧资本等概念也随即产生（Fuchs et al.，1999；Janine & Sumantra，1998）。所有这些概念都是从资本的经典理论发展而来的新资本概念，人们开始将资本定义为预期有所回报的投资。比如，教育投资能增加人力资本的价值，当地文化投资可以产生文化资本，如此等等，并且最后这些投资会使投资者受益。

在这些新建构的资本概念中，社会资本被认为具有更为优越的，或者说近乎神奇的力量，它成为实现某些目标不可替代的力量和因素。例如，它可以将人们团结起来解决社区问题，寻求共同利益，或是为公共利益作斗争。然而，与其他形式的资本不同，社会资本的价值会随着人们使用频率的增加而不断增值（Leung et al.，2008）。

"社会资本"这一表述可以追溯到 Hannifan 在其 1920 年出版的《社区中心》（*The Community Center*）一书，他在其中将社会资本定义为"个人和家庭之间的有形资产、善意、友谊、同情和社会交往"（cited in Woolcock，1998：

192）。后来，这一术语也被用于经济学中（Jacobs，1963；Loury，1977）。在20世纪80年代，法国社会学家布迪厄是第一个将此概念用于社会学的人（Bourdieu，1980）。他认为，个体通过有目的地利用社会资本达成目标（Bourdieu，1986）。紧接着，马克·格兰诺维特（Granovetter，1985）、科尔曼（Coleman，1988，1990）、普特南（Putnam，1993b，1995）、波特斯（Portes，1998）、肯尼斯·纽顿（Newton，1997）以及林南（Lin，1982，2001a，2001c）等众多学者开始提出一些重要的修正建议。世界银行研究团队也随即采用了社会资本这一概念。

学者罗伯特·普特南（Robert Putnam）通过过去20年间的努力使得这一概念广为流传。普特南在多个社会类型中考察了社会资本的政治、经济和社会维度（大多数研究是关于意大利和美国的）。他的专著《独自去打保龄球》（*Bowling Alone*）（1995）描绘了美国社会民主生活的衰落现象，这在当地引发了激烈争论。此后，社会资本成为一个成功的市民社会的核心概念，从而也成为学术和政策中的焦点，关于社会以及社会资本的研究开始大量涌现。

社会资本的概念仍在继续发展，关于其定义、因素以及维度的争论也并未减小。众多学者分别从宏观、中观和微观三个层面对这一概念进行了深入的讨论。

在早期，研究人员大多关注社会资本在个人层面或是微观层面的运作机制，在这一层面，社会资本被认为是潜藏于个体中的大量资源和价值观念。林南把它描述为通过社会纽带和网络获取社会资源的一条渠道（Lin，Ensel & Vaughn，1981）。波特斯（Portes）和兰多尔特（Landolt）则将社会资本看作"一个优雅的学术名词，它关注社交可能带给个人和家庭的利益"（Portes & Landolt，1996：14）。科尔曼（Coleman，1990）强调社会结构和个人行动是社会资本的两大特征。一些学者认为社会结构中存在的互信、互助和互惠准则等是个人的重要资源（Coleman，1990；Putnam，1993a）。科尔曼（Coleman，1990）将社会资本看作与社会结构相关的资源，这一观点使我们能够将研究社会资本的视角转向中观和宏观层面。

在中观层面，社会资本被认为是一种个人可以从其所在的稳固的、有组织的网络关系中获得并积累的资源（Bourdieu，1980；Bourdieu & Wacquant，1992）。它似乎根植于社会关系，其功能也镶嵌在社会过程，人们可以通过社会活动和人际互动获得和维持他们的社会资本。在这一层面上，社会资本以义务、期待和信任作为集体行动的助推器，存在于许多不同的实体之中。

普特南率先在社区研究中将社会资本作为实证概念来使用。他在中观和宏观层面将其拓展为社会组织的一大特征，即他认为社会资本与社区及社会存在紧密的联系（Putnam，1995）。普特南花费了20年的时间，对意大利南部和北部地区政治和经济发展的不平衡的原因进行了详细的研究，最终发现网络、互惠关系及信任具有至关重要的作用，并认为这些不同形式的社会资本最终导致了意大利局部地区的成功（Putnam，1993a）。这一发现从理论上解释了为什么一些社区和大的实体（如区市，甚至是国家）能够通过集体合作解决问题，而另一些则无法将人们聚集起来实现共同的目标。此后不久，他关于美国社会的多项研究引起了学术界关于宏观社会资本的浓厚兴趣（Couto & Guthrie，1999；Dasgupta & Serageldin，2000；DeFilippis，2001；Duncan，2001；Fukuyama，1997）。

世界银行的一支研究团队从网络、群体、信任和社会规范等维度发展了社会资本的概念（Grootaert & Bastelaer，2001，2002；Grootaert et al.，2004）。他们在家庭和社区层面实施了多项研究，并发展了一系列测量工具。这些项目包括评估印度尼西亚省一级和家庭层面社会资本的特性（Grootaert et al.，2004），分析加纳、乌干达和印度的结构与认知社会资本的要素，从家庭层面探索了孟加拉国社会资本回归分析的决定系数，等等。中观和宏观水平上的社会资本，被认为是实有资产和虚拟资产的联结点。

总而言之，社会资本仍然是一个具有广泛内涵，同时也缺乏统一定义的概念（见表3-1）。个人研究者倾向于灵活运用这一术语，他们根据研究的重点对其进行修订。尽管关于社会资本的学术讨论不断催生许多新术语，但有几个概念还是具有一定普遍性的。

社会资本的概念在质性研究中运用较多（Putnam & Goss，2002）。在早期的学术研究中，社会资本的分类主要包括结构性社会资本和认知性社会资本、正式社会资本和非正式社会资本、接受型社会资本和创造型社会资本三种。这些不同类型的社会资本在某种程度上互相渗透，例如，结构性社会资本可能是正式或非正式的，或是兼而有之，而正式的社会资本有可能是接受型的或创造型的，依此类推。

表 3 - 1　社会资本概念汇总及其不同层次的特征

描　述	代表学者	研究层次
剩余价值，行动的工具性投资，作为关键功能性存在的网络	Abbott & Sapsford, 2005；Burt, 2001；Lin, 2001a, 2001b；Coleman, 1990	宏观
个人或群体间的网络或关联	Bourdieu, 1986；Coleman 1990；Putnam, 1993a, 2000；Portes, 1998；Quah, 2003	中观、微观
规范，互惠，公共物品，生产性资产，结构性资源，资源来源	Coleman, 1990；Portes, 2000；Putnam, 1993a；Quah, 2003	中观、宏观

二　社会资本的基本类别

结构性社会资本和认知性社会资本是关于社会资本最常见也是最重要的分类。

结构性社会资本包括粘黏型社会资本（bonding social capital，同质性群体内的网络）、联合型社会资本（bridging social capital，异质性群体内的网络）以及链接型社会资本（linking social capital，社会地位不同的人群之间的网络）（The National Economic and Social Forum［NESF］，2003）。

粘黏型社会资本是指具有紧密的纽带关系，因此可以为团结在一起的群体成员提供重要的情感和私人支持的社会关系。粘黏型社会资本更常出现于家庭、种族群体、家族团体和其他相对"相似的"群体中（Field，2008）。它也常常存在于由共同身份、利益和居住地而形成的特定类型的社会群体中。然而，粘黏型社会资本也可能会给群体成员带来负面的影响，并且，在某些情况下，它排斥"信任圈"和"互助组"之外的人（Warren，2008；Rossi & Rossi，1990）。

联合型社会资本可以将不同种族、社会、性别、政治或宗教团体的人联合起来。它对于那些在其直属群体外寻求社会和经济效益的人的影响更为显著（NESF，2003）。这是跨越既有身份而形成的群体间关系，对于那些想从更广泛的资源中获得新信息和机遇的人来说极为重要（Burt，1992）。

链接型社会资本是指基于权力、社会地位或某种优势建立的等级制社会中的社会联结和社会规范（Lowndes & Pratchett，2008；NESF，2003）。不同社会级别人群间社会资本的差异被认为与其社会地位和社会网络的异质程度、网络多少显著相关。那些拥有充足社会关系的个人或群体，往往得到更丰富的资源以及更易获取关于链接型社会资本的知识（Bourdieu，1980；Bourdieu & Wacquant，1992；Burt，1992）。

这三种形式的结构性社会资本最大的不同在于其网络和信任水平：粘黏型社会资本体现了紧密而强烈的联系和地域化的信任，而联合型和链接型社会资本则意味着较弱的关系（Burt，1992；Granovetter，1985）以及对陌生人（Uslaner，2001）、来自不同社会阶层的人较低的非个人的信任水平（Lin et al.，1981）。它们对所涉及的群体将产生不同的影响。

对于所有形式的结构性社会资本来说，社会网络这一因素显得十分关键。由于这些资本并不是总有益，摆在公众面前的重要任务就是如何在不同的社会参与类型中，适当地平衡这三种形式的结构性社会资本。这在实现弱势群体的社会融合方面就更为重要了。实现粘黏型、联合型和链接型社会资本的平衡状态是有必要的，因为若是其中一类社会资本过多，而另一类缺失，将会严重减少社会联系可能带来的益处（Halpern，2005）。

认知性社会资本通常与结构性社会资本相对而论。它表现为群体内或群体之间那些涉及社会信任和团结、互惠原则、社会凝聚力、集体行动和合作的共同规范与价值观念。与结构性社会资本不同，它描述的是非客观的领域。

人们普遍认为，社会信任和互惠规范是创造社会资本最重要的因素（Field，2008；Putnam，2000）。人们也承认，社会资本的创造，总是与有无内在的社会信任有关（Coleman，1988）。信任是一种嵌在文化中的资产（Ermisch et al.，2007）。它是一种理性行动并与理性选择有关。尽管互惠所能带来的益处难以完全计量，但信任依然承载了陌生人、不同群体，或是更大实体间的对互惠关系的期待（NESF，2003）。

许多规范行为以社会资本的形式对公共利益有所贡献。群体或大机构内的互惠原则对社会资本来说尤为重要。根据这一原则，个人应当尊重机构的利益，优先考虑群体的福祉。有时个人甚至应当为实现集体利益而放弃个人利益（Halpern，2005）。与之相伴，个人也可以预期从群体或机构的利益中获得回馈。从群体或者机构的联结广度和团结程度上来说，社会凝聚力与互惠关系紧密相连。一个富有凝聚力的社会应该在精神上相互支持，从而使得人们可以共享集体能量，同时个人受挫时也可以从集体中获得支持（Durkheim，1952）。

一个具有强大凝聚力的社会拥有充裕的社会资本，并能为个人赋权。多种形式的互惠原则还能使诸如政治参与和公民参与等集体行动与合作的进展更加顺利（Field，2008）。

结构性社会资本和认知性社会资本总是共生共存、互相融合。社会网络催生了相互信任和交往的规范，催生了价值和态度，而这些规范反过来又维持和强化了关系纽带。

正式社会资本和非正式社会资本是社会资本另一种常见的传统分类。政治组织、文化团体、娱乐组织和工作单位均是正式组织，有着较正规的行政体系、责任框架、成员要求、领导者或负责人以及正式的例会制度。这些关系和网络被归为正式社会资本。非正式的关系、休闲型聚会、可随意加入的篮球比赛、临时辩论、人们聚集在同一咖啡厅，乃至普通的家庭聚餐，都是非正式社会资本。在正式和非正式网络中，都能产生信任和互惠关系，从而使个人和公众受益良多（Putnam，2002；Putnam & Goss，2002）。

由于正式的团体和组织更便于追踪，所以早期的研究更多地聚焦于正式社会资本。随着非正式关系的功能性效用逐渐受到认可，越来越多的学者开始将目光转至非正式社会资本（Field，2008；Lelieveldt，2008）。

旧有的网络、完善的合作机制和群体中产生的价值观念被认为是接受型社会资本（Worms，2002）。人们，特别是新来者，在适当的时候，建立新的联系，形成新的交流网络。在融入新的网络时，他们参考并遵循旧有群体的一系列规范。这种作为承载旧有价值的新的网络关系就是创造型社会资本（Worms，2002）。与此同时，这些新来者创建的网络也应该对其隶属的群体有所贡献（Worms，2002）。举例而言，家庭和工作场所是两类基本的生活单位，新来者在这些地方形成并发展起来的社会联系和社会规范就是创造型社会资本；反之，个体作为家庭成员或同事，随后也可能将其所激活的社会资本作为接受型社会资本，奉献给家庭和工作单位。在中国，还有另一个典型事例，党组织、工会、共青团团员以及其他政治组织中的创造型社会资本与接受型社会资本之间也明显地存在辩证关系。新加入的成员是意料之中的受益人，总能获得益处和机会，同时也可能为组织做出贡献。

在这一分类中，社会资本是这种社会交换中动态的不稳定产物，这可能产生于旧有的社会关系，但是如果满足接受者的要求，便会产生交换，这也代表新的供求关系（Worms，2002）。例如，社区服务中心如果不能为新移入的劳动力提供就业机会，那么对于新来者而言，与社区服务中心的关系既不属于接受型社会资本，也不属于创造型社会资本。新创建的社会资本可能会取代旧有的社会资本。在当前社会，人口迁移率很高，已有的社会资本很可能因频繁迁移而遭到削弱或破坏（Moriarty & Butt，2004）。我们可以从三峡大坝的安置工程中窥其一斑。

总之，社会资本的概念由不同的要素组成（见表3-2）。在分析社会资本时，有必要全面考虑社会关系、公共机构、公民参与的形式和道德价值以及个体的特征。不同的社会资本要素可能具有不同的功能。要实现如个人、家庭、机构、社区和社会等各种层面主体的福祉，就需要整合正式和非正式社会资本、结构性和认知性社会资本，并且有效利用接受型社会资本，推动建立创造型社会资本。

表3-2　社会资本的质性描述

社会资本的名称类型		内　　涵
I	结构性社会资本	粘黏型：同质性人群中的紧密联系
		联合型：异质性人群中的关系
		链接型：同一社会等级内不同地位的人们之间的社会关系
	认知性社会资本	促进群体内或群体间合作的共同规范、信任、价值、信仰和理解（主观的、无形的）
II	正式社会资本	正式组织，有常规的公共机构
	非正式社会资本	非正式组织，形式灵活
III	接受型社会资本	固定网络中的交流、合作规范和价值
	创造型社会资本	在社会关系中，随着实体的加入，通过使用而创建新的网络

在行动者及与其联系的关系中，网络是提供社会资本的重要结构（Maloney，2000）。邻里社团、文化组织、体育俱乐部及志愿者协会等主体常常被认为是社会资本的潜在来源（Field，2008；Lin，2006）。参与社会行动被视为对社会资本的投资，因为其往往导致一种信任关系的建立，从而也使得个体获取社会资本成为可能（Maloney et al.，2000）。人们通过行动产生信任和社会规范，也通过集体合作巩固这些联系（Couto & Guthrie，

1999）。这一过程使他们能够获得和累积社会资本，同时他们也能为建立公众社会资本做出贡献。

无论是有形的社会资本还是无形的社会资本，都存在于不同群体所建立的网络中，也存在于对集体活动的投资之中。人们能够获得的社会资本或者潜在资源的多少，取决于其所在的网络的大小，或者说其所在网络成员拥有的资源总量。家庭、组织、公共机构、当地社区和人际关系在提供互助、福利和其他形式的集体福祉时扮演着至关重要的角色（Nisbet，1962）。值得一提的是，"信任、规范和网络等形式的社会资本存量具备自我强化和自我增值的能力"（Putnam，1993a：177）。

三 社会资本的功用

"社会资本怎样实现其能效"这一问题是社会资本理论研究的焦点。社会资本早已显示出其多元的功能（OECD，2001；Onyx & Bullen，2001），它影响了人们的生活以及其他一些实体的方方面面。社会资本对个人、家庭和社区的发展至关重要，一旦缺失，就可能无法达成某些目标。

在个人或微观层面，社会资本能够给予人们情感和物质上的支持。它在健康照顾（Castiglione，2008；Wilkinson & Marmot，2003）、物质生产、经济收益（Baland & Platteau，1996；Ostrom，1990，1996；White & Runge，1994）、雇用职员（Fernandez et al.，2000）和寻求雇主（Bian & Lin，1991；Granovetter，1973；Lin et al.，1981；Marsden & Hurlbert，1988；McKay，1998；Wegener，1991）、提高个人社会地位（Hagan et al.，1995；Portes，1998）等方面有直接的益处。以上所有这些方面的益处能互相增强，互有裨益。例如，健康的身体是人们获得经济、政治和社会地位的前提，而经济、政治和社会地位，将个人、群体与获取资源、保持身体健康联系起来，也就是为其提供参加锻炼的渠道，使其获得必需的营养食品和健康照顾等。同样，健康、生活满意度和经济、政治、社会收益之间也有着循环互惠的效应（Castiglione et al.，2008；Lin，1999）。

在中观和宏观层面，社会资本作为公共资产也发挥了诸多作用。自20世纪90年代以来，许多学术研究和实践项目表明，社会资本在众多的社会活动中有着十分重要的作用，它可以促进社区福祉，改善公共管理，巩固社会结构，维持社会稳定，再分配群体资源，提升经济利益，酝酿其他类型的"资本"等。表3－3中将社会资本的这些显著效用做了分类。

表 3 － 3　社会资本功能的学术汇总

功能领域	代表性学术研究
教育	Clift, 2005；Coleman, 1987；Lowndes & Pratchett, 2008；Munn, 2000
健康照顾	Harley, 2001；Kawachi, 2000；Lauder et al., 2006；Macinko & Starfield, 2001；Reblin & Uchino, 2008
公共管理	Fukuyama, 1995b；Lelieveldt, 2008；Lowndes & Pratchett, 2008；Granovetter, 1985；Hagan et al., 1995；Jencks & Peterson, 1991；Putnam, 1993a；Tocqueville, 2007
公共事业	环保（Grootaert, 1997）； 固体垃圾清理（Pargal et al., 1999）； 水利体系建设（Lam, 1998；Narayan, 1995；Jennifer & Katz, 1998；White & Runge, 1994；Grootaert & Bastelaer, 2002）； 住房（Keyes, 2001；Woolcock & Narayan, 2000）； 公共资源（Baland & Platteau, 1996；Ostrom, 1990, 1996；White & Runge, 1994）
经济绩效	减贫（Grootaert & Bastelaer, 2001；Portes, 1998；Warren et al., 2001；Woolcock & Narayan, 2000；World Bank, 1998；Wuthnow, 2002）； 促进科技创新（Calabrese & Borchert, 1996；Fountain, 1999, 2001；Fukuyama, 1995a；Loch & Conger, 1996）； 经济绩效（Castiglione et al., 2008；Dinello, 1998；Gabbay, 1995；Geisler, 2005；Gittell & Thompson, 2001；Liu & Besser, 2003；Newton, 2001；Ostrom, 1996；Paterson, 2000；Worms, 2002）
社会结构的形成和维持	市民生活及民主建设（Couto & Guthrie, 1999；Edwards & Foley, 1998；Geisler, 2005；Hart & Dekker, 1999；Liu & Besser, 2003；Newton, 1997；Putnam, 1995；Tocqueville, 2007；Zajdow & Grazyna, 1998）； 组织协会发展（Wong, 2005；Edelman et al., 2004；Maloney et al., 2000）； 社会融合与平等（Leung, 2008；NESF, 2003）
资源再分配	社会控制和约束（Hagan et al., 1995）； 外来移民（Kelly, 1995；P. Martin, 1998；Massey, 1990；Sanders & Nee, 1996；Woolcock, 1997）
提升其他"资本"	Coleman, 1988, 1990；Fuchs et al., 1999；OECD, 2001

简而言之，社会资本将公民、不同实体和不同社会部门连接起来，并使它们能够更为有效地追求共同的目标。

基于对社会资本及其功用（尤其是干预前后的变化）的纵向评估，政策制定者便有可能理解社会资本和干预方法的实际效用，从而也能对社会资本的存量、结果以及交易政策有更为深刻的认识。因此，对社会资本进行量化测量能够为后续的政策干预——使用策略性的政策手法来传递社会资本——提供一个更有力的支撑。因此，不对社会资本进行量化测量，所有这些讨论都只是纸上谈兵。

四 社会资本测量工具的发展

与经济资本不同，社会资本是非常抽象的学术概念，因而难以对其进行量化评估。研究者总是依据具体的研究目的设计社会资本维度（Putnam，1995；Putnam & Goss，2002）。

例如，澳大利亚的两位研究员主要依据"网络、信任和互惠"以及"社会关系的特性和结构"这两个维度来测量社会资本（Stone & Hughes，2002）。Quah（2003：83）在测量新加坡家庭的社会资本时将网络作为一个关键的要素，并发现"三代同堂的家庭可能会更牢固地根植在当地活动和组织的网络"。Völker（2008）在一项对荷兰城市邻里关系的研究中，用社会动机表征了社会资本。而赵延东（2002）在考察求职者的社会资本时主要聚焦于被访者的关系纽带以测量人们找工作时的社会资本。

在测量个人层面的社会资本时，研究者主要使用社会网络来衡量（Grootaert & Bastelaer，2002）。这些指标涵盖面非常广，主要描述了社区邻居（Coleman et al.，1993）、朋友和家人（Dixon & Seron，1995），甚至学生和老师之间关系的规模以及多样性（Biosjoly et al.，1995）。简单来说，无论正式的还是非正式的关系，都可以作为社会资本加以评估。因此，在评估个人层面的社会资本时，社会关系是最重要的因素（Lin，2000；Portes，1998；Portes & Landolt，2000；Quah，2003）。不过，在测量这些网络时，我们必须仔细评估这些测量工具的信度和效度（Liu & Besser，2003）。

在中观和宏观层面，要精确测量作为集体行动的社会资本是十分困难或是近乎不切实际的。普特南设计了在个人层面测量社会资本的工具，不过在某些研究中他将这些工具进行整合，并用于社区层面的社会资本的测量。①
通过对政治参与、利他主义、志愿者活动、慈善、互惠、诚信和信任等问
题的访谈，他评估了公民团体、工作小组、宗教团体、家族，以及其他表
现出非正式社会关系的群体的社会资本。在对意大利地区的调查中，他从
宏观层面对集体行动结果进行了评估（Putnam，2000）。他通过广泛收集
涵盖社会资本特征的指标，逐渐发展了测量社会资本的系统性工具（Put-
nam，1995；2002）。

　　基于学者们的早期学术成果，许多世界性的研究机构，在实践中综合了大
量的指标，形成了更为系统化的测量工具。这些著名的机构包括世界银行（the
World Bank，WB）、世界经济合作与发展组织（the Organization for Economic
Cooperation and Development，OECD）、英国国家统计局（ONS in UK)②，以及
许多其他研究基金会。它们在发达国家和发展中国家的不同地区，开展各种形
式的研究和实践项目，开发了众多的不同层面社会资本的评估工具。在这些研
究中，英国的《社会资本问题汇集》中（The Social Capital Question Bank）
（Ruston & Akinrodoye，2002）融合了丰富的指标体系，这些指标体系涵盖了几
乎所有形式的社会资本；加拿大政策研究会（Canada Policy Initiation）发布的
《社会资本测量》报告（Franke，2005），呈现了整个学术界所有的测量手段，
并对其进行了细致的点评。这两类研究中的测量工具主要是针对发达国家开发
的。相对而言，世界银行开发的"社会资本测量工具"（the Social Capital As-
sessment Tool）和"社会资本测量整合问卷"（the Integrated Questionnaire for the
Measurement of Social Capital）这两套测量工具主要是针对发展中国家的，并且
已经在印度、巴拿马（Grootaert & Bastelaer，2002）、阿尔巴尼亚和尼日利亚
（Grootaert et al.，2004）等发展中国家进行了测试。由于中国目前仍属于发展
中国家，因此世界银行的测量工具更具参考价值。

　　世界银行的测量工具，即"社会资本测量工具（SOCAT）"（Grootaert &
Bastelaer，2002）和"社会资本测量整合问卷（SC－IQ）"（Grootaert et al.，
2004），包含了综合性的操作性指标体系，几乎能评估发展中国家和地区有关

---

① 笔者在设计问卷时通过电邮咨询了普特南教授。

② 以上机构的网站是：OECD：www.oecd.org；WB：www.worldbank.org；ONS：www.statistics.gov.
　uk/socialcapital。

社会资本的所有维度。研究者从不同层次的分析单元入手，通过家庭问卷或者社区概况问卷调查，对社会资本进行了适当的解释。具体而言，"社会资本测量工具（SOCAT）"从以下五个关键维度对社会资本进行评估。

"群体和社会网络"——与个体相联系，或个体嵌入的正式和非正式网络，以及个体与网络相连的特征；

"信任和团结"——互动行为的要素，可以增强凝聚力，提高集体信任水平；

"集体行动与合作"——人们通过协作解决公共问题的能力；

"社会凝聚力与社会融合"——减少冲突的可能性，促进获得发展性资源的公平性，包括帮助边缘人群参与社会活动的作用等；

"信息和沟通"——促进信息传播从而减少消极社会资本，促进积极社会资本（Grootaert，et al.，2004：5）。

2004 年，SC – IQ 中增加了第六维度，即"赋权和政治行动"，旨在评估个体在做出直接影响其福祉的决定时的自我控制感（Grootaert et al.，2004）。

世界银行使用"社会资本测量工具（SOCAT）"或"社会资本测量整合问卷（SC – IQ）"进行家庭调查的创新之处在于它有部分问题评估了居住区"排斥"的性质和程度，这解释了居民获得社会资本的重要内容。其有关"排斥"的部分，旨在揭示社区中哪些群体会感受到自己被排斥在活动和服务之外，以及他们感知到此种类型排斥的背景和原因（Grootaert et al.，2004）。了解哪些人的哪种权利被排斥，能帮助研究者确定社会资本在何种程度上有效，以及如何应对这些困境。不过这些问卷是针对极度贫困地区设计的，也许对中国并非完全适用。

总之，参考已发表的研究和专家的评论，测量和评估社会资本有两种可能的方式：①运用聚合变量（如收集社会调查中的个人反馈）；②运用整合变量（如直接的社会观察或感受到的邻里特征）。研究者应当根据研究地点的具体情况以及可利用的资源加以详细设计。

五 关于社会资本功能的争议

一些学者认为社会资本本身并无好坏之分，并且其未来不可预测（Paterson，2000），社会资本也并不是包治百病的良方（Halpern，2005；Woolcock & Narayan，2000），社会资本有时会变成排斥其他群体的工具，也会成为陌生人获取资源的障碍（Newton，2008；Warren，2008）。

在微观层面，社会资本对个体并非总有益处。例如，在一个生产实体内，既有的规范和守则，在一定程度上，可能会阻碍先进个体进行创新，妨碍个人进一步发展与迁移。一个实体内，社会资本所包含的社会网络和社会关系越强、越可靠，其限制也就越强。因此，在这一情况下，强有力的社会关系可能会给个体带来丰富的资源，但随即又会限制他们的生产能力和创新能力。这种情况在那些追求经济效益和竞争性目标的实体中更为常见，例如商业联盟。它们之间的承诺与约定也可能会抑制地区经济长期深远的发展（Portes & Sensenbrenner，1993）。

同样，同质性群体（尤其是贫困的同质性群体）中的个人，很少有机会获取外部的资源。例如，对于住在贫困地区的居民，他们的街坊就成了他们主要社会关系的来源。他们通常不得不依赖与其同样缺乏信息和资源的邻居，因为他们这个群体的资源非常有限，所以贫穷可能会周而复始（Wilson，1987）。

在中观和宏观层面，利益不同的群体有时会限制其他群体的利益，甚至为了获取自身的利益而做出有损于集体利益的事情。例如，种族团体常常将其他人拒之门外（Portes，1998）。当一些组织为完成某项使命而聚集起来时，如在政治选举或商业产品竞争中，通常也会出现这样的情形。在这种情况下，若利用社会资本的动机不纯，那么原本团结的政治组织也可能会放弃正派和诚实的做法，从而滋生腐败（Rohe，2004）。如果该群体是一个反社会的组织，例如黑手党和帮派组织，那么其社会资本将危及整个社会（Warren，2008），这些群体之外的人就会被置于一种危险的境地，因此社会资本本身也具有负面的性质（Portes，1998）。

在宏观和中观层面，研究者主要通过实施社区项目来进行社会资本的研究，因而，大多数对社会资本的批评也来自社区研究。例如，有学者就指出，作为减贫的重要手段之一，社会资本实际上与家庭的社会经济地位密切相关（Middleton et al.，2005）。人们倾向于跟那些在将来对自己可能会有所裨益的人交往，而实际生活中，富裕的家庭也总是尽量避免和贫困的家庭接触，这在某种程度上，会加剧处于不同社会经济地位的人之间的不平等程度（Das，2004；Leonard，2004）；反过来，持续的不平等也会对社区、地区乃至社会等更大实体的社会资本产生反作用（Das，2004；Hutchinson，2004；Leonard，2004）。同理，弱势群体也难以获得和积累链接型社会资本和联合型社会资本（Das，2004）。

　　另一个争议涉及对社会资本独立功能的质疑。Bourdieu（1986）称，社会资本不可能独立发挥作用，其作用的发挥依赖于经济资本或人力资本。一些学者甚至声称社会资本有时是其他福利的副产品（Coleman，1990；Putnam，1993a）。此外，Wong（2007：35）还评价社会资本对弱势群体的影响是不确定的，它的功用是不充分的。他认为即使只是维持社会关系，也会给穷人带来沉重的经济负担。然而，普特南（Putnam，1993a）和科尔曼（Coleman，1990）则认为社会资本对于贫困群体来说，是一项独立的资产，因此即使在其缺乏经济资本时，穷人依然可以积累社会资本。Narayan（1997）声称，在她对坦桑尼亚的一项研究中，村庄层面的社会资本每增加1%，弱势群体的家庭收入就增长近30%。

　　关于社会资本的另一项但并非最后一项争议在于社会资本增益过程中资源和结果的"模糊性"（Portes，1998；Woolcock，2004）。例如，社区内的公民参与被认为是建立社会资本的有效方式：越是积极参与，参与者之间就会产生越强的信任感，社会关系也越紧密。同时，信任和社会网络对积累社会资本也具有加强作用（Putnam，2000，2002）。在这一循环中，很难分辨哪个是因，哪个是果。这就引起了争论：社会资本本身是否就是一种资源，还是说它只是获得潜在资源的一种渠道。

　　总而言之，无论存在多少有关社会资本理论的争论，这一概念带来了一种剖析社会问题的崭新视角。社会资本理论的一大功绩在于，它将信任、网络和公共利益等核心要素重新植入社会、政治和经济等科学话语的体系中。经过构思和定义，社会资本在多种调查研究中充当独立因素或中间因素。尽管有关社会资本的定义纷繁复杂，学者们仍对诸如信任、价值观念和其他社会规范等若干概念情有独钟。此外，无论社会资本是否被视为一种资源或是获得资源的途径，与之相伴的福祉将为个人和社会带来裨益。在任何情况下，社会服务的从业者和学者们需要注意那些限制或者促进社会资本发挥功用的具体条件。如果我们能对社会资本的本质有深入的了解，那么其消极影响也就可能无关紧要。

综上所述，社会资本集概念和理论于"一身"，在过去几十年中已经引起了众多关注。作为一个社会要素，社会资本的概念具有许多社会学概念的内涵（例如社会支持、社会整合、社会凝聚力）。它兼容并包，是一个涵盖性术语，可以在多种学科中被理解和使用（Lin，2001a，2001b，2001c）。无论是将其作为因果要素还是解释工具，这些特质都激发了各界对社会资本的研究兴趣（Castiglione et al.，2008）。

许多著名学者达成共识：拥有社会资本能在实际生活中给个人和社会中的不同实体带来福祉。社会资本理论已被证实是学术分析的一种新方法，是有说服力的实证工具。社会资本理论的学术优势之一在于它将分析焦点从关注个体行为转变为关注个人、社会单位和机构的互动关系，从而促进了微观、中观和宏观层次的研究。然而，长期以来，社会资本理论也在同纷繁复杂的定义、多样化的测量方法、模糊的效用以及其可能带来的负面影响做着激烈的斗争。

第三节　老龄化及成功老年

老龄化是每一个人都将经历的过程。随着科技的进步，人们对众多影响寿命的知识越来越了解，加之医疗技术的进步，老年人将会愈发健康和长寿。他们有权去期待一种更为有意义的生活形态。

"成功老年"是一个描述高质量的老年生活的术语，也是一个流行理论。自20世纪中叶起，"成功老年"开始进入研究领域，并衍生出许多相关术语，如"积极老年（positive aging）""活力老年（active aging）""多产老年（productive aging）"和"创意老年（creative aging）"等（Hartlapp & Schmid，2008；McFarquhar & Bowling，2009；Torres，2003；Walker，2009）。

自20世纪90年代以来，学术界对于如何定义并实现老年人所期望的"成功老年"争议颇多。和"积极""多产"等其他术语一样，"成功"一词本身也十分模糊（Pahl，1995）。"成功老年"的定义包括诸如长寿（Havighurst，1961；Palmore，1995）、（生理和心理的）功能健全（Gibson，1995；Palmore，1995；Ryff，1989；Seeman et al.，1994），以及社会福祉（社会心理层面的幸福）（Gibson，1995；Maureen，2008）等诸多要素。

近年来，关于成功老年的议题，研究者已经开始采用一些关于老年人自我实现和积极参与的社会心理学视角，同时也将自身要素和环境要素纳入了考虑范畴（Borglin et al.，2005）。人们开始意识到，老年人正努力在社会生活中扮演积极活跃的角色。这代表了一种新的生活方式，体现了一种新的生活诉求（Maureen，2008）。

与此同时，许多描写美好老年生活的著作也相继出版，包括《多产老年》（*Productive Aging*）（Butler & Gleason，1985）、《活力老年》（*Active Aging*）（Maureen，2008）、《不老的自我》（*The Ageless Self*）（Kaufman，1986）、《权利回归》（*Reclaimed Powers*）（Gutmann，1987）、《优质老龄化》（*Aging Well*）（Vaillant，2002）、《生命之泉》（*The Fountain of Age*）（Friedan，1993）、《黄金时期：看婴儿潮时期出生的人们将如何革新退休制度并改变美国》（*Prime Time：How Baby Boomers will Revolutionize Retirement and Transform America*）（Freedman，1999）以及《老龄的力量：新一代老年人将如何统治21世纪》（*Age Power：How the 21st Century will be Ruled by the New Old*）（Dychtwald，1999）在内的这些出版物清晰地展现了"老年人的力量"，揭示了老年个体的内生动力和力量源泉（Wray，2003）。

尽管许多新潮的术语不断涌现，但它们的重点都是相似的。总体来说，关于成功老年讨论最多的主要集中在以下几个方面：良好的健康状态、健全的生理和认知功能，以及积极而有意义的社会参与。这些要素与生理、精神和社会福祉方面相关，它们对老年人是否能够安度晚年有重大的影响。

有关老龄化的理论在不断地更新。"积极老年"的最新研究中已经开始出现包括"重新开发（redevelopment）"和"终身学习（life‑long learning）"等术语（Maureen，2008：14）。伴随着"积极老年"内涵的变迁，老龄化的理论和维度也开始不断发展。不过，基本上每个理论都隐含了构建最佳老年生活的要素（McReynolds & Rossen，2004；Wray，2003）。许多理论对老年人应扮演的理想角色进行了详细的描述。"活动理论"提出，只有当人们积极参与日常生活中的活动时，才算是成功的老年（Fountain，2005；Wilson & Musick，1997）。其他诸如连续论（Atchley，1972，1993；Birren，2001）、生命周期理论（Erikson et al.，1986；Levinson，1978）、社会交换理论（Emerson，1962），以及社会分解和重建理论（Bengston，1976）也在"积极老年"研究中广为运用。尽管这些理论在应对老龄化问题时所采取的态度和应对策略有所不同，但它们都对老龄化过程中认知的转变予以了特别的关注。以上所提及的成功老龄化理论和其他老龄化理论，都倡导需要对社区和社会中老年人的角色进行整合。

根据成功老年的概念及相关理论论述可以发现，老年人可以通过积极的参与对社区有所贡献（Bailey，2007）。他们拥有丰富的生活智慧，也的确能够完成他们的目标（Kerschner & Pegues，1998）。在埃里克森（Erikson，1997）著名的发展心理学理论中，这些老年人处于成年晚期，他们拥有的高峰状态的智慧使其在心理方面具有很大的优势，许多老年人由于其丰富的生活阅历，即使在退休之后也依然可以发挥余热，对社会做出巨大的贡献。

许多老年人富有经验和激情，他们通过自身的执着努力，已经积极地融入各种社会活动中，他们在参加志愿者活动（Caro & Bass，1995；Cheung & Kwan，2006；Hinterlong et al.，2006；Kerschner & Pegues，1998）、参与社区公共事务（Hill，2004）、促进社区照顾和家庭照顾（Coleman，1987），以及完善社区设施（Hinterlong et al.，2006；Kerschner & Pegues，1998）等领域十分积极。他们在政治舞台上也表现得十分活跃，有时甚至通过互联网参与政治（Xie，2008）。在传统的中国家庭，许多老年人都成了他们成年子女的帮手和支持者，长期协助子女做家务，并承担起照顾第三代家庭成员的任务（Erikson et al.，1986；Zeng，2002）。

老年人的参与已经为社会、家庭和他们自身带来了诸多好处。他们为社会提供了宝贵的人力资源，推动了社会发展，并有利于促进形成良性的社会环境（Kerschner & Pegues，1998）。这样的参与也给老年人本身带来了持续学习、持续发展的机会，使他们的老年生活也变得相对充实（Parent，2004；Butler & Gleason，1985；Chow & Chi，1999；Fisher，1992；Greg，2004；Lou & Chi，2001）。

美国民间建立了各种形式的组织来发挥老年人的社会功用。这些组织将老年人群体作为实现个人重生和社会复兴的源泉之一，通过给他们提供本地服务和国际服务来增进公共福祉。这些声名卓著的组织机构包括，美国退休人员协会（The American Association of Retired Persons）、公民企业（Civic Ventures）、师友兵团（Experience Corps）、全国退休人员志愿联盟（National Retiree Volunteer Coalition）、国家长者联合会（National Senior Corps）、北卡罗来纳创意退休中心（North Carolina Center for Creative Retirement）、长者环境保护联盟（The Environmental Alliance for Senior Involvement）、退休人员和老年志愿工程（Retired and Senior Volunteer Program）、退休高管服务团（Service Corps of Retired Executives Association）、海外老年志愿者（Senior Overseas Volunteers）、长者朋辈志愿组织（Senior Peer Volunteer）、老年志愿者俱乐部（Seniors Volunteer Club），以及祖父母志愿者协会（Volunteer Grandparents）等。[①] 人们越来越清晰地意识到，老年人是尚未发掘而又持续增长的民间资源（Liu & Besser, 2003；Martin & Harold, 1995；Kerschner & Pegues, 1998）。例如，1999 年，美国非营利组织公民企业（Civic Ventures）的理事长弗里德曼（Marc Freedman）就说，婴儿潮一代必将改变退休制度，并改变美国（Freedman, 1999）。2002 年，公民企业宣布欲使美国的老年人成为个人和社会资源的源泉。同时，它报告说，美国的老年人发现志愿者服务给他们带来更积极的生活，他们看待未来时变得更积极、感受到了朋友的更多支持、觉得自己富有改善社区的能力、觉得自身具有创造力并且拥有帮助别人的动力（Sander & Putnam, 2006）。而且这样的态度有助于改善健康状况。另一项研究发现，在美国，老年人通过参与政治选举、志愿者活动，能影响民众对政府以及社会的信任水平，在维持社会稳定和促进社会进步方面亦发挥着十分重要的作用（Caro & Bass, 1995）。

　　大多数欧洲国家已步入老龄化社会。许多组织、研究人员以及政策制定者已将焦点转移至老年人退休后的生活。他们需要建立更多的协调性政策框架、

---

① 这些组织的官网是：
The American Association of Retired Persons：www. aarp. org；
Civic Ventures：www. civicventures. org；
Experience Corps：www. experiencecorps. org；
National Retiree Volunteer Coalition：www. nrvc. org；
National Senior Corps：www. cns. org；
North Carolina Center for Creative Retirement：www. unca. edu/ncccr；
The Environmental Alliance for Senior Involvement：www. easi. org；
Retired and Senior Volunteer Program：www. volunteer. org. au/volunteers；
Service Corps of Retired Executives Association：www. score. org；
Senior Peer Volunteer：www. ssiontoronto. com；
Seniors Volunteer Club：www. un-mongolia. mn；
Volunteer Grandparents：www. volunteergrandparents. ca。

发展新的社会文化来满足老龄化社会的要求（Deeming，2009；Walker，2009）。欧洲学者的研究发现，老年人无论是作为一个职业群体，还是在退休后作为社会的消费者群体，都有志于对社会有所贡献（Parent，2004）。在这些研究中，成功老年被看作一项伟大的成就（Gilleard et al.，2007；Motta et al.，2005）。这些研究者坚信，不依靠老年人的参与而克服老龄化社会带来的挑战是不可能的（Parent，2004）。

综上所述，老年人是尚待发掘的宝贵社会资源（Liu & Besser，2003），他们是加强社会凝聚力、完善社会结构的有效力量。

第四节　生活质量

"生活质量"这一概念应用广泛，曾被用于描述和区分男性和女性、农村和城市、就业者和失业者、退休者和劳动力、老年人和年轻人、已婚者和丧失配偶者的生活（Moriarty & Butt，2004；Teichmann et al.，2006；Walker，2005）。在许多关于不同群体的生活质量的研究中，老年人的生活质量研究是其中的一方面。

事实上，如何定义和测量生活质量也是一个未解的议题（Ranzijn & Luszcz，2000）。在宏观层面，作为一种社会维度，生活质量常与特定社会中的社会、经济、福利等元素相联系（Deeg，2007）。在微观层面，生活质量反映了个人或群体的生活方式，对不同的人群而言，其标准也截然不同。

和许多其他宽泛的概念一样，生活质量并不容易被测量（McKenna et al.，2004）。想在一项调查中涵盖与生活质量有关的所有特征因素，几乎是不可能的。许多研究者为此设计了一些有针对性的问卷，或根据他们的研究目标对其他量表进行详细的修订。在这些研究中，涉及生理健康、心理健康和社会福利等内容的指标被充分开发，具体包括生理健康、行为能力、独立程度、心理健康和社会关系（Higgs et al.，2003；Hyde et al.，2003；Orley，1995；Ranzijn & Luszcz，2000）、客观居住环境（Kahneman et al.，1999）、具体区域的居住环境、社会关系和社会支持（Wu & Yao，2006）等众多方面。

在个体和社区两个层面的研究中，已经有一系列测量生活质量的工具。其中包括世界卫生组织生活质量测定量表（World Health Organization Quality of

Life Tool，WHOQOL）（Orley，1995）、台湾版 WHOQOL 简表（Wu & Yao，2006）、生活质量问卷（Frisch et al.，1992）、生活质量指数（Ferrans & Powers，1985）、生活质量综合量表（Cummins & McCabe，1994）、生活质量指标自评量表（Audit Commission，2000）、控制感—自主权—自我实现—快乐（CASP，Control，Autonomy，Self-realization，Pleasure）等 19 项需求满意度量表（Higgs et al.，2003；Hyde et al.，2003）以及生活满意度量表（SWLS）（Diener et al.，1985）。它们中的某些工具已经被用于有关老年人生活质量的研究。

在上述测量工具中，五项式的"生活满意度量表（SWLS）"经过修正已被用于测量个人整体的幸福感。研究者将整体生活情况与特定的标准进行比较，从而选取一些对生活的认知性、主观性的评价（Pavot et al.，1991；Shin & Johnson，1978）。这些陈述包括"大多数时候，我的生活十分接近理想状态""我的生活环境棒极了""我对我的生活很满意""迄今为止，我已经得到了生命中最重要的东西""如果我能从头活一遍，也几乎不会改变任何事"。"生活满意度量表（SWLS）"的中文译本由 Sachs（2003）在香港发表。这些量表具有令人满意的心理测量特性。Wu 和 Yao（2006）对其做了一定的修改，发展出一种对单一结构因素进行测量的台湾版的生活满意度量表，并在台湾的民众中进行了应用。事实证明，这一工具的信度与效度都很高，并且很容易被效仿。

在本研究中，"生活质量"被用来解释老龄化的质量。当社会人口不断老化之时，人们追求的首要目标已经从一开始的延年益寿，转变为高质量的老年生活。越来越多的研究者开始关注老年人的幸福，他们从多个角度探讨了如何提高老年人的生活质量（Arslantas et al.，2009；Paskulin et al.，2009）。良好的生活质量固然对成功老年至关重要（Higgs et al.，2003；Hyde et al.，2003），但成功老年应当涵盖其他重要的维度。然而，目前的大部分研究聚焦于对生活质量的主观认识，诸如长寿、生产能力等因素并未在已有研究中得到讨论。

本研究的研究对象主要为 60 岁及以上的成年人，研究的主要目的之一是检验社会资本和生活质量的关系。本研究并没有给宏观的社会福祉过多的关注，而是聚焦于描述老年个体的生活。笔者认为通过他们的主观感受来评估老年人的生活满意度是恰当的。考虑到问卷的长度、心理特征以及中国社会的特征，笔者认为"生活满意度量表（SWLS）"具备清晰性、简洁性等特征，非常适合在中国老年人中使用。本研究中的"生活质量"接近于"幸福感"，在对上海社区老年人生活质量和幸福感的研究中，研究团体用李克特量表对某些重要的影响因素进行了测量，得分越高，满意度也越高，因此我们可以对老年人自身的生活情况进行一种描述性的分析。

当前研究的目标人群是老年人群体，他们的功能性能力和健康状况是影响其生活质量和其他各方面的重要因素，因此，本研究包含了对他们的功能性能力的测量。

工具性日常生活活动能力量表（IADL）在各个国家被广泛运用，它从认知能力和生理能力两个方面展现人们在工具性日常生活活动中的机能状况（Edwards et al.，2005；Jiang et al.，2004；Murtagh & Hubert，2004）。最常见的一个量表是由劳顿和布罗迪（Lawton & Brody，1969）开发的。量表所测量的是人们在日常生活中或满足日常功能时必须进行的一些常规活动，包括打电话、购物、烹饪、做家务、乘坐交通工具、吃药和理财（Lawrence & Jette，1996）等。被访者得分越高表明其功能性能力越强，越有能力独立生活。这些数据主要来自调查对象或者其照顾者的陈述。工具性日常生活活动能力量表在老年研究中广为使用，是一项有效、简明和直接的测量工具。

第五节　研究地——上海

上海是中国四大直辖市之一。自 1840 年成为通商口岸以来，在不到百年的时间里，它已发展成为中国的国际化都市之一。20 世纪 90 年代，尤其是在浦东新区的发展和开放后，上海有过一段高速发展的时期。现在，它已是中国的金融中心，并成为世界金融之都。有评价称，它是位于伦敦、纽约、东京和柏林之后的世界第五大城市（郭定平，2005）。在近几十年中，随着经济的持续发展，上海市政府在政治、文化领域，尤其是社区建设方面投入了巨大的人力、物力，也取得了相当丰硕的成果。如今的上海市民在日常生活中无时无刻不享受着现代文明带来的成果。在 20 世纪 90 年代制定的发展规划中，截至 2010 年上海要发展成为国际金融中心，并在交通运输、生产、管理、服务和创新等方面占据龙头地位（上海市《迈向 21 世纪的上海》课题领导小组，1995）。就目前来看，这一目标已经实现了。

社会资本和民主、市民社会和社区参与密切相关。上海的老年人口比例很高。上海人因其现代化、社区建设和公民参与而备感自豪，上海也因此成为当前研究的理想地点。下文将就上海的民主发展、社区建设和老龄化情况做一番详细的描述。

一　上海民主意识发展及政治改革

在中国近代史上上海得益于其独特的地理位置，成为全球商业和政治的中心。在晚清，上海被西方侵略者占据多年，经受了民主主义和现代主义的洗礼，此后，海派文化成为上海文化的一部分（邓伟志，2006：4）。在 1910 年的殖民主义统治时期，上海的先锋市民建立了许多民间商户和商贸组织，他们团结起来斗争，为自身的权利，尤其是为获得商业利益而与统治势力展开了斗争。他们还与许多外国商会建立了紧密的联系和商业合作关系（李培德，2009）。在这一危险时期内，其中一些机构通过它们的西方合作伙伴，为爱国主义事业做出了巨大的贡献。因此，民主的萌芽以积极参与政治和公民生活、保护人权和公民自治意识的形式，扎根于这片土地。即使后来政府禁止了其中大多数民间商业，它们仍然继续生长。

这一历史时期产生的包括政治参与、人权和居民自治的民主意识一直保留在上海民众之中。这些民主意识也清晰地体现在之后的许多政治运动家发表的言论之中。

在经历了很长一段时间的限制之后，直到 20 世纪 70 年代晚期上海实行改革开放，上海的公民意识才得以复兴（熊月之，2008）。在当下全球化的快速进程中，上海的各种社会结构正变得日益牢固。各种非政府组织和社团也在上海建立起来，它们代表了不同的社会部门，至 2005 年，省市一级有 180 家，国家一级有 3404 家，还有 1 家国有单位（上海民间组织年鉴编辑委员会，2005）。截至 2013 年 6 月，非政府组织、市民机构和基金会的数量已从 2001 年的 3878 家飞涨至 11019 家（上海市社会团体管理局，2013）。

在 20 世纪 40 年代末期，上海的开放使其一改往日保守的做法，转而成为西方先进文明的汇集地。从 20 世纪 70 年代开始，上海开始了新的发展之旅。近年来，大量国际资产和外来文化开始快速涌入，上海市民也受到包括民主在内的西方意识形态的深远影响。一项针对 1022 名浦东新区居民的调查表明，上海人民非常关心政治，并且积极地参与政治活动（浦东新区社会发展局，1999），这无疑是市民社会的一大优势。

在 20 世纪 70 年代早期，毛泽东强调在管理地方事务方面赋予地方政府更大的权力，并认为这是在一个大国实施有效管理的必要方式（毛泽东，1977）。在这一背景之下，上海市政府承担起照管当地居民日常生活和社会安全的责任。后来，邓小平强调民主政治和经济改革协调发展的重要性，同时，他主张应当对相关部门进行改革（邓小平，1993）。20 世纪 80 年代，中央和地方政府权力分配的改革推动了当地经济的发展。政府将管理权归入企业，并使之成为自我管理的市场实体；此外，政府也鼓励人们在社会中承担自我管理的责任。由于经济的快速发展，中央和当地政府都相应地减少了集中干预。政府从先前城市管理的主宰者转变为协调者（上海市社会科学界联合会、上海市社区发展研究会，2000）。这一政策最终导致了中国人自我认同方式的转变——从单位的成员变为社会的成员和当地社区的一员。

二　上海社区及社区自治

人们普遍认为，社区是社会研究的分析单元。在学术领域，"社区"一词有多种含义（Warren，1963），它既可以形容某一地理区域，也可以指代有共同利益的一群人（Longworth，2006；Sampson，2001）。越来越多的学者愈加强调社区的社会结构，而非空间结构（Berkman & Kawachi，2000；Etzioni，1996；Wellman et al.，1988），并支持通过社区参与和整合提高集体福祉（Warren，2001）。

文献表明，社区应该以地理边界进行划分，这有利于当地政府管理（Sampson，2001），同时社区必须包括一定的基础设施（Etzioni，1996），并且居民有一种归属感（Berkman & Kawachi，2000）。这意味着社区应当足够"小"以保证人们之间的情感交流，但同时又要足够"大"以确保有足够的公共设施。因此，社区既指行政区域，又指包含某种关系和规则的文化区域。

　　街道是在城乡改革进程中出现的（上海市社会科学界联合会、上海市社区发展研究会，2000）。上海的市区按"市—区—街道—居民区"的层级被分为不同的地理区域，即更小一级的地方行政单位和独立的住宅群（Xu et al.，2005：80）。街道办事处是街道级别的派出机关，负责政策推行和项目执行。一般来说，上海的每一个街道办事处管理着 15 ~ 30 个居民委员会（以下简称居委会），包含 10000 ~ 50000 户家庭。

　　因此，街道层面的社区单位成为最基本的行政管理单位（Xu et al.，2005），它包括多个大小和特征各异的小区，它们在社会利益和生态结构方面被认为是一个统一的有机整体（Agrawal & Gibson，1999）。社区成员住在某个特定的区域，享有公共利益（垃圾回收、公共设施等），受一套无形的规范管理，并通过达成社区共识来解决问题。

　　近年来经过巨大转变，现在上海的社区非常多样化。在城市住房改革期间，单位以折扣价将住房卖给单位员工，与此同时，政府鼓励人们购买商品房。这些变化带来了房屋价格的分级。上海近几十年迅速的城市建设，使得社区基础设施和人民的生活发生了翻天覆地的变化。市民为了一个更好的社区环境而频繁地搬迁，从农村到城市和从城市到城市的高迁移率等众多因素使得社区归属感和社区凝聚力难以形成（Lai & Siu，2002）。所有这些上海社区的社会经济结构剧变给政府、社会和公众带来了巨大的挑战。

　　上海市政府在街道层面引入了社区管理的方法（赵建民，2004）。社区和街道办事处处于同一行政区域；区政府只赋予街道办事处有限的行政权力；区政府通过建立社区服务网络和社会调解组织，将部分日常事务转移至社区和街道办事处；区政府、公民组织和居委会的代表建立起一个跨部门的城市地区管理委员会，通过民主协商来共同整合社区资源。各级政府的行政决策由社区层面的派出机关，即街道办事处负责实施。目前社区提供的服务主要包括公共服务和福利服务两项，涵盖社会安全、社会福利、户口登记、退休、家庭服务等方面（见图 3 - 1）。这些服务源于对贫困人口的支援，现在已经推广并惠及普通大众（Leung & Wong，2002；Xu et al.，2005）。

　　除了要满足社区成员的"基本生活需要"，社区还要努力"建立成员内部

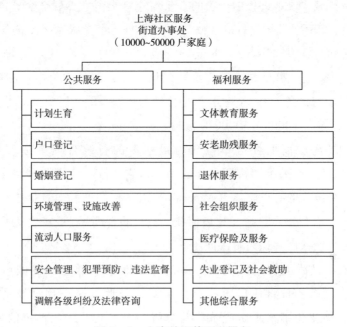

图 3-1 上海社区管理和服务

的社会关系""鼓励他们进行社会参与，从而也可以推动社会发展和形成社会凝聚力"。居委会是街道办事处下属的最基本的行政管理单位，它们负责在家庭层面执行具体的政策。

上海市政府现在正在尝试树立"小政府，大社会"的形象。这体现了政府代表人民的利益，并被人民监督的理念。居委会就是市民自我管理的草根组织。社区领袖由居民选举产生，在社区内承担自我管理、自我教育和自我服务的责任。

自1998年起，上海开始建立居委会选举体系，并逐渐推广至全市范围。这一体系被称为"直选"（郭定平，2005）。所有社区居民，包括居住在上海的港澳同胞，都有选举权和被选举权。随着时间的推移，越来越多的居民逐步地参与进来。那些受过高等教育、享有较高声望与较高社会地位的社区居民最有可能当选。他们之中，那些退休的老党员对于选举更为积极和活跃。

和上海的其他区县一样，在浦东新区，区政府和社区共同扮演着转型期的领头人角色（浦东新区社会发展局，1999）。在社区基础设施建设方面，他们取得了丰硕的成果。社区居民之间也建立起了更强的市民网络。"直选"体系为居民提供了平等参与政治的平台。人们现在更积极地参与公共事务，因而信任、宽容和社区团结等形式的社会资本也开始发展起来。街道办事处的官员还提出了一种"社区为人人，人人为社区"的理念，以此激励人们更积极地参与社区生活（郭定平，2005）。

总体而言，尽管上海尚未建立起普特南（Putnam，1993b）所描述的市民社区，但近几十年来上海有形和无形的市民网络正在不断加强（郭定平，2005）。社区基础设施的建设是一条通向市民社区的可行道路。受过去 150 年深深根植于上海的文化和公民意识的影响，改革开放以来，上海开始在社区发展中呈现一种独特的优势。社会中这些无形的社会资本，可能是上海超越其他地区成为中国发展龙头的原因之一。

现在，上海市政府已经开始在政治上优化治理模式，以便加快社会的民主化进程（上海地方志编纂委员会，2005）。为了迎接市场经济的挑战，政府已经从直接干预向宏观调控转变，上海的社区"直选"以及自我管理的理念可以有效地承接这些上层建筑的改变。基层组织的这一民主结构被认为会对地区内的民主进程产生重要影响。这些关于上海社区的信息回顾都将有助于增进我们对当前研究场所的了解。

三　上海的老龄化

正如上文所述，中国的人口正在呈现一种老龄化的趋势，而这一趋势在上海更加显著。根据中国家庭户籍体制，截至 2012 年底，上海的总人口数为 2380 万，其中仅有 1420 万是符合中国户口登记制度的户籍居民。2012 年，上海常住居民的人均寿命高达 82.41 岁（女性 84.67 岁，男性 80.18 岁）。60 岁及以上的老年人有 367 万，占上海居民总人数的 25.85%；其中 80 岁及以上的有 67.03 万人，占老年人口的 18.26%（上海市统计局，2013）。据估计，到 2020 年，60 岁及以上的人口数将达到 500 万，占上海居民人口总数的 35% 左右（任荃，2006）。

然而，2011 年，上海市常住居民人口的自然增长率为 -0.68%，已连续 19 年保持负增长（上海市统计局，2012）。如果现行的生育政策不变，未来 20 年上海的常住人口的增长率将仍旧呈现负增长态势（任荃，2006）。因而，上海的人口呈现一种倒金字塔的特征。1991～1993 年上海平均家庭规模为 3.0 人，这一数字在 2013 年减少至 2.49 人（上海统计局，2013）。上述数据表明，我们应当立即着手研究，改变当前的策略，以迎接老龄化带来的严峻挑战——如何保证一种高质量的老年生活。

当前，上海实行的是一套以家庭照顾为主、社区服务为辅的老年人社会福利体制（Leung & Wong，2002）。由于社区服务中心提供的服务大多局限于为老年人提供基本帮助，所以老年人自身的力量仍然没有发挥出来。社区办事人员常常将老年人看作一个需要帮助的群体，而不是将其看作一个能提供帮助的群体。事实上，上海的许多老年人自治组织，在教育、文化交流和技术等领域享有很高的声誉，如"上海百老德育讲师团"（陈文、江跃中、杨晓芸，2008）、"上海退休女科学家协会"①等。因此，老年人在社会上是十分活跃的群体。

第六节 关于老年人和社会资本的现有研究

上述的文献回顾表明，不论从人数上还是从素质上看，老年人都是社会上一股潜在的重要资源。他们向往并有能力生活得健康而充实。社会资本对个人和社区的福祉都有重要作用。社区是人们，尤其是退休人员生活和发展的基本场所。前述这些概念和理论都互相联系，互相支持。然而，它们究竟是如何相互联系的还有待进一步澄清，这也是当前研究的主要课题。

本研究主要有三个方面的目的：一是测量老年人个人层面的社会资本，二是进一步探索其社会资本如何影响生活质量，三是在此基础上研究上海城市社区的相关功能。

一 老龄化与社会资本

以前人们总将老龄化与慢性疾病或失能联系起来。这个观点认为，老年人是十分依赖他人帮助的，因而其对社区的贡献是极其有限的（Morris & Caro，1995）。许多关于老年人社会资本的研究将他们刻画成一个被剥夺和受到社会排斥的群体（Abbott & Sapsford，2005）。因此，人们认为他们在经济和社会上缺乏资源，处于劣势、无力的境地（Johnson & Kamara，1977）。所以，这些研

---

① 这一社团的介绍参见 http：//www.ladysh.com/ViewAssociation.aspx？associationid＝4。

究倡导将社会资本作为一种资源提供给老年群体（Bolda et al.，2005；Thomas et al.，2004；William et al.，2008），也就是说，他们建议将社会资本提供给老年人使用，而不是鼓励老年人激活自身的社会资本。

事实上，老年人是极有价值的资源，他们对形成社区社会资本有潜在的贡献（Coleman，1995）。现代社会中，许多老年人尤其是大都市中的老年人，已不仅仅局限于基本的生活需求，他们强烈地追求更有意义的生活，希望可以对社区有所贡献。他们频繁地参与诸如社区选举、捐款和志愿者活动（Kerschner & Pegues，1998）等公共事务。相较于社区内的其他群体，他们之间更加关心彼此，对政治活动的参与也更为积极（Bass & Caro，2001；Manning，2006；Morris & Caro，1995）。他们更有空闲也更积极地参与公共管理（Burr et al.，2002）。一些研究表明，老年人的社区参与和志愿者活动对社区的发展具有重要的意义（周永新，2000；Coleman，1995；David & Patterson，1997；O'Reilly & Caro，1994；Pillemer & Glasgow，2000；Quah，2003）。一些研究甚至指出，在多个国家，尤其是有较多老年移民的国家，老年人有能力持续发展他们的社交网络，抓住机会维护居住权和福利权等（Evergeti，2006；Takhar，2006；Warnes & Williams，2006）。他们的优势在于，能通过其更牢固、更广泛的社交网络聚集社会资本。在中国人居住的社区中，老年人共享信任、规范、凝聚力、文化仪式，他们之间相互照顾并承担教养子女等责任，这些要素构成了其社会资本的主要部分（Goulbourne，2006a；Owen，2006）。他们的亲属关系以及通过社区参与和团体而建立起的更宽泛的联结，是老年人投入、培养和加强工具性社会资本的表现形式（Goulbourne，2006a，2006b）。

老年人是社会参与的重要成员（Bailey，2007；Berry，2008；Butler & Eckart，2007），他们的公民参与是形成社会资本的必要过程。尽管很少有研究从社会资本的角度来衡量老年人的生活质量，不过有一些相关研究已经对老年人的社会支持（Chen，2001）、社会关系（Walker & Hiller，2007）、家庭关系（Sun，2002）和社区参与（Bailey，2007；De Leon，2005）等维度进行了测量。一些研究显示，老年人在社会中表现活跃，而这一因素是评估其晚年生活质量的重要指标（Bowling，2006；Maureen，2008）。少数关于社会资本和生活质量的研究表明，社会资本，从个人和集体两个层面上，或许对生活质量有重要的意义（Jan et al.，

2006；William et al.，2008）。同时，老年人在社会上的积极参与，不仅有助于社区层面社会资本的积累，对其自身的生活也有所裨益（Coleman，1995；David & Patterson，1997；O'Reilly & Caro，1994；Pillemer & Glasgow，2000）。

二 中国老年人的社会资本

社会资本包含文化要素（Lowndes & Pratchett，2008）。社会资本和它所依赖的社会规范应当根植于社会内部。中国的文化具有独特的性质，根植于中国文化中的社会资本应该极其丰富，因而中国人的社区应该极具社会资本（陈虹霖，2009）。中国人社区中的社会资本在同事、同乡，以及同一群学徒等相似的群体中不断扩散和发展。

"关系"，或者说建立和维持社会关系，是中国人最典型也是最强烈的社会资本类型（Bian & Lin，1991）。然而，研究显示，"关系"不应被认为是中国社会资本的唯一基础结构或本质。福山评论说，某些形式的社会资本，如人与人之间的"信任"，在中国正逐渐减少，难以完全地整合到不断发展的社会中。也有一些研究探讨了社会凝聚力、社会支持和社交网络（关系、社会联系）对中国人的影响（Bian & Lin，1991；Chen，2001）。其中两项研究分别探索了在天津就业与社会网络之间的联系（Bian & Lin，1991）以及上海城市中的流动性与社会资本的关系（Lai & Siu，2002）。然而，关于中国社会资本和老年人关系的研究依旧很稀缺。

香港作为中国的一个特别行政区，一直致力于推进社区内社会资本的发展，这一现象在给弱势群体赋权的社区中更为常见（Lee，2005a）。由于香港特别行政区政府的推动，志愿者活动成为众多老年人社会参与的主要形式之一（Chow & Chi，1999；Mjelde - Mossey & Chi，2004）。这一形式的参与有助于增加老年人的幸福感（齐铱、张钟汝，1996；Lee，2005），社区投资共享基金（CIIF）[①] 的研究团队发现，发展社会资本对香港地区老年人生活质量的提高具

---

① 在2001年香港施政报告中，执行委员会主席宣布投入3亿美元建立社区投资共享基金（Community Investment and Inclusion Fund，CIIF）。CIIF将提供支持社区组织和私人部门合作的种子基金，这一基金旨在鼓励人们互相关心和帮助，促进当地的社区参与，支持跨部门合作，以发展社会资本。这些项目中，许多是专门为居住在社区中的老年人而设计的，参见 www. ciif. gov. hk。

有积极影响（Ng，2006）。他们宣称老年人由于享有较高的社会信任水平，在社区发展中发挥了重要的支持作用（Chong，2006）。

现今许多关于老龄化的研究展现了老年群体的高度差异。一些研究认为，老年人由于其社会参与的意愿和能力有限，所以是需要社会资本的弱势群体（Martin & Harold，1995）。然而有其他研究将老年人视为维持社区和家庭中社会资本的重要人群（Chen & Wong，2009；Quah，2003）。如何"优雅地老去"，对于生活在不同社群和环境中的老年人有着不一样的含义（Moody，1993）。那些高龄老人，即使身患慢性疾病，部分失能，仍有潜力保持活力，有可能对社区有所裨益（Morris & Caro，1995）。有了"积极生活"的愿望（Beauchamp & Childress，1989；O'Reilly & Caro，1994；Quah，2003），未来老年人将更可能保持活跃和独立的生活状态，尤其是受过高等教育的老年人（Kerschner & Pegues，1998）。

事实上，比起青年人群，中老年群体对社区志愿者活动、社会活动和慈善活动的参与率更高（Putnam，2000）。在当今社会，越来越多的老年人把积极参与社区活动当作重要的兴趣（Riley & Riley，1994）。社会经济的发展以及他们自身的智慧使老年人有能力过一种积极而充实的生活（Kerschner & Pegues，1998）。他们创造、拥有的社会资本对于社区乃至整个社会有重要的价值。

社会支持、社会影响、社会参与，以及正式和非正式的关系构成了社会资本，这能够帮助老年人维持多产的社会角色，促进老年人的社会融合（Bass & Caro，2001）；在某种程度上，这些或许还有助于老年人获得物质资源（Hinterlong et al.，2006；Wuthnow，2002）。总之，老年人的社区参与对社会和他们本身的健康和福祉意义重大（Bailey，2007；Berry，2008；Caro & Bass，1995；Kondo et al.，2007）。

第四章

概念、理论和问题

　　以前三章为背景，本章主要对本研究中的理论性框架做一定的说明和解释，以完善我们的研究设计。主要包括社会资本的理论框架、相关操作性定义、研究的问题以及若干假设。

　　基于第三章的文献综述，我们知道，在许多西方国家，老年人普遍表达了对参与社区生活的渴望，通过积极的社区参与，他们的价值可以得到体现，同时这也会对他们的生活产生积极的影响。证据表明，相较于社会联系匮乏的人，那些有稳定、频繁社会联系的人更为健康。社会资本包括社会网络和社会规范这两个核心概念，它与个人、群体和社会福祉的联系有助于解释某些社会现象。社会资本既可以作为一种影响性因素，也可以作为一种解释性工具而存在。

　　由于社会资本具体功能的发挥在很大程度上依赖于特定的文化和群体，因此应当将研究焦点放在具体环境下的具体群体上。上海在本研究中是测量社会资本以及研究生活质量和社区生活的场所。在城市发展的过程中，上海的老年群体经历了一系列巨大的社会变迁。他们积极地融入社区生活，从而积累了丰富的社会资本。在当前的研究中，社会资本、生活质量和老龄化彼此之间存在丰富的联系，这些关系将在本研究框架中有所展现。

第一节　概念

　　经典经济资本理论（Marx，1975；Smith，2002）和近代其他形式的资本理论（Bourdieu，1986；Coleman，1988）都将那些包含在人际网络和协会组织中的社会性、结构性资源作为一种个人的资产或资本，这就是社会资本（Lin，

1992；Putnam，1993b）。这一非经济性的资本概念包含了结构资源和价值观念资源，人们通过投资这些资源，从而期许得到对他们自己以及整个社区的有利回报。对社会资本的投资以及获得预期的回报两者之间可能会相互强化（Putnam，2000，2002）。然而，对投资和成果的评估会随具体的情景及特定目的行为的改变而改变。在本研究中，研究者通过社会资本的视角透视作为利益相关者的老年人的生活。

基于社会资本的投资-回报理论，本研究的理论思路可表述如下：老年人对社区生活的参与是建构社会资本的一个过程，此过程可以提高个人的生活质量，改善社会的福祉，从而个人和社区也就获得了预期的回报。个人收获和社区福祉或许能增强社会纽带，增进信任和互惠，从而进一步扩大社会资本的存量。这些特性是社会资本积累的动力。该理论模型见图4-1。

图4-1　社会资本的投资-回报模型

第二节　社会资本和生活质量的操作性定义

学界尚未就社会资本的定义达成共识，且其定义与特定的历史背景和研究观点紧密相关。在本研究中，社会资本被定义为网络、社会关系、规范、价值和非正式制裁的集合，它们所嵌入的社会结构能使人们实现一定数量和高质量的合作（Dasgupta & Serageldin，2000；Newton，2001；OECD，2001；Putnam，2000；World Bank，2009）。这一定义包含了先前学术研究中对于社会资本核心因素的描述，与图4-1的理论性框架互相呼应。社会网络以及基于个人在网络中"投资"而形成的内部互动关系可以为个人和集体构建一种互惠关系的规范。人们之间正式和非正式的关系，以及基于互惠而形成的规范在现存的社会中造成了极其复杂的情况，社会资本成为社区发展中可以利用的工具，并带来某些预期的成果（Uphoff & Wijayaratna，2000）。

三组基本因子组成了本研究中社会资本的操作性概念——"群体和社会网

络""信任、团结和凝聚力"以及"集体行动与合作行动、政治参与"。这三组因子折射出结构性社会资本、认知性社会资本和两者间互动的关系。图4-2表现了它们之间的关系。

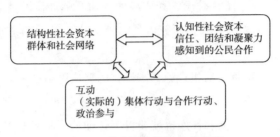

图4-2　社会资本的操作性要素

中国传统社会中人们具有丰富的社会资本，因为每个人都被镶嵌在社会关系之中（Bian & Lin, 1991）。"群体和社会网络"这一概念用于表示与邻里、群体（包括朋友和亲戚）的社会关系（包括社会关系的覆盖面和质量），这种社会关系是老年人获得经济和情感支持的潜在途径（Lin, 1982；Putnam, 2002）。

图4-2中的其他两个元素指的是信任关系和根植于人们相互联系之中的其他价值，以及通过与第一种元素互动而形成的合作行动。对这两者的测量可以说明老年人获得社会资本的水平。作为社会资本的一个基本因子，信任是指老年人对机构及个人的信任情况。人们参与的正式的和非正式的途径，可以揭示社区的社会凝聚力水平、社会融合情况以及其他一些社区特性。政治参与作为公共活动的一种特殊形式，其在中国语境下的情况正如世界银行在2004年的调查所显示的，既被认为是一种敏感性事物，同时也成为一个值得深入研究的领域。在政治活动中，集体行动中的一些事件，包括向政府递交集体请愿书，是社会互动的元素之一（Sabatini, 2009）。总之，在中国社会中，这三个相互联系的元素被认为是社会资本的基本组成因子，本研究将采取恰当的测量方式和工具进行测量，并结合具体情况对测量工具予以改善。

广义上，生活质量被定义为个人对其生活条件的满意程度（Haywood et al., 2005；Liu, 2006）。这里所指的满意度是被调查者的主观感受而非物质享受。本研究基于五项式生活满意度量表（SWLS）对老年人的生活质量情况做出直接而简明的说明，对于其中的每条陈述都将用李克特1~7分量表进行测量，以此来说明"老年人生活质量满意度"的水平。关于社会资本和生活质量的测量方法将会在下文予以具体说明。

　　研究旨在发现不同年龄、家庭规模、收入、受教育程度及职业（包括当前和之前的职业）的老年群体中社会资本的特征，同时也将探索社会资本对老年人生活质量的影响方式。由于在中国并没有成熟的测量社会资本的方法，本研究必须对社会资本的测量工具进行适当的本土化改进。

　　研究的问题可主要列为三组。第一组研究问题涉及上海城市社区内老年人社会资本的组成部分和特性。

　　研究问题1.1　上海城市社区老年人个人层面的社会资本的本质是什么？

　　研究问题1.2　老年人结构性社会资本（粘黏型、联合型、链接型）和认知性社会资本（规范和价值）的本质是什么？

　　研究问题1.3　什么是老年人的正式社会资本和非正式社会资本（主要指在社区中）？这两种社会资本是如何相互作用的？

　　研究问题1.4　老年人如何感知社区的社会资本？为什么会存在差异？

　　研究问题1.5　老年人个体的社会资本和他们感受到的社区社会资本之间有什么关系？结构性社会资本、认知性社会资本与政治参与、集体行动是如何相互联系的？

　　研究问题1.6　西方文献中评估社会资本的指标能否有效应用于中国社会？

　　第二组研究问题主要对老年人所有类型的社会资本与社会经济人口学因素之间的关系进行分析。

　　研究问题2.1　社区中老年人的个人社会资本、感受到的社区社会资本，以及整体社会资本如何随年龄、性别、功能地位、宗教信仰、家乡、家庭结构、政党归属、婚姻状况、生活安排、教育水平、职业、收入和社会经济状况的改变而发生变化？它们为什么会改变老年人的社会资本？

　　研究问题2.2　上述因素作为一个整体是以何种方式与社会资本相联系的？这一功能性机制包括了什么？

　　研究问题2.3　社区中是否存在其他影响社会资本的至关重要的因素（例如，具体的利益相关者、领袖、重要事件）？

　　第三组研究问题主要是为了验证老年人生活质量和社会资本的关系。

　　研究问题3.1　老年人总体上感觉生活质量如何？

研究问题 3.2　社会资本给老年人的生活质量带来了哪些改变？

研究问题 3.3　老年人的日常生活行为能力是否影响了老年人的生活质量？其他人口学因素又是如何影响老年人生活质量的？

研究问题 3.4　拥有社会资本与获得更高质量的生活以及获得社区归属感之间有怎样的联系？公众、政策制定者和社会服务提供者，应当为社会资本和社区总体福祉尽哪些义务？

为了回答这些研究问题，本研究提出了三组假设。研究团队将根据所收集的数据对这些假设进行检验，关于这些假设及其检验方法将会在下文中给出。

第三节　总体概念性框架

图 4-3 中的概念性框架是根据研究问题及假设建构的，它展示了现有的研究设计。下文说明了其中包含的主要变量和假设及三组假设之间的关系。更多具体的次级假设将在下一章节进行说明。本研究采用定量的分析方法来检验假设，并回答研究问题，下一章将对研究方法予以说明。

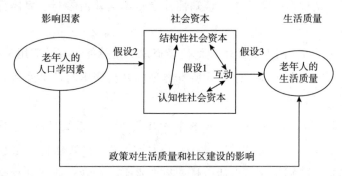

图 4-3　概念性框架

假设 1：社会资本的各种维度之间互有联系。

假设 2：社会资本与老年人的人口学因素相关。

假设 3：社会资本、人口学因素和工具性日常生活活动能力互相影响，且都与老年人的生活质量相关。

第五章

研究设计

本章将对研究设计、问卷结构、初步研究、问卷调查过程及相关原因进行详细说明。同时也将对数据分析的基本原理、如何回应研究问题以及相关假设的检验进行细致的阐述。

第一节　综述

一　研究框架

本研究采用一种定量化范式来检验研究假设、回应研究问题，从而实现研究目标。我们在研究的准备阶段也适当运用了一些质性研究来协助定量研究。定量研究的方法在验证理论和证实假设方面更加可靠，不过，该方法也的确不易于和其他的数据收集方法相结合（Morse，2003）。相比较而言，定性的方法则在对人为选择的、数量较小的样本分析中更为有效（Patton，1990）。因此，基于适当人数的问卷调查是十分必要的。图5-1呈现了研究的主要步骤。

根据第四章所述的研究问题，为了确定老年群体在个人层面和社区层面可感知的社会资本情况，研究团队进行了初步的文献检索并构建了测量工具，在此基础上为主要被访者编写了访谈提纲。由于并未找到该领域相关的中文工具，因此笔者主要是基于已翻译的国外问卷资料确定测量工具，并听取了该领域相关专家的意见。[①] 本研究对一系列测量工具进行了批判性的吸收，将其中

[①] 除了和黄于唱教授进行多次深入的讨论外，笔者也通过电子邮件和电话从 Robert Putnam 教授、林南教授、Peter Saunders 教授和贾西津教授那里得到了建议。在笔者设计自己的问卷之前，他们就对测量工具提出了有价值的建议。

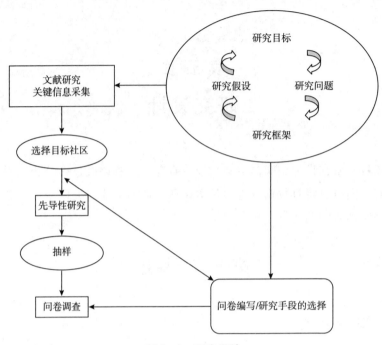

图 5-1 研究设计

合理的成分作为测量主要变量的工具，主要包括 2002 年投入使用的世界银行的"社会资本测量工具（SOCAT）"、2004 年世界银行完成的"社会资本测量整合问卷（SC-IQ）"、英国的社会资本调查库（Ruston & Akinrodoye, 2002）以及加拿大的社会资本评估方法（Franke, 2005）等。笔者通过对不同来源问卷问题的比较、整合最终形成了本研究的问卷。因为本问卷的主要问题都来自 SC-IQ，所以被命名为社会资本中文整合问卷（CSC-IQ）。当然为了使本研究更为完善，研究团队也参考了生活满意度量表（SWLS）（Diener et al.,1985）和工具性日常生活活动能力量表（IADL）（Lawton & Brody, 1969）。这些英文的问卷都被翻译成中文并接受了回译的测试。

在数据收集阶段，研究团队采用了三种类型的质性访谈——非正式对话访谈、普通访谈和标准化的开放性访谈（Patton, 1990；Stewart, 2007）。对于重要信息的提供者要求其能够理解社区的概况及人口学上的特点。来自社区内不同部门的有关成员——例如街道的公务员、学术研究者以及一些活跃的非政府组织的成员——都积极地参与其中，有关社区历史的文献研究也在同时进行。

在目标社区被锁定以及初步问卷准备完毕之后，研究就开始了，而主体调查则在大规模的问卷修正之后才进行。下面是主体调查的具体过程。

首先，笔者联系了上海市民政局、相关学术研究者、街道办事处人员、非政府组织、部分老年人和一些来自其他社区的关键信息提供者，以便确定一个合适而有代表性的目标社区。我们对这些关键信息提供者进行了多维度的质性访谈。该访谈问卷主要是通过修改 SOCAT（Grootaert & Bastelaer，2002）访谈提纲得来的，因为其关于社会资本的问题与本书颇为相近。最终，笔者选择了一个社区作为调查点。

其次，在正式调查之前，笔者又在几个社区开展了集中访谈，以此来进一步确定研究主题。紧接着，进行了初步研究，从而确定问卷以及调查的信度、效度以及一些其他影响因素。完成初步研究之后，在所有参与者，主要是被访者和访谈者的反馈与建议的基础上，研究团队对问卷进行了全面的修改。在这之后，笔者和 9 位访谈者一起进行了大规模的问卷调查。我们招募了一些来自目标社区经验丰富的访谈者，并对他们进行了一些简短的培训，比如有关接近被访者的方法和具体的提问技巧。由于他们自己也生活在这个社区，对这里的环境十分熟悉，这保证了他们在合理分工的基础上能够出色地完成调查任务。

本研究采用了分层抽样方法来获得一个有代表性的样本，即首先仔细考虑每个社区居民的经历、收入、受教育程度、曾经的职业和其他相关信息，其次在此基础上进行系统抽样。具体过程如下。

第一，从 27 个目标社区的居委会中获得社区居民的住房条件、收入水平、受教育程度和经历等相关信息。

第二，在和一些街道办事处、居委会的领导磋商后，主要依据居民的生活背景以及他们的社会、经济和教育背景等，将所有的居民分为四个层次。

第三，在每个层次内，根据社区内老龄服务办公室提供的名单，对有老年人的家庭进行了随机抽样调查。笔者的目标是在每个层次的居民中平均获得120 户有效抽样——这稍稍超出了研究的目标数量，主要是为了应对可能出现的无效访谈的情况。

第四，包括笔者在内的 10 位访谈者入户对每位被选中的老年人进行了面对面的访谈。为确保所有的访谈者都能准确无误地根据访谈提纲进行访谈，在这些访谈的间隙，笔者随机走访了所有访谈者，并对他们的调查过程进行了观察。对于一切有可能影响访谈质量的行为笔者都会及时在访谈结束后反馈给访谈者。

笔者用统计软件（SPSS 17.0）对数据进行了分析处理。首先对数据进行了统计编码，并进行了假设检验，从而有效地回答了研究问题。人口学因素，诸如年龄、性别和受教育程度等也包含在分析过程中，确定这些因素对老年人社区参与水平以及他们对社区内社会资本的感知水平的影响。表5-1总结了适用于不同研究目的、不同研究过程的定性和定量研究方法。

表 5-1　各阶段研究方法

方法	研究目标	抽样方法	数据收集
定性研究（辅助性研究方法）	为问卷调查做准备，锁定目标社区		文献研究；对关键信息提供者的访谈
定量研究（主体研究方法）	评估老年人的个人社会资本、他们在社区中所感知到的社会资本以及这二者之间的关系	①在对90名老年人进行初步研究时选取的是任意抽样的方法	面对面的问卷访谈
		②在调查的主要阶段，对同一个目标社区内的500多名被访者采用分层抽样法	在初步测试后，运用已经改进的问卷对被访者进行面对面的访谈

二　假设

以下的三个主要假设是为了验证自变量——不同维度的社会资本（SocCap，NW，PP）和因变量——生活质量之间的关系。人口学因素成为可能影响老年人积累和维持社会资本的重要因素。

老年人会因个人差异和其所处社区的差异而在生活中有不同的表现，这是因为他们拥有和投入的社会资本（正式的、非正式的；粘黏型、联合型、链接型；认知性、结构性）有所差异。有一些特定因素，如社区参与度和社区感知度，当然也包括人口学因素，如年龄、性别、收入、受教育水平和社会地位等，都会影响老年人所拥有的社会资本以及他们对社会资本的投入方式。老年人的个人社会资本和他们在社区中所感知到的社会资本也会相互作用。

下列假设是与研究问题有关的假设。

假设1：不同维度的社会资本之间有所关联。

假设1.1：老年人群体的社会资本（个人的、社区的和整体的）是有差异的，那些拥有较多个人社会资本的老年人更可能感知社区内存在的社会资本。

假设1.2：老年人群体的正式社会资本和非正式社会资本之间有显著的关联。

假设1.3：老年人的政治参与度影响他们对公众和政府的信任，也影响他们对政策性赋权的感知。

假设1.4：在社区网络中越是活跃的老年人对社区团结感受越深。

假设1.5：个人社会资本水平越高的老年人对政治参与越积极。

假设2：社会资本和老年人的人口学因素有关。

假设2.1：不同性别和不同年龄组的老年人拥有的社会资本有所差异。

假设2.2：在社区中生活时间较长，拥有较高学历、较高社会地位、较高个人收入、较好的自我活动功能、较多个人社会资本、政治活动中较为活跃的老年人能够更好地感知社区内存在的社会资本。因此他们普遍拥有更多的社会资本。

假设2.3：人口学变量对社会资本具有预测能力。

假设2.4：人口学变量对不同维度的社会资本有不同的解释作用。

假设3：社会资本、人口学变量、工具性日常生活活动能力相互交织，并且与老年人的生活质量有关。

假设3.1：老年人感知的社会资本越多，则对生活质量越满意。三种不同维度的社会资本对老年人的生活质量有不同的影响。

假设3.2：工具性日常生活活动能力和生活质量之间呈负相关关系。

假设3.3：社会资本以及其他人口学因素都对生活质量有所影响。

第二节 研究设计

本研究有六个步骤：编制问卷、锁定目标社区、进行初步研究、检查初步数据并修改问卷、进行主体研究、对主体研究中搜集的数据进行分析。

一　编制问卷

问卷主要包含四个部分：社会资本的测量，生活质量的测量，工具性日常生活活动能力的测量以及人口学信息。问卷首页附研究简介如下：该研究旨在理解退休人员和老年人的社区生活及其个人网络情况。研究者对收集到的所有信息将会保密，并承诺只用于研究。问卷是不记名的。如果您有任何问题，请联系研究者复旦大学陈虹霖（后附联系电话）。

通过这项调查，本研究最想要了解有关老年人的个人社会资本和感知到的社区社会资本的情况。同时将探索那些可能会影响老年人社会资本及其生活质量的因素，并解释它们影响老年人社会资本的原因。本研究希望找到一些特定的，而不是那些文献中所描述的只适合中国语境的因素。

本研究还有一个目的，就是识别社区参与，特别是上海社区参与的形式，这对社会资本的研究可能有所贡献。从最广义的角度来讲，不可能得出一个有关社会资本的详细清单，因为任何一种类型的社会关系和社会规范都有可能被认为是社会资本。然而，如果根据认知或者结构分层检验社会资本，那么就有可能识别上海社区的参与形式。为了完成这一目标，本研究会考虑和比较之前提到的不同测量手段。这些工具有一些共同的指标，在主要维度上也大致相似。

世界银行开发的测量工具中把家庭层面的社会资本作为基本测量单位，基于此发展出社区社会资本的测量工具。它既包含具体的测量变量又含有整体的测量变量。尽管对于一些问题条目需要根据中国的具体情况进行调整，但是它包含了丰富的信息，也符合本研究对社会资本的定义，即社会资本是三个主要元素——结构性社会资本、认知性社会资本和嵌入式互动——的整合。为了更加系统地剖析社会资本，研究团队决定主要通过这种测量工具，从家庭层面入手，收集老年人的个体信息，同时获取其社区社会资本的情况。问卷中还加入了英国社会资本问题库中的相关问题（Ruston & Akinrodoye，2002）。

从理论上来说，世界银行开发的测量社会资本的工具包含五个重要维度，即群体和社会网络（用于测量结构性社会资本）、信任和团结、集体行动和合作、社会凝聚力和社会融合、赋权和政治行动（用来测量认知性社会资本及嵌入式互动）。

在这五个维度中，"群体和社会网络"维度调查了个人层面的（结构性）社会资本。在进行数据分析时，区分个人社会资本和社区社会资本（尽管它们之中的一些问题和这两个层面都相关）。其他四个维度中与社区社会资本感知有关的项目被归入认知性社会资本。本研究将收集老年人的感知情况，也将记录包括政治性行为在内的相关社区社会事件。

表 5-2 呈现了问卷的维度和具体项目。需要指出的是，在实际测量中，一个具体指标可能包含多个变量。

表 5-2　初步研究中社会资本问卷的理论指标

维　　度	测量的层面	具体指标	项目数量
结构层面	个人和家庭	群体和社会网络	11
认知层面以及感知到的社区互动	社区	信任和团结	4
		集体行动和合作	6
		社会凝聚力和社会融合	17
		赋权和政治行动	6

物理损伤有可能影响老年人的健康和活动。本研究采用五项式"生活满意度量表（SWLS）"、八项式"工具性日常生活活动能力量表（IADL）"来描述老年人的生活质量和日常生活活动能力。这些工具可以帮助调查不同生活满意度和机体功能的老年人拥有社会资本的差异。SWLS 主要反映人们对生活的主观感受，人们对"我对自己的生活十分满意""到目前为止，我已经得到了我在生活中想要的重要东西""如果让我再活一次，我不想做出任何改变"等做出回应。IADL 主要评估老年人基本的生活能力情况，包括准备三餐、管理金钱、购物、做家务和使用电话等。这两项内容在数据分析中也有助于确定和社会资本测量工具有关的问题。

综上所述，世界银行的"社会资本测量工具（SOCAT）"（Grootaert & Bastelaer, 2002）、"社会资本测量整合问卷（SC-IQ）"（Grootaert et al., 2004）、"生活满意度量表（SWLS）"（Diener et al., 1985）以及"工具性日常生活活动能力量表（IADL）"（Murtagh and Hubert, 2004）都是笔者制定这份研究问卷时的重要参考，英国的社会资本调查库（Ruston & Akinrodoye, 2002）中的某些问题也被采纳。问卷的最后一部分由一些可能会对社会资本和生活质量有影响的人口学因素组成，如年龄、收入、受教育程度、性别、家庭规模和政党归属等。

研究团队将这份问卷翻译成中文，并在几个助手的帮助下进行了回译。几位外国语专家建议笔者考虑到语意转化的问题。[①] 在初步调查过程中，通过和一些社区老年人的讨论，研究团队对问卷条目做出了更符合语言表达习惯的修改；并对问卷进行了仔细检查，以防出现词不达意的情况，避免言过其实或过于隐晦。问卷的语言力求简洁明了、清楚明白、易于被调查者理解。

最终，社会资本中文整合问卷（CSC-IQ）形成了。研究团队对问卷进行了测试，监测了问卷完成的时间，并进行了相关讨论。研究团队及时收集了反馈资料，并根据上述讨论进行了调整。最终版本的问卷包括有关社会资本（CSC-IQ）的问题44项，关于生活满意度量表（SWLS）的5项，反映工具性日常生活活动能力（IADL）的8项，关于个人人口学信息的16项。

二 目标社区

目标社区须具备一定比例的老年人，另外，社会资本也与市民社会、经济结构、社区的设施及政府行为紧密相关。潜在的目标社区需要在本质上开放接纳，并且要有足够长的时间来培育和维持不同形式的社会资本，当然，拥有已分化的社会部门也十分必要。据此，下面列举了适合作为研究社区的一些具体标准。

（1）作为样本的社区要有15年及以上的发展历史。

（2）截至2010年底，上海市60岁及以上人口占全市人口比例已达23.4%（上海市老龄科学研究中心，2006），因此社区内老年人占居民总数的比例也应在20%左右。

（3）社区内应具备老式公共住房与新式商品房，以便于检验不同居住模式的影响。

---

① 值得注意的问题有：①一些不确定的观点，如"不大不小""可能又不可能"都被转化为中文的"不确定""不肯定"和"适中"，以确保老年被访者更容易使用；②问题4.10"暴力"中所涉及的问题并不适合中国环境，这些问题中描述的现象在中国很少见并且上海的环境也相当稳定和谐。笔者把它转化为中文中一个更加温和的词，即"矛盾冲突"，以便于被访者理解。

（4）社区内居民的居住时间应有多样化的范围区间，以便作为被调查样本的老年人能充分代表当地居民家庭和外来移民家庭，并体现老年人群体内的不同受教育程度和收入水平。

（5）社区内要有不同的、自发组成的有效志愿部门，包括居委会、老年人联合会和为老年人服务的组织等，评估这些部门或组织对社区和老年人拥有的社会资本的作用。

（6）政府需要在社区管理上扮演重要角色。社区内具备一些可辨认的联结政府和社区的正式渠道。

目前较为发达的浦东新区，于 20 世纪 90 年代后在上海的经济、政治发展中扮演了先锋角色，因此笔者选择浦江新区作为该项研究的研究场所。从上海市宣布开发浦东新区政策至今，关于其社会经济发展和社区管理的文献记录是非常充分的。

作为新区，浦东在 1990 年后经历了大发展、大繁荣的阶段，浦东的很多社区都拥有居民楼，其中有的建于 15 年前甚至更早，也有的是最近两三年内建的。浦东新区政府在社区建设中扮演了重要角色。浦东新区政府在社会发展和文化发展领域重点投入，这必将影响社区生活。浦东的这些发展特征已经吸引了众多学者的目光，有许多有关这些社区的文献可以用于学术研究。

上海市民政局的官员和街道办事处的工作人员非常友善，将笔者引荐给当地社区的民众。浦东新区内，年龄在 60 岁及以上的老年人人口数为 61.28 万人，这个数量在上海的所有行政区划内是最多的，远多于位列第二（杨浦区，25.46 万人）和第三（徐汇区，22.47 万人）的行政区划的人口。

对于研究者来讲，获得进入渠道、赢得信任是进行实地研究的首要条件。截至进行该项研究之前，笔者已经在浦东居住了 7 年，在浦东地区拥有可靠的资源和网络。考虑到已经具备的这些有效关系和较高的信任水平，笔者对在浦东地区进行该研究比在其他任何地方都有信心。根据之前提到的具体标准，并综合考虑经济、政治、教育发展水平以及历史、民主参与和组织状态等条件，研究团队挑选出一些社区作为研究对象。

选定浦东新区之后，根据浦东老龄委员会副主任杨先生的建议，笔者选择其中四个社区作为研究对象。这四个社区的行政区划各不相同："PX 社区"是新建的居民区，"MY 社区"是新式商品房和老式住宅相混合的居民区，"HM 社区"是一个老式的工业区，"WF 社区"是一个老式的居民区。这四个社区都是根据社区挑选标准筛选出来的。笔者和社区的联系渠道主要是 11 名对社区历史及现状了如指掌的关键人物，包括社区前任官员、民间协会组织者、居委会成员、非政府组织领导、相关机构的工作人员、居民领导者和相关领域的研究者。他们熟知社区传统和老年人的生活情况。在确定最后的目标社区之前，笔者已访谈了这些关键人物，对社区的概貌有了初步的了解。每次访谈后访谈小组会对访问的情况及时反馈。这些访谈者大多数来自社区内部，都是些经验丰富的调查者，并且在此次研究前笔者也对他们进行了相关培训。

访谈这些社区关键人物的社区访问提纲大多取自 SOCAT（参见附录 I）。在此半结构式访谈提纲的框架内，访谈者可以自由地进行研究、调查，或者询问一些有利于阐明社区背景以及老年人社区生活等特定方面的问题，以确保在同一主题下从不同的被访者那里获得具有可比性的数据。这份访谈提纲事先已经发放给第一批共 11 名被访者，询问他们对访谈问题的意见，根据反馈意见，研究团队将一些比较复杂的词语转换成更加简洁易懂的词语，将学术用语变得更加通俗易懂，也剔除、修改了某些不适当的问题。实际操作中，针对不同社区的小组，研究团队分发了针对具体情况修订的不同版本（有些许差异）的访谈纲要。在这些访谈中，访谈者和被访者就社区参与的特定话题进行了自由、开放的沟通。访谈者可以自发设计问题，也可以有自己的沟通风格，但必须根据访谈指南的要求聚焦。

而在这个过程中，设计有关上海特定社区的问题时遇到了一些挫折。比如，就社区参与而言，几乎不可能设计一个完全"开放性"的问题，否则将会有太多的选择；又比如说，在处理"社会资本"这一非常宽泛的概念时，具体的、狭义的问题更有利于信息搜集，部分社区的工作人员也对此持肯定态度。因此，虽然从世界银行的测量工具中发展出来的问题是为特定情境设计的，但是研究团队仍要避免在陈述其规定的特定情境时使用"闭合型"的提问方式。根据社区的实际情况，针对不同类型的社区参与，研究团队提出一些具体的问题。经过社区居民核实，这些不同的社区参与类型包括集体捐赠、志愿者活动等。

在对这四个社区进行了深入调查后，研究团队将 WF 社区选为研究对象，原因在于它拥有悠久的志愿者活动历史及丰富的可获得的研究资源。表 5 – 3 呈现了 2011 年夏季这四个社区的概况。

表 5 – 3 四个社区的信息

社区名称	PX	MY	WF	HM
作为特殊行政单位的起始时间（年）	1997	1985	1986	2006
老年人口所占比例	80000 人中的 16%	120000 人中的 18%	110000 人中的 20%	80000 人中的 15%
志愿者活动	在社区活动中老年人并不活跃；居民对居委会成员没有普遍选举权	适度活跃的老年人联盟；31 个居委会中约 50% 的工作人员由民主选举产生	活跃的老年人联盟；27 个居委会中的所有工作人员都由民主选举产生	适度活跃的老年人联盟；31 个居委会中约 40% 的工作人员由民主选举产生
住房情况	大部分是旧城改造拆迁安置房而非商品房	新老住宅的等比例混合	新老住宅的等比例混合	大部分住宅都是近 8 年来城市建设期内新建的
人口组成	居民普遍受教育程度较低；收入水平较低；失业率较高	依据收入水平和居住条件划分为两级：富有和贫困，崭新和老旧	根据城市化的发展阶段、教育发展阶段、职业和收入水平而分层	包括新的城市移民、原有的城市移民和农村居民；属于新发展的商业和居住社区

注：信息由每个社区的街道工作人员提供。

从表 5 – 3 中可以看出，WF 社区满足了研究的大部分需求。

（1）它建立于 1986 年，在我们进行研究时已有超过 20 年的发展史，是上海城区中发展历史最长的社区之一。

（2）60 岁及以上的老年人口所占比例为 20%，社区内也有很多活跃的老年人联盟和为老服务组织。

（3）活跃的志愿者部门和管理组织已深深根植于社区。

（4）作为一个临近商业中心的老式住宅区，它大量地融合了新建的商品房、老式住宅以及一些旧城改造重建拆迁区域（包括已建成的和计划内的）。

（5）根据一系列不同的背景信息，可以将社区居民分为不同的层次。传统的产业工人，如来自渔业或造船业的工人；传统的农业从业者；几十年前从原有的城市中心迁来的居民；在 20 世纪 80 年代的城市建设时期，从浦西各类机关单位迁来的居民；中产阶级居民；在附近商业中心工作的来沪务工人员以及居住在新建的高档住宅中的高收入群体。

（6）和其他的社区有所不同，在调查之时，WF 社区实现了对所有居委会工作人员的普遍民主选举。从 1999 年起，居民就已经参与到每三年一次的社区干部选举活动中了。①

这样，在 WF 社区中，居民在收入水平、受教育程度、社会地位和其他生活背景等方面存在较大差异。虽然这并不意味着其他社区不适合做有关社会资本的研究，所有的被调研社区都有很多相同之处和各自的特点。然而，正如表 5 - 3 所呈现的，从某种程度上说，WF 社区比其他的社区在某些方面发展得更加成熟，代表了社区发展的趋势，因此它更具研究价值。

第三节　先导性研究

一　基本过程

在进行主体研究之前，进行先导性研究或做一些研究设计的先期测试，将有助于预防由于某种未预见到的错误从而导致研究目标不能达成的情况发生。先导性研究可以通过预估无回应率、测试问卷完成时间、估计调查可能的花销以确保后续研究获得切实有效的数据（Babbie，2002）。先导性研究并非为了给被访者灌输某种观念，而是一个了解被访者的观点（Minichiello，1995；Taylor，2005）以及从背景相异的老年人中收集信息的过程，它对于完善老年人社会资本的测量工具也是十分必要的。这些相异的背景主要是就被访者曾经从事的职业、受教育程度、家庭网络、个人收入和家庭收入水平以及社区活动参与

---

① 在 2006 年夏季进行的选举中，笔者被告知第四村和第八村的居委会选举相当成功，原因在于其实施海选。但是，这两个委员会的前任主席仍没有离职，也可以通过进一步的竞争和辩论继续当选。被访社区干部认为可以将这一现象理解为民主政治。很多年前，很少有人愿意参加选举活动。

度的差异而言的。

2011 年 8 月，在完成了最初的问卷设计和缩小目标社区范围后，研究团队开始了先导性研究。先导性研究的目的是测试问卷的可读性、问卷的适应性，也包括检验测量工具的信度和效度问题。先导性研究也是为后期的主体研究做准备。通过先导性研究，研究团队获得了一些有益的建议，包括修改问卷的宝贵意见。

通过之前的筛选，WF 社区已经被确定为合适的抽样社区。在先导性研究中，笔者首先拜访了 WF 社区的服务中心和社区办公室的干部，并在社区工作人员和社会工作者的协助下进行了一些个人访谈。笔者也试图获得他们对此项研究的认同和支持。2011 年 2 月和 7 月，笔者进行了初步的社区走访、调查，一些关键信息提供者和重要社区党派成员也积极参与并协助调研。这些过程是为了确定先导性研究中的老年被访者。

笔者和街道办事处人员就有关抽样的具体过程进行了几次讨论。社区的老年协会是一个半民间半官方的非政府组织，它在辖区内拥有 400 多名会员。在研究团队的初步研究中，老年协会也积极参与其中。研究团队在老年协会中挑选了 5 名拥有丰富社会调查经验的访谈者，并对他们进行了两个小时的培训。在培训期间，研究团队给访谈者发放了一份指导性文件。在访谈者当中最终形成了一个初步研究的座谈小组，座谈小组中的每一名成员都是来自不同社区的居委会成员。

根据统计学规范，要考虑调查的样本规模。选择何种样本规模要基于可行性检验的基本原理、研究范围、信度系数、均值和方差的精度、对注意事项的控制等（Overall et al.，2006）。根据问卷分量表中的项目个数，研究团队认为大约 90 名老年人的样本规模较为适合。

这 90 名调查参与者来自社区中的各个居委会，他们是访谈者根据访谈指导中列出的众多条件而从每个居民区中挑选出来的。这些挑选原则包括要求访谈者"选择陌生人""一户家庭一名代表""如果在一户家庭中有超过一名符合条件的被访者时，要选取生日月份靠前的那一名"，等等。这些挑选原则都符合社会调查的筛选技巧，因此可以确保参与者有较好的代表性（Babbie，2007）。在每次访谈结束后，研究团队立即对每份问卷进行交叉复查，以减少可能出现的错误。约一半的被访者能够独立完成问卷，而另一半则需要接受面对面的访谈。研究团队告知所有的参与者：本着自愿参与的原则，他们可以在任何时间退出。

研究团队用一个星期的时间完成了初步研究。90 份问卷由老年协会的访谈者回收，其中有效问卷为 88 份。访谈者收集了一些被访者提出的如何才能使调查过程更加合理的反馈以及关于问卷设计的意见和建议，关于问卷具体项目的语言、格式、内容和选项，以及访谈技巧等方面的必要的修正，也做了讨论和记录。研究团队对调查的关键事项做出了说明，如对于那些不能阅读的人来说，面对面的访谈是十分必要的。之后，研究团队在总结前述情况的基础上对问卷中的一些具体项目做出了修改，如"在过去 12 个月中您参加了多少次社区活动"这样的问题因时间跨度太大以至于老年人无法准确回想起真实情况。英国的社会资本调查库中类似问题的选项是诸如"三个月"或是"最近一段时间"，这一问题被用于当前的问卷中。然而，在研究了实际的数据并和一些访谈者检查核对后，研究团队发现 12 个月是一个合适的时间长度，因为很多被访者在较短时间内可能根本没有参加任何活动。研究团队也识别了一些其他类似的问题，并进行了同样的处理。

二 处理初步数据和修改问卷

先导性研究中的数据都被录入 SPSS 软件进行分析（见表 5 - 4）。由于源自世界银行的社会资本测量工具没有相应的编码方法或是结构明晰的指标体系，因此通过初步数据分析对其进行测试是十分重要的基础工作。

表 5 - 4　初步数据中的人口学信息 （$N = 88$）

变　量	总　数	百分比（%）
性别		
男	25	28.4
女	63	71.6
祖籍		
上海	32	36.4
江苏和浙江	41	46.6
其他	15	17.0

续表

变　量	总　数	百分比（%）
家庭规模①		
1 个人	2	2.3
2 个人	28	31.8
3 个人	30	34.1
4 个人	19	21.6
5 个人	9	10.2
居住模式		
和配偶居住	25	28.4
和配偶、子女居住	61	69.3
和亲戚或朋友居住	1	1.1
单独居住	1	1.1
受教育水平		
小学	2	2.3
初中	39	44.3
高中	33	37.5
专科	10	11.4
本科	4	4.5
月收入（元）		
<1280	3	3.4
1280～1999	27	30.7
2000～3999	50	56.8
≥4000	8	9.1

在数据编码工作结束之后，研究团队对这些数据进行了不同层次的信度和效度检测。研究团队用 Cronbach's Alpha 系数来检验量表的内在一致性。对大多数的测量工具都进行了编码并进行了信度检测，结果是令人满意的（见表 5-5）。

效度的检测通常比较复杂。笔者在和访谈者与被访者商议有关测量工具时，首先检测了测量工具的表面效度。而本研究中使用的主要工具是由著名的国际组织和研究机构所开发的，因此这一系列测量工具应具有令人满意的效度（Babbie，2007）。

----

①　在这里，"家庭规模"是指共同生活在一个家庭中的家庭成员数量。生活在一个家庭中的人一般是父母、祖父母、子女及其兄弟姐妹。

表 5 - 5　初步研究中测量工具的内部信度 （$N = 88$）

量　　表	变量/项目的数量	Cronbach's Alpha
CSC - IQ 群体及网络量表	11	$\alpha = 0.7179$
生活满意度量表	5	$\alpha = 0.8921$
工具性日常生活活动能力量表	8	$\alpha = 0.8397$

先导性研究为后续的主体研究提供了重要参考，其中最重要的就是有关数据编码的参考。在对初步数据进行分析的过程中，研究团队发现对社会资本的变量进行编码的过程和技巧相对复杂，而使这些不同的变量具有科学意义上的可比性则更为艰巨。例如，当对老年人社会网络变量进行编码时，研究团队很难判断哪种社会关系更强。一个被访者报告说自己参加了四个甚至更多的组织，但是他很少参与到小组活动中。而另一个被访谈者则说，虽然自己只参加了一两个组织，但总能积极参与到其组织的活动中去。[1] 因此我们需要探索更加准确的测量社会资本的方法，对于其他的问题也是如此。大多数研究者在使用相似的测量工具时都能在研究中发展并使用自己的编码体系来解释社会资本 （Stone & Hughes，2002），但是他们很少发布编码的标准和具体方法，因此笔者很难获得相应的编码体系作为本研究的参考。

经过反复的尝试和思考，笔者最终找到一套有效的、可行的编码方法。编码应该和每个数据紧密联系，这一点是毋庸置疑的。但是，即使选择同样的测量方法，之前经验性研究的规则也许对之后的其他研究并不适用。根据先导性研究中的数据编码过程，我们准备了一套详细的编码表，笔者将会在主体研究时使用，后文会对编码方法做具体阐述。

在编码的过程中，研究团队又发现了一些问题。首先，人们能很好地提供自身在社区网络/社会网络中的参与情况，但是很难提供有关他们家庭成员在社区网络/社会网络参与度的准确信息，诸如对于家庭成员的收入等敏感性问题总是没有回应。这种"无回应问题"的数量从某种程度上反映了问卷设计中可能存在的问题 （Babbie，2002）。其次，很多问题是单项选择题，被访者却给出了多个回答，这反映出研究团队需要进一步优化选项。最后，

---

[1]　这在量分中会根据被访者对决策制定过程的影响程度做出调整。

研究团队收到了被访者关于某些问题选项的评论或是对附加选项的建议，这对于修改问卷十分有益。

先导性研究和编码数据的经验为修改问卷提供了十分重要的参考。举例来说，研究团队在保证相同调查目标的前提下，结合 CSC – IQ 问卷对其进行了格式重排，将问题的数量从 44 个减少到 36 个。在修改问卷时有两个原则十分重要：第一，我们要通过较少的问题从老年人那里获得较为准确的信息，同时尽可能简化问题的形式；第二，问题要聚焦于社会资本的特性，而不是其他一般性的、表面化的社区信息。因此，研究团队根据初步数据中变量的分布频率①，对一些选项重新进行了编排，细致地划分，并选择性地剔除了部分选项。研究团队对问卷最后部分的人口学也进行了优化（见表 5 – 6）。

在上述步骤完成之后，问卷已经能够适用于主体研究了。

表 5 – 6 　用于主体研究的问卷结构

测量工具名称	测量目标	问题数量
CSC – IQ	社会资本	36
SWLS	主观的生活质量水平	5
IADL	工具性日常生活活动能力	8
人口学问题	被访者的人口学信息	16

第四节　主体调查

在修改和确定最终问卷之后，研究团队对抽样程序进行了设计并付诸实施，紧接着进行了数据收集。

抽样在任何研究中都是十分重要的一步，因为只有将误差控制在一定的水

---

① 如涉及被访者参加的最重要组织的问题，在问卷和有限的访谈时间内，为了聚焦较少的组织并获得深入而准确的信息，我们将两个空减少为一个；我们对问题 1.4 和问题 3.1（见附件）中的答案进行了再分类，以确保回复的相互排斥性；所有的组别和网络都从 8 个减少到 4 个；除了问题 4.2 对矛盾的分类外，我们还增加了产生矛盾的原因（即思想意识矛盾、社会经济矛盾和人口学矛盾），因为这些因素对"矛盾程度"有所影响；在修改后的问卷中，有关社区内整体"和谐与冲突"情况的问题 4.7 取代了原始问卷中的"和谐与暴力"。

平内，样本才具有代表性，可以推论总体。一个有代表性的样本确保仅仅通过直接观测样本的数据就能使用统计推断出整体特征。

在本研究的四个备选社区中，每个街道办事处辖区一般都有 15 到 35 个居委会，这些居委会是行政区划中最基本的单位。在上海，一个街道办事处区域通常有 150000 到 200000 名居民。为使 WF 社区（WF 街道办事处管辖的区域）的样本更具代表性，研究团队需要采用恰当的抽样方法。因此，研究团队在 WF 社区采用了多阶段抽样方法——在不同的抽样阶段结合了分层抽样和系统随机抽样的方法。首先，社区内的居民区被划分为四组，每一组都有不同的人口学特点。其次，从每一组中随机选取了一定数量的居民区。最后，通过系统随机抽样从每个被挑选出来的居民区中抽取了一定数量的个人。

基于先期的文献研究和对诸如社区干部、街道办事处人员及活跃的社区组织成员等关键信息提供者的采访，研究团队根据居民的社会经济地位（如居民的收入水平、职业和受教育水平等指标）和社区历史，将 WF 社区的全部 27 个居委会划分为四个组，这其中的一些居民是过去从其他老城区迁来的。这四个组构成了进一步抽样的子层。之后，根据每个组中 60 岁及以上老年人所占比例，随机抽取了相应数量的居委会。层内抽样时主要采用系统随机抽样的方法，按比例从每层中挑选出的一至三个居委会共同构成了抽样总体：每组中被选出的街道数量是由该层中老年人口比例决定的。这些 60 岁及以上的老年人名单及其联系方式是从当地街道办事处得到的，为确保随机抽样的代表性，本研究规定从每个家庭只选取一名老年人。最终，总共 540 个家庭被选为调查样本。之后，研究团队对被选出的老年人进行了面对面的问卷访谈。

在问卷调查开始之前，研究团队安排了各居委会的访谈时间表。接着，街道的社会工作者①会分别通知被抽中的被访者家庭。随后研究团队与被访者进行会面，请他们接受访谈者的访谈。在不同的居民区，研究团队采用了不同的调查程序。某些访谈者会上门访谈，其他的则会在居委会提供的访谈室中访谈，这一交替方案仅仅是出于对各居民区不同情况的考虑。所有的访谈都是面谈。平均来说，完成一个问卷访谈需要 25～35 分钟的时间，其中用时最少的

---

① 社会工作者由政府聘请，是在社区中和每个家庭直接联络的工作人员。

是 15 分钟，最多的是 60 分钟。

大多数的访谈者都反映访谈过程气氛十分融洽，被访者的态度也十分积极。但是，一些来自高收入水平居民区的被访者却对问卷中有关收入的问题持消极态度，这对访谈者的情绪有些影响。居委会工作人员，尤其是来自社区民政部门的工作者的协助情况也对访谈的过程及效率有所影响。这些工作人员都是社区居民十分信赖的人。总体来说，由于大多数居民感到他们是在参加一项社区活动，所以回应率较高。不过相比较而言，两个高收入的居民区的回应率显得较低，据访谈者描述在这些居民区中只能见到非常少的老年人。

在调查阶段，研究团队每周都召开例会，对调查进度进行监督。为确保访谈过程的质量，研究团队会经常收集访谈反馈并对此进行讨论。

数据收集共耗时两个月，总共回收了 415 份问卷，其中有效问卷 413 份，个别被访者对有些问题做出了模糊的回答，问题回应率为 77%，这个结果十分理想（Babbie，2002）。绝大多数人没有拒绝调查，少数拒绝的人仅仅是因为对调查不感兴趣。表 5 - 7 展示了每层中成功抽样的数量。

表 5 - 7　每层中的成功抽样

分类	样本居委会	分层规模（户）	被选中的样本（户）	有效样本（户）	分类特点
1	ZY，YZ，QD	3394	166	152	多数老年人曾任职于研究机构，干部，受教育程度高
2	SMBJ，XXL	151	50	32	高收入
3	JC，SC	6454	161	125	从黄浦区的旧城中心迁来本社区
4	SC，YJD	6527	163	104	低收入群体，居住区为目前的城市规划重建区域

研究团队在访问之前向被访者保证会对所有的信息保密，不会泄露调查人员（除笔者之外）和被调查人员的身份。每份问卷上都附有笔者的个人信息、研究的目标以及笔者的联系方式。以下为数据处理的具体过程。

一　数据的筛选、清理和变量编码

在深入分析数据之前，研究团队绘制了诸如频率分布表、分布图等来确保数据的准确性。对于相关的人口学变量包括年龄、政党归属、受教育水平、居住模式、家庭规模、工具性日常生活活动能力、职业、家庭收入、个人收入和在社区中的居住时间等，研究团队也专门绘制了单变量直方图，并进行了相应的检验，大部分变量呈现正态分布，对于个别奇异值也根据具体情况进行了调整，对于变量之间的线性关系也进行了相应的验证，为得出一般的线性模型做准备。下面将呈现对于社会资本、生活质量、工具性日常生活活动能力和人口学变量的具体编码过程。

世界银行开发的测量社会资本的工具有五个主要维度——群体和社会网络、信任和团结、集体行动和合作、社会凝聚力和社会融合、赋权和政治行动，这些均被 CSC-IQ 吸收融合。这五个维度分别对应问卷中的一组题项，同时那些表达相同含义的问题被归入相同的类目之中。

测量"群体和社会网络"的指标由人际关系和组织的成员资格构成，这两者也可用于定义结构性社会资本。信任、相关的规范、集体行动和公民参与等维度构成了"信任和团结"，或者说"认知性社会资本"。"集体行动和合作"构成了第三大维度，被认为是在结构性和认知性社会资本基础上产出的结果性变量（outcome measures）。

对社会资本的编码分为以下几类：①个人层面的社会资本，这主要体现参与者归属的网络和群体；②老年人在社区中感知到的社会资本；③结果性变量，即社区内的互动（见表5-8）。下面的内容描述了编码时的一些主要原则，这些原则也适用于将来的研究。

（1）研究团队对用于测量不同因素的问题组进行了分类。如问题1.5和问题1.6都描述了网络的功能，问题2.1描述了信任和团结，问题4.2描述了矛盾的不同方面（具体问题见附录Ⅱ）。它们都被划入了相应的组。以问题4.2为例。

问题4.2：居住在同一个社区的人们是否因如下因素产生差异？差异程度是否明显？这些差异是否导致矛盾甚至暴力冲突？

（2）根据问题的本质不同，研究团队采用了不同的计算方法。如问题1.5和问题1.6是多选，问题1.8（亲密朋友的数量）的答案是数值，一些题目的数值通过开方或取平均值、取对数的方式获得，诸如此类。举例来说，问题1.8的答案为数值。

问题 1.8：近几年您有_____个亲密的朋友？同住的家人有_____个亲密的朋友？这些朋友是您相处融洽，能倾诉隐私或寻求帮助的。

（3）群体和社会网络，即结构性社会资本，包含 6 个分项。问卷中共用了 6 个问题（问题 1.2 至问题 1.7）来获取其中的 4 个变量——团体和组织的多样性（网络多样性），被访者的参与度水平（网络强度），团体和组织的功能（网络功能）以及团体与组织间的外部联系（网络连通性）。对于所有这 6 个分项都需要被访者给认为其参与的最重要的社会组织或团体赋分。在计算此类变量时，研究团队将那些最重要组织的得分算为全分，将其他组织的得分减半后再做计算。这样的方法能够给那些对被访者来说特别重要的组织更高的分数，同时也考虑到被访者参与其他团体和组织的情况。

（4）在处理缺省值时，研究团队要根据问题的性质对其进行逐条核对。如在赋权及政治参与这一次级维度（问题 5.1 至问题 5.6）中，缺省值要被低分或平均值取代，或在综合考虑后，简单地把缺省值归入一些集体行动的项目中。

（5）对一些特殊项目要个别对待，如在考虑政治参与度的赋值时，问题 5.3 的答案遵循 Guttmann 分配的法则。

（6）对于那些被访者的回答并没有重大差异的问题要予以剔除，如大多数被访者都对某一问题给出相同的回答。这包括描述社区内犯罪（问题 4.11、问题 4.12），暴力（问题 4.8），冲突和排斥（问题 4.3 至问题 4.6），安全性问题（问题 4.9、问题 4.10）以及集体行动（问题 3.1、问题 3.2、问题 3.3、问题 3.5）等。[①] 研究团队在分析中保留不能识别人群的差异。

（7）为确保变量具有合理的比例，每一项都按 1～5 分的赋值重新进行了编码。

经过上述编码，总共得到 21 个需要计算的变量，16 个指标，3 个主要维度，研究团队对这些指标都进行了信度和效度的测试（见表 5–8）。

---

① 为了将来的研究，研究团队把这些问题都列在问卷之中了。但是，在使用这些问题时也要考虑到它们和犯罪、安全等客观环境的关系。

表 5-8　社会资本的变量和编码后的指标

维度	次级维度	方面/次级分类	变量的数量	题目来源
结构性社会资本（个人的）	群体和社会	网络规模	1	Q1.1
		网络多样性	2	Q1.1, 1.2
		网络强度	2	Q1.3, 1.4
		网络功能	1	Q1.5, 1.6
		网络的外部连通性	1	Q1.7
		个人网络的功能	1	Q1.8, 1.9
认知性社会资本（社区的）		社会信任	1	Q2.1, 2.3
		团结	1	Q2.2
		可感知的集体行动与合作	1	Q3.4
	社会凝聚力与社会融合	社会亲密度	1	Q4.1
		社会矛盾	1	Q4.2
		人口矛盾	1	Q4.2
		思想意识矛盾	1	Q4.2
		社区和谐度	1	Q4.7
互动		政治参与度	2	Q5.1, 5.3
		对公共服务的信任及政治赋权	3	Q5.4, 5.5, 5.6

　　研究团队用 SWLS 对生活质量进行评估，主要是测量人们对生活的主观满意度。对该工具的编码方法为：把每项的得分相加，总得分的范围是 5 分到 25 分，这也是该测量工具理论上的得分范围。"生活满意度"的变量值越高，就说明生活质量越高。"工具性日常生活活动能力"的得分范围是从 8 分到 24 分，这符合"得分越高，工具性日常生活活动能力水平越低"的理论赋值规则。

　　研究团队对"性别""年龄""家庭规模""受教育水平""社会地位""经济条件"和"家庭支持"等人口学变量与社会资本变量、生活质量变量的共同组合进行了多重分析。为了完善数据分析，研究团队对人口学变量进行了分类，并在编码后分成不同的组。如老年人因年龄差异而有所区别，包括低龄老人（60~65 岁）、中龄老人（66~75 岁）和高龄老人（76 岁及以上）。研究团队将被访者的受教育水平、收入水平和职业地位也进行相应的分组，并将有关生活模式、婚姻状态、政党归属和性别变量作为虚拟变量或哑变量进行了编码。

二　主体研究中研究工具效度及假设的求证

对各种评估效度方法的综合运用可以提高研究工具的效率，降低成本。在可以测量社会资本的众多研究工具中，只有一部分可以使用心理学的方法来获得内在效度。世界银行开发的测量社会资本的工具虽然花样繁多，却很少参考心理学效度评估方法，对不同文化语境的考虑则更是少之又少。

如前面章节所述，本研究中采用的社会资本测量工具 CSC - IQ 是综合了西方很多研究工具发展而来的，之前，它从未在国内研究中被使用过。所以，评估其信度与效度是保证该测量工具有效性的先决条件。因此，如下一章所述，研究团队对其结构效度进行了主成分因子分析，并将之与图 4 - 1 所示的测量工具的理论模型进行了对比。在主体研究中，研究团队对其信度和效度进行了再测试，进一步巩固了该研究的基础。"生活满意度量表"和"工具性日常生活活动能力量表"已经被证明有很好的效度。此外，按照惯例，在数据分析前我们也对 CSC - IQ 进行了信度测试。接下来的一章会展示以上所有测量工具的心理学属性。

数据处理包括若干阶段。首先，研究团队对人口学变量进行了单变量分析以了解被访者的概况，包括不同回答的分布情况及占比情况。其次，在不同模型下，通过多变量统计分析，研究团队对人口学因素和社会资本的关系进行了分析，以此来了解人口学因素对社会资本的影响情况。最后，通过双变量统计分析，研究团队探索了生活质量和不同形式社会资本之间的联系。同时，根据研究假设，对不同的独立变量，如性别、收入、受教育水平、社会经济地位和家庭支持等进行了检验。研究团队还应用了 T 检测、ANOVA 和多元回归分析等方法来测量变量之间的解释力。为了更加深入地探究这些数据之间的关系，还进行了大量的分析，笔者将在后面的章节中更全面地讨论。

第五节　研究的局限性

为了更好地理解、解释和概括该研究，同时也为了更好地利用该研究结果，充分认识此项研究的局限性是十分必要的。方法论的局限性十分明显，这体现在研究设计的不同环节，尤其是在有关假设、工具测量、问卷调查以及研究广度等方面体现得更为明显，具体情况详述如下。

首先，对社会资本的假设有局限性，在学术界，有关社会资本理论一直存在争议，本研究也是对验证社会资本理论的补充。例如，目前社会资本理论面临众多的挑战，有人认为社会资本存在负面作用，抑或现有的社会资本理论存在缺陷，我们应该对这些挑战做更深入的研究。对于一些不确定的复杂的社会因素，如政策、文化以及影响社会资本功能的社会分层情况等，都需要进一步的讨论和测试。在本研究中，除了经过分析已经认定的老年人社会资本的相关因素，也可能存在其他影响因素，这有待进一步的调查和澄清。

在中国语境下，粘黏型网络（bonding network）是社会资本最重要的形式，也是其最为重要的功能主体（Bian & Lin，1991）。而对于诸如粘黏型网络的强度、多样性、功能和益处等与老年人生活紧密联系的本质属性，还需要进一步的研究。同时，社会资本的构建，特别是它在不同文化背景中的应用，也有待完善。定性研究方法能够帮助我们更为深入和清晰地理解社会资本这方面的属性，而本研究对这一过程的完善也有所裨益。总而言之，社会资本的本土化研究仍需要更多的探索、讨论和优化。

其次，问卷设计方面也有局限，问卷的第一部分是对社会资本的测量。在上述的几种测量工具中，世界银行的研究工具被认为是最系统的。然而，研究团队以世界银行为样本发展出来的测量工具，并不能充分反映中国语境下社会资本的全部特性。这可能是因为研究团队不仅仅测量了社会网络，也涉及了社会资本的其他属性。一些更为宽泛的指标在粘黏型、链接型和联合型社会资本之间的界限并不十分明确。同时，对于在不同领域个人的实际参与以及其所感知的社会资本的情况，也需要进一步研究。此外，社会资本本身复杂和模糊的特性也使得编码带有模糊性。特别要指出的是，家庭结构，特别是在中国语境下，是一项影响社会资本的重要人口学因素，但是由于被访者的回答过于模糊，使得研究团队并没有收集到足够多的有关家庭结构的信息。对此，如果在问卷中增加一些辅助的测量工具可能对研究有所帮助，但是考虑到被访者的年龄较大和问卷本身的长度，我们没有增加相关的测量工具。

最后，就研究样本而言，本研究的数据仅仅来源于对上海一个社区中的一组老年人的问卷调查。尽管为选取一个有代表性的社区研究团队做了很多工作，但是研究团队在抽样时，仅仅是在随机分层的基础上挑选了数量有限的被访者，因此这个样本只能代表 WF 社区的情况。从某种程度上，不能将本研究的结果无限地推论到上海的其他社区以及中国其他地方的社区，特别是不能推论到农村地区。

需要注意的是，首先，这个样本中党员的比例较高，这也许会导致一些偏差。这一有代表性的群体可能会引起非抽样误差。其次，尽管拒访率很低，但也可能对非抽样误差有所影响。最后，尽管在访谈过程中研究团队进行了监督，也给访谈者发放了相同的访谈指导，但是每个访谈者在实际访谈过程中，仍可能存在差异。

另外，问卷中的"生活质量"是唯一的从属变量，但是实际生活中还存在其他众多与社会资本有关的因素，这值得研究团队深入探究。从中观层面来说，社区内基础设施和环境是社会资本重要的特征（Jordan，2008；Lowndes & Pratchett，2008），对此研究团队要进一步研究。此外，如果能提出一个纵向的研究设计来解释社会资本在中国社会快速变迁过程中的变化情况将更有理论价值和现实意义。

第六章

研究发现

本章首先对本研究涉及的测量工具的心理测量学特征进行描述；其次对被访对象的人口学信息进行介绍；最后回应研究假设，呈现个人社会资本和可感知的社区社会资本的分布、人口学因素对社会资本的影响以及社会资本对老年人生活质量和工具性日常生活活动能力的影响。

第一节　测量工具的心理测量学特征

因子分析能够检验经验主义模型是否和前述研究工具的组成概念有密切联系（Leech et al. , 2008）。因此基于主体研究中所收集的数据，研究团队使用主成分因子分析法对 CSC - IQ 进行了效度检验。因子分析必须保证满足两大条件：变量有相关关系，样本要足够大（Leech et al. , 2008）。

研究团队设置了特征值（Eigenvalue = 1.00）来进行因子的旋转。那些因子负荷小于 0.40 的元素都被排除在分量表之外。在对 21 个描述社会资本不同特征的编码的变量（见前一章的编码）进行正交旋转之后，研究团队提取出五个因子。这五个因子共同解释了 64.39% 的变异。其中 Kaiser - Meyer - Olkin 测量值是 84.26%，而 Bartlett 测试也是显著的（$p < 0.001$），这表明了本研究样本数量充足，变量显著相关，这两者为主成分分析提供了可靠的基础。本研究对数据进行因子分析，除了有部分变量再分配和再整合的情况之外，CSC - IQ 与世界银行的社会资本工具的理论维度十分接近。表 6 - 1 呈现了这 5 个因子、因子负荷、每个分量表的均值以及对方差的解释。由于每个变量的因子负荷都高于 0.40，因此 21 个变量都被保留了下来。

表 6 - 1 社会资本的最初因子结构

变量及项目	因子输入				
	I	II	III	IV	V
因子 I 网络1（方差百分比 = 23.25%，特征值 = 5.93）					
网络多样性 1	0.89				
网络规模	0.88				
网络强度 1	0.86				
网络功能	0.83				
网络多样性 2	0.83				
网络强度 2	0.77				
因子 V 网络2（方差百分比 = 6.19%，特征值 = 1.10）					
网络外联性	0.43				0.63
个体网络功能					0.73
因子 II 信任与团结（方差百分比 = 15.09%，特征值 = 2.90）					
社区和谐度		0.76			
社区亲密感		0.70			
对政府的信任		0.69			
对政府决策的影响		0.69			
社区信任		0.66			
可感知的社会集体行动		0.45			
社区团结		0.44			
政府行为的诚实度		0.42			
因子 III 社会凝聚力及社会融合（方差百分比 = 11.75%，特征值 = 2.26）					
人口差异			0.85		
社会经济差异			0.83		
思想意识差异			0.82		
因子 IV 政治参与（方差百分比 = 8.19%，特征值 = 1.34）					
政治参与				0.78	
联合政治请愿行为				0.63	

因子结构中有两点需要注意。第一点是关于网络结构的，研究团队将描述网络特点的8个变量概括成两个元素（"网络1"和"网络2"），"网络1"所包含的6个变量描述了老年人参与的正式社会网络；"网络2"包括"网络外联性"和"个体网络功能"两个维度。和"正式社会网络"的含义相同，网络2中的第一个变量"网络外联性"也在"网络1"中适用，其因子负荷为0.43（见表6-1），是较令人满意的。这使得"网络2"中只剩下非正式社会资本一项。"网络1"和"网络2"中剩下的7个变量则用于描述正式社会资本。

第二点，对于21个变量的可靠性测试中还需要注意：组成因子III的3个变量和整个测量过程中的其他变量（校正过的总体题目相关值<0.30，这意味它的解释力<0.10）呈现较弱的相关关系。这3个变量可能测量了一些其他事物，对评估被调查老人的社会资本也许没有多少作用。因此，这3个变量被剔除。

据上所述，CSC-IQ很可能发展为更加简洁的研究工具。研究团队有充分理由认为：在做适当的数据处理之后，研究团队可以只用3个主要元素来表达CSC-IQ这一测量工具。在对剩余的18个变量进行主成分因子分析时，这一观点得到了证实，因子数最终被控制为3个。正交旋转解释了55.26%总体方差，研究团队提取出了3个因子。关于"个体网络功能"，Kaiser-Meyer-Olkin的测量值是85.80%，Bartlett的测试结果也十分显著（$p <$0.001）且其因子负荷水平也达到了可接受的0.31，因此研究团队将其保留在网络因子中（见表6-2）。保留该变量的另一个理由是它反映了个人联系和个人非正式网络的作用，使网络的特性更加完整。[1] 就人们参与的团体和组织方面而言，和其他代表正式网络的因子有很大不同，它也是全面研究网络特性的重要变量。

至此，8个变量构成了元素"网络1"。研究团队在对初始因子分析中的"网络2"中的变量"个体网络功能"进行变量控制后，将其加入"网络1"并对因子分析中的网络因子做了后续优化。

---

[1] 该项原始问题包括：近几年您有____个亲密的朋友？同住的家人有____个亲密的朋友？这些朋友是您相处融洽，能倾诉隐私或寻求帮助的。如果您或您家人急需一小笔钱（相当于一个月工资），除您的亲人外，您是否有可以求助或愿意为您提供这笔钱的人？

表 6 - 2　通过限制因子数量得到精简的社会资本因子结构（因子数量 $N = 3$）

变量和项目	因子负荷		
	I	II	III
因子 I 网络 1（方差百分比 = 23.25%，特征值 = 5.73）			
网络多样性 1	0.89		
网络规模	0.88		
网络强度 1	0.87		
网络多样性 2	0.84		
网络功能	0.84		
网络强度 2	0.80		
网络外联性	0.50		
个体网络功能	0.31		
因子 II 社区规范（方差百分比 = 17.76%，特征值 = 2.82）			
社区和谐度		0.77	
社区亲密感		0.74	
对政府的信任		0.70	
对政府决策的影响		0.67	
社区信任		0.66	
社区团结		0.41	
政府行为的诚实度		0.41	
可感知的社会集体行动		0.41	
因子 III 政治参与（方差百分比 = 9.53%，特征值 = 1.39）			
政治参与			0.79
联合政治请愿行为			0.69

　　根据每个因子中变量的含义可以认为，第一个因子描述了"网络"；第二个因子描述了"信任和团结""集体行动与合作"及"社会凝聚力和社会融合"；第三个因子描述了"政治参与"。由于第二个因子的分量表组成表示了不同的社会规范，如社区中的信任、凝聚力和团结等，其又被整体命名为"社区规范"。第三个因子"政治参与"与世界银行测量工具中的"政治参与"变量一样，描述了老年人的实际政治参与，它也呈现了结构性社会资本（网络）和认知性社会资本（社区规范）的结果变量（outcome variable），所以研究团队把世界银行测量工具中社会资本的理论模型放在经验性因子模型中重新考虑，

形成一个略有不同的模型。这回应了其他关于社会资本的经验性研究中的做法："政治参与"被视为社会资本中的独立维度。

从概念上来说，第一个因子也反映了结构性社会资本或个人社会资本，而第二个和第三个因子共同描述了社区社会资本或认知性社会资本。

表 6 – 3　CSC – IQ 的内部一致性

量　　表	Cronbach's Alpha	项目数量
CSC – IQ 总表	0.85	18
网络（结构性社会资本）	0.91	8
社区规范（认知性社会资本）	0.73	8
政治参与（相互作用结果）	0.57	2

如表 6 – 3 所示，在 CSC – IQ 中，对 18 个逻辑编码后的变量进行信度分析，得到的 Cronbach's Alpha 值为 0.85，这表明社会资本中文整合问卷 CSC – IQ 的内部信度较为一致，这些因子都能作为测量社会资本不同方面的手段。此外，测量"网络"和"社区规范"的分量表也显示出了令人满意的内部一致性。而第三个分量表"政治参与"的 Cronbach's Alpha 分析结果是 0.57，差强人意，该分量表中两个变量间的 Pearson 相关系数 r 的值为 0.42（$N = 413$）。为了进一步探究这些因子或分量表之间的关系，研究团队对不同的测量工具进行了相关关系分析。结果如表 6 – 4 所示。

表 6 – 4　社会资本分量表间的相互关系

	网　　络	社区规范	政治参与
社会资本	0.91**	0.78**	0.40**
网　　络		0.35**	0.29**
社区规范			– 0.01

注：**$p < 0.01$

基于表 6 – 4，我们认为 CSC – IQ 拥有代表不同形式社会资本的三个独立变量，即网络、社区规范和政治参与。"网络"描述了个人社会资本，"社区规范"描述了社区社会资本，"政治参与"既包含了社区中可感知的政治参与又描述了被访者自己的实际政治参与。总体上来说，这三个因子也构成社会资本整体的主要变量。到现在为止，CSC－IQ 终于成为一个可以有效地进行编码并且更为简洁有效的测量工具。

研究团队对另外两个测量工具——生活满意度量表（SWLS）和工具性日常生活活动能力量表（IADL）也进行了信度测试。表 6－5 展示了这两个测量工具的信度水平，其结果也是令人满意的。

表 6－5　量表的信度

量　　表	Cronbach's Alpha 分析	项目数
工具性生活满意度	0.95	5
日常生活活动能力	0.93	8

第二节　人口学特征

数据中所收集到的人口学信息表明，目标社区中的老人确实是一个多样化的群体。他们的年龄跨度为 60 岁到 92 岁，平均年龄为 70.4 岁。超过一半（55.4%）的被访者是女性，44.6% 是男性。被抽样社区的每一个居委会中，被访者年龄与性别分布情况大致相同。

被访者中有大约 15.2% 的人在日常生活中（根据"工具性日常生活活动能力"调查所得）需要各种类型的帮助。在那些失能的人中，2.4% 的人获得了政府的特殊服务。被访者反映的"需要协助的生活功能项目"包括打电话（4.6%）、购物（10.1%）、做家务（8%）、做饭（9.3%）、洗熨衣物（10.6%）、外出（9.2%）、药物处理（3.9%）以及管理财务（3.5%）。这些需要某种程度帮助的活动多是那些耗费较多体力的活动，其他需要帮助的水平适中。表 6－6 总结了被访者在日常生活中需要协助的活动内容。

表 6－6　被访者需要协助的生活功能（N=413）

需要协助的生活功能项目	百分比
打　电　话	4.6
购　　物	10.1

续表

需要协助的生活功能项目	百分比
做 家 务	8
做 饭	9.3
洗熨衣物	10.6
外 出	9.2
药物处理	3.9
管理财务	3.5

　　大多数被访者都是已婚人士（已婚比例为96.6%，其中17.9%的人其配偶已经离世）。其余的人（3.4%）有的是终生未婚，有的是离异或分居。与世界其他地区一样，老年人群体中很多人都会面临配偶离世的情况，老年群体中寡妇的比例往往要高于鳏夫的比例（本研究中为23.6%、10.3%）。这一差异在本研究三个老年人年龄组中都成立。被访者中三种最为常见的居住模式为：与配偶和孩子一起居住（38.7%），只和配偶一起居住（37.5%），只和孩子一起居住（13.8%），还有7.5%的被访者独居。

　　截至访谈时，86%的被访者已经在社区中居住超过了十年的时间。总体上来说，被访者在社区内的居住时间从8个月到十五六年不等。超过一半的居民（53.1%）是从浙江、江苏这些临近上海的省迁来的，1/3的居民（34.1%）是上海本地人，其余的被访者来自除上海、江苏和浙江的其他省。

　　约1/4（26.4%）的居民宣称归属某一党派①，其中以共产党员居多。研究团队进行研究的时候，只有1.4%的被访者在做着全职或兼职的工作。大约有42.9%的被访者曾经从事过专业性工作（技术人员、会计师、教师、医生等），而有57.1%的被访者为非技术工人（多是蓝领工人，如造船工人、磨坊工人等）。超过1/10（11.4%）的被访者没有接受过任何正规教育。约1/3的被访者接受过初中教育（31.3%），22.6%的被访者接受过小学教育，19.4%的被访者接受过高中教育，15.3%的被访者接受过专科或大学以上教育，包括职业技术教育。

　　被访者中有60.4%的人的月收入在2000元至2999元，而2.3%的人的月

---

① 社区中各种党派人士相对强烈的参与意愿导致了样本中的高党员率，共产党员在接受访问时比其他人更积极。

收入在当时上海的最低工资水平线 1288 元以下。[①] 6.7% 的被访者报告他们的月收入在 3000 元到 4999 元，1.5% 的被访者的月收入超过 5000 元。[②] 表 6 – 7 显示了个人收入结构和家庭人均收入[③]情况，两种收入的百分比差异显示被访者个人与其家庭人员收入的经济关系。表 6 – 8 总结了被访者的主要人口学信息。

表 6 – 7 被访者的个人收入及家庭人均收入（N = 413）

月收入（元）	个人收入（%）	家庭人均收入（%）
无收入	0.5	—
＜1288	1.8	7.9
1288 ~ 1999	24.4	23.5
2000 ~ 2999	65.0	60.9
3000 ~ 4999	6.7	7.3
5000 +	1.5	0.4

表 6 – 8 被访者部分信息总结

项 目	N	占比（%）
年龄（周岁）（60 ~ 92，M = 70.4）	413	100
性别（N = 413）		
男	184	44.6
女	229	55.4
婚姻状态（N = 413）		
已婚	325	78.7
丧偶	74	17.9
离异/分居	7	1.7
单身	7	1.7
居住模式（N = 413）		
与配偶居住	155	37.5
与孩子居住	57	13.8

① 收入包括如个人存款的利息、投资收益和退休金等。
② 在问卷设计阶段，研究团队询问了社区官员从而确定了收入分类。经过初步研究，该分类被证明是恰当的。
③ 家庭人均收入 = 家庭收入/家庭规模。

项　　目	N	占比（%）
与配偶和孩子居住	160	38.7
与其他人居住	10	2.4
独居	31	7.5
曾从事的职业（N = 393）		
专业人士	117	29.7
蓝领工人	156	39.8
其他	120	30.5
政党归属（N = 413）		
党员	109	26.4
无党派	304	73.6
教育（N = 412）		
未受正规教育	47	11.4
小学	93	22.6
初中	129	31.3
高中	80	19.4
大学 +	63	15.3
个人收入（N = 412）		
无收入	2	0.5
低等水平（≤1999 元）	127	30.8
中等水平（2000 ~ 2999 元）	249	60.4
高等水平（3000 元 +）	34	8.3

第三节　假设验证

第五章列出的三组假设主要涉及：社会资本特征、老年群体中不同人口学特征和社会资本之间的关系，以及社会资本、工具性日常生活活动能力和其他人口学因素是如何影响生活质量的。

假设 1：老年群体中的社会资本特征。

第一组假设检验被访老年人群体不同形式的社会资本、分布状况和相互关系。

假设 1.1　不同老年人的社会资本（个体层面的、社区层面的和总体的）

是有差异的。那些拥有较多个人社会资本的老年人常感知社区中存在更多的社会资本。

假设 1.2 老年人的正式社会资本和非正式社会资本是显著相关的。

假设 1.3 老年人的政治参与会影响他们对公众、政府的信任以及他们对政治赋权的感知。

假设 1.4 参与社区活动较多的人往往感知更为团结的邻里关系。

假设 1.5 拥有较多个人社会资本的人往往更积极地参与政治事务。

表 6-9 呈现了总体的社会资本测量工具以及社会资本的三个分量表。它显示出，被访者的全部社会资本（$M = 42.59$，$SD = 9.10$）和理论上的中值 41.00 相比，是相对较高的 $[t(379) = 3.41, p = 0.001]$。约有 42% 的被访者的社会资本总分低于中间值。从平均值与标准差来看，在所有形式的社会资本中，"网络"得分差异最大。这一情况与搜集的数据结构有关，例如 27.6% 的被访者反映他们没有参加任何团体或组织，约 12.5% 的人反映他们参与了两个以上的组织，其余的人则参加了一两个组织。

表 6-9 对 CSC-IQ 社会资本分量表的描述性统计

	社会资本	网络	社区规范	政治参与
有效样本	380	385	406	413
缺省	33	28	7	0
平均值	42.59	10.10	28.91	3.44
标准差	9.10	6.35	3.93	1.74
理论中值	41.00	16	20	5
理论区间	10~82	0~32	0~40	2~10
经验值的区间	22.88~64.60	0.50~27	18.38~38	2~10

在有关"网络"的分量表中，前 7 个变量描述了正式社会资本，即人们参与的组织和团体；最后一个变量描述了非正式社会资本，或私人网络。数据表明，正式社会资本和非正式社会资本是显著相关的 $[r(385) = 0.31, p < 0.01]$。

第 1 组假设中提出，政治参与水平与对社区、政府的信任水平是相关的。然而，那些频繁参与政治事务的老年人，对社区和政府的信任水平有可能降低。研究团队使用简单线性回归模型来预测不同政治参与（自变量）水平下信任水平的差异。在三个相关的因变量中，根据"政治参与"（$M = 3.44$，$SD = $

1.74）预测"对政府的信任"（$M = 3.83$，$SD = 0.55$）的回归模型是显著的 [$F (1, 411) = 9.24$，$p < 0.01$，修正过的 $R^2 = 0.02$]。未标准化的回归系数（$B = 4.18$，$r = -0.15$）表明，"政治参与"每增加一个单位，"对政府的信任"就减少 4.18 个单位。该回归系数应该等于其最佳拟合模型的斜率。然而，R^2 值表明，"政治参与"只解释了 2% 的"对政府信任"的变异。其他两组变量——社区信任和政治参与、政治赋权和政治参与，不存在统计学意义上的有效关联。但是，"对政府的信任"和"对社区的信任"是有一定关联的 [$r (410) = 0.39$，$p < 0.01$]。

研究团队假设，人们参与社区网络水平越高，感受到邻里间的团结程度就越高。在"社区规范"（CN）和"政治参与"（PP）均值的基础上，根据变量的得分范围，研究团队将正式网络分为高、中、低三个水平，并对其进行了单向 ANOVA 分析，通过比较这三个水平的正式社会资本，得到社区层面的社会资本情况。图 6-1 展示了不同网络参与水平的"社区规范"（CN）和"政治参与"（PP）的变化趋势。参与到团体和组织越频繁的人，感知到的社区规范越强，如"信任""凝聚力""团结"[$F (2, 383) = 26.32$，$p < 0.001$] 和社区中的"政治参与" [$F (2, 388) = 17.22$，$p < 0.001$]。图 6-1 和图 6-2 形象地展示了正式社会资本、社区规范和政治参与的变化情况。

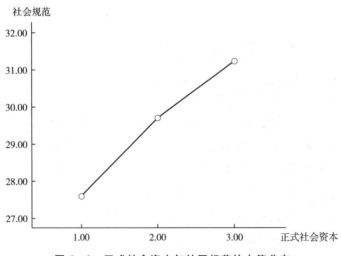

图 6-1　正式社会资本与社区规范的中值分布

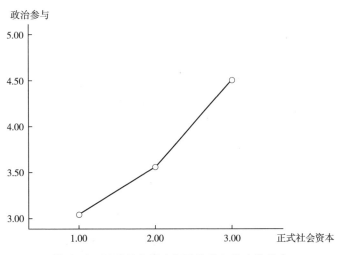

图 6 - 2　正式社会资本与政治参与的中值分布

总而言之，我们对第一组假设进行了单变量和双变量的统计分析之后发现：被访老年人所有形式的社会资本，包括个人层面和社区层面的，均有差异。相较于一般人，那些频繁参与网络的老年人，感知到社区中的社会资本更多，也更频繁地参与政治事务；相较于一般水平，那些频繁参与网络的人有更多的私交，并且他们的个人网络也更具功能性；但那些频繁参与政治事务的人对政府的信任水平却更低。"对政府的信任"和"对社区的信任"之间呈现中等相关关系。

假设 2：人口学变量影响社会资本。

第二组假设涉及在老年群体中，人口学变量对社会资本水平的影响。研究团队对不同的人口学变量以及它们与社会资本的关系进行了逐一检测，将和因变量相关的人口学变量引入回归模型之中，以检验假设。这组假设包括以下内容。

假设 2.1　老年男性和老年女性所拥有的社会资本存在差异，不同年龄段的老年人所拥有的社会资本特征也不同。

假设 2.2　那些在政治参与中活跃的老年人，即那些在社区中生活时间较长、受教育程度较高、社会地位较高、个人收入较高和拥有较强的工具性日常生活活动能力的老年人，拥有较多的个人社会资本，也往往感知到较多的社区社会资本。因此他们普遍拥有较多的社会资本。

假设 2.3　不同的人口学变量对社会资本有不同的预测力。

假设 2.4　不同的人口学变量对社会资本的不同维度有不同的解释性作用。

接下来的步骤检验不同的人口学变量与每一个社会资本分量表的关系。经独立的 T 检测发现，在老年男性群体和老年女性群体间，有关"个人社会资本"的水平、可感知的"社区社会资本"或"政治参与"并不存在显著差异。而被访者"政党归属"对各种形式的社会资本均有重大影响。"在社区中的居住时间"只与"社区社会资本"（社区规范）呈现显著相关关系。

接下来研究团队对"年龄段""婚姻状态""居住模式""受教育程度""曾从事的职业""收入"等人口学变量及其和社会资本的不同因子之间的关系做了进一步的分析。

本研究中，"年龄段"被分为规模大致相当的三组：年龄在 60~65 岁的低龄老人（$N=145$），年龄在 66~75 岁的中龄老人（$N=160$），年龄在 76 岁及以上的高龄老人（$N=108$）。经过 ANOVA 分析，个人社会资本（网络）[$F(2382)=9.61$，$p<0.001$]和政治参与[$F(2410)=4.78$，$p=0.009$]在低龄组向高龄组的过渡中呈下降趋势，因此社会资本也降低了[$F(2376)=6.04$，$p=0.003$]。当我们使用连续数据而不是分组变量分析时，"年龄"与"个人社会资本"[$r(385)=-0.15$，$p<0.01$]以及"政治参与"[$r(413)=-0.13$，$p<0.01$]呈负相关关系。

"婚姻状态""居住模式"和"家庭规模"反映了老年人与家庭的联结情况。已婚的老年人和那些从未结婚或是离异的老年人相比，拥有更多的个人社会资本[$F(2382)=7.60$，$p=0.001$]和社区社会资本[$F(2376)=4.51$，$p=0.01$]。丧偶老年人拥有的个人社会资本[$F(2382)=7.60$，$p=0.001$]和社会资本[$F(2376)=4.51$，$p=0.01$]最少。"只和孩子居住"的老年人比那些"和配偶居住""和配偶与孩子一起居住"或是"独自居住"的老人拥有的社会资本[$F(4374)=3.07$，$p=0.02$]和个人社会资本更少[$F(4380)=3.38$，$p=0.01$]。在不同的婚姻状态中，"丧偶"情况是与"个人社会资本"水平[$R^2=0.04$，$F(1383)=14.33$，$p<0.001$，$B=-3.14$，$SEB=0.83$]唯一显著相关的预测变量，但是它与其他形式的社会资本没有

显著的相关关系。

　　"受教育程度""职业地位"和"收入"情况反映了老年人的社会经济地位。社会资本的所有因子在不同受教育程度的老年人中都存在明显差别。同样，职业地位与社会地位紧密相关，对"个人社会资本"［$F(3381)=8.03$，$p<0.001$］和"整体社会资本"［$F(3375)=3.66$，$p=0.01$］都有显著影响。收入的三种形式，即"个人收入"［$r(385)=0.14$，$p<0.01$］、"家庭收入"［$r(379)=0.16$，$p<0.01$］和"家庭人均收入"①［$r(379)=0.24$，$p<0.001$］，也都和"个人社会资本"有显著的相关关系。Pearson 相关系数和重要性水平都显示：一个家庭的整体经济状况和它所拥有的社会网络具有很强的相关关系。当分析人们与社区的互动和相互影响时，研究团队常把一户家庭作为一个经济单位。不过，应当指出这三种形式的收入和其他形式社会资本以及整体社会资本之间的关联性水平是不同的。同时，这三种形式的收入水平都不能够单独地对可感知到的"社区规范"进行有效的区分。因此，这些指标说明，那些受教育程度高、个人收入或家庭收入高、社会地位高的老年人，比那些受教育程度低、个人收入或家庭收入低、社会地位低的老年人拥有更多的个人社会资本，但对感知到的社区社会资本不一定有差异。或者可以说，一些存在社会经济差异的老年人群体对社区层面上的社会资本并不十分敏感。

　　研究团队将"在社区中的居住年限"划分为两组，分别为"多于20年"和"20年及以下"。T检验［$t(397)=3.12$，$p=0.04$］表明，那些在社区中居住多于20年的人（$M=3.63$，$SD=1.98$）与那些在社区中的居住时间少于20年的人（$M=3.27$，$SD=1.49$）相比，感知到更高水平的政治参与，自身也会更积极地参与政治事务。但被访者因"居住年限"的不同而表现出的个人社会资本和整体社会资本方面的差异并不显著。

　　"工具性日常生活活动能力"（IADL）与"个人社会资本"［$r(385)=-0.18$，$p<0.001$］、"整体社会资本"［$r(380)=-0.16$，$p=0.002$］均不呈现显著相关关系。

　　以上这些统计分析结果都展示在表6-10和表6-11中。

---

　　①　收入包括个人存款利息、投资收益和退休金。

表 6-10 人口统计学因素与社会资本关系的分析总结

		个人社会资本			社区规范			政治参与			整体社会资本		
		N	M	SD	N	M	SD	N	M	SD	N	M	SD
年龄段（岁）	60~65	134	10.85	6.31	142	28.72	3.73	145	3.66	1.73	132	43.25	8.68
	66~75	152	10.97	6.36	158	29.15	3.56	160	3.54	1.86	150	43.76	9.15
	76+	99	7.74	5.83	106	28.77	4.66	108	3.01	1.48	97	39.89	9.10
	F $(df1, df2)$ p	**9.61** **(2382)** **0**			0.52 (2403) 0.60			**4.78** **(2410)** **0.009**			**6.04** **(2376)** **0.003**		
婚姻状态	已婚	302	10.59	6.39	107	30.11	3.78	109	4.00	2.21	96	48.86	7.82
	丧偶	69	7.52	6.35	299	28.48	3.90	304	3.25	1.48	284	40.46	8.51
	单身和离异	14	12.21	3.91	14	28.78	3.11	14	3.41	0.73	14	44.41	5.04
	F $(df1, df2)$ p	**7.60** **(2382)** **0.001**			0.03 (2403) 0.97			1.64 (2409) 0.20			**4.51** **(2376)** **0.01**		
居住模式	与配偶居住	144	10.88	6.11	154	29.0	3.85	155	3.37	1.69	143	43.56	8.51
	与孩子居住	51	7.33	5.18	55	28.28	3.86	57	3.12	1.72	51	38.67	7.91
	与配偶及孩子居住	152	10.26	6.76	159	28.75	4.02	160	3.69	1.86	150	42.74	9.75
	与亲戚/朋友居住	10	11.98	2.41	10	30.83	4.20	10	2.61	0.52	10	45.42	5.58
	独居	28	9.52	6.97	29	29.76	3.77	31	3.44	1.43	26	42.94	9.95
	F $(df1, df2)$ p	**3.38** **(4380)** **0.01**			1.37 (4401) 0.24			1.94 (4408) 0.10			**3.07** **(4374)** **0.02**		
教育水平	小学	134	8.20	5.61	136	29.57	4.10	140	3.00	1.24	130	40.91	8.28
	初中	116	11.06	6.38	129	28.86	4.10	129	3.63	1.66	116	43.76	9.51
	高中	77	10.13	6.96	79	27.97	3.26	80	3.81	2.07	77	41.88	9.05
	专科及以上	58	12.49	5.94	63	28.73	3.97	63	3.57	2.15	57	44.98	9.46
	F $(df1, df2)$ p	**8.03** **(3381)** **0**			**2.85** **(3402)** **0.04**			**5.04** **(3409)** **0.002**			**3.66** **(3375)** **0.01**		

续表

	个人社会资本			社区规范			政治参与			整体社会资本		
	N	M	SD	N	M	SD	N	M	SD	N	M	SD
职业地位 无技术型	155	8.16	5.98	162	29.04	3.87	164	3.22	1.53	153	40.69	8.46
技术工人	92	10.66	6.47	98	28.46	4.30	98	3.40	1.41	92	42.55	9.75
管理人员	43	11.44	5.41	47	29.10	3.78	49	3.95	2.08	42	44.56	8.06
专业人士	77	12.36	6.26	81	28.80	3.93	82	3.81	2.23	77	45.14	9.47
$F(df1, df2)$ p	9.73 (3364) 0			0.51 (3384) 0.67			3.41 (3388) 0.02			5.01 (3359) 0.002		
家庭人均收入 <1280	38	7.63	6.55	39	28.83	4.33	39	2.86	1.36	38	39.28	9.82
(元/月) 1280~1999	91	8.59	6.06	94	28.33	4.31	95	3.57	1.83	90	40.58	9.18
2000~2999	227	10.62	6.24	242	29.17	3.82	247	3.43	1.65	223	43.40	8.75
3000+	29	13.93	5.54	31	28.67	2.82	32	3.93	1.75	28	47.04	8.04
$F(df1, df2)$ p	8.10 (3381) 0			1.09 (3402) 0.35			2.48 (3408) 0.06			6.22 (3375) 0		
个人收入 <1280	9	6.26	5.02	10	29.81	4.07	10	3.91	2.45	9	40.32	6.02
(元/月) 1280~1999	95	9.65	6.54	98	28.52	3.67	100	3.40	1.86	93	41.84	9.04
2000~2999	247	10.08	6.39	264	29.10	4.09	267	3.46	1.64	246	42.76	9.31
3000+	33	12.53	4.93	33	28.14	3.34	34	3.38	1.92	32	44.07	8.24
$F(df1, df2)$ p	2.92 (3380) 0.03			1.13 (3400) 0.34			0.27 (3407) 0.84			0.71 (3375) 0.54		
社区的社经济地位分层												
社会经济地位高级组	86	11.52	5.18	86	27.79	3.17	89	3.88	1.54	84	43.21	7.17
社会经济地位中级组	150	9.79	5.80	159	30.13	4.49	161	2.94	1.41	147	43.12	9.35

续表

	个人社会资本			社区规范			政治参与			整体社会资本		
	N	M	SD	N	M	SD	N	M	SD	N	M	SD
社会经济地位低级组	149	9.58	7.33	162	28.30	3.37	163	3.71	1.99	149	41.72	9.77
F (df1, df2), p	2.87 (2382)		0.06	14.94 (2376)		**0**	9.92 (**2376**)		**0**	1.13 (2376)		0.33
家乡 上海	136	10.16	6.56	139	29.06	4.24	141	3.34	1.73	134	42.62	9.55
江苏和浙江	202	9.72	6.09	216	28.76	3.71	219	3.59	1.77	200	42.18	8.89
其他	39	10.80	6.84	43	29.17	4.34	44	2.98	1.36	37	43.52	8.75
F (df1, df2), p	0.55 (2373)		0.58	0.35 (2394)		0.71	2.64 (2401)		0.07	0.37 (2368)		0.69
性别 男	169	10.19	6.11	183	28.77	4.24	184	3.47	1.81	167	42.73	9.58
女	216	10.02	6.54	223	29.02	3.67	229	3.42	1.68	213	42.48	8.72
t, (df), p	0.26 (383)		0.80	−0.64 (404)		0.52	0.27 (411)		0.78	0.27 (378)		0.78
政党归属 有	97	14.37	5.09	107	30.11	3.78	109	4.00	2.21	96	48.86	7.82
无	288	8.65	6.08	299	28.48	3.90	304	3.25	1.48	284	40.46	8.51
t, (df), p	**8.33 (383)**		**0**	**3.74 (404)**		**0**	**3.93 (411)**		**0.001**	**8.55 (378)**		**0**
在社区中的居住时间 >20年	181	9.81	6.74	188	29.20	4.01	191	3.63	1.98	178	42.73	10.01
≤20年	198	10.35	6.01	211	28.65	3.85	215	3.27	1.49	196	42.44	8.29
t, (df), p	−0.811 (378)		0.42	1.39 (397)		0.17	**2.08 (404)**		**0.04**	0.32 (373)		0.75

注：①加粗数据是统计意义上显著的结果。
②某些群组用 Levene 的测试结果显著。

表 6-11　人口学变量与社会资本的 Pearson 系数分析总结

人口学变量	个人社会资本					社区规范					政治参与					整体社会资本				
	N	M	SD	r	p	N	M	SD	r	p	N	M	SD	r	p	N	M	SD	r	p
年龄 (M=70.40 SD=7.81)	385	10.10	6.35	**-0.15**	**0.004**	406	28.91	3.93	0.01	0.80	413	3.44	1.74	**-0.13**	**0.009**	380	42.59	9.10	-0.10	0.051
家庭规模 (M=3.07 SD=1.43)	385	10.10	6.35	-0.04	0.46	406	28.91	3.08	-0.03	0.54	413	3.44	1.74	0.04	0.45	380	42.59	9.10	-0.05	0.30
在社区居住时间 (M=19.24 SD=6.93)	380	10.10	6.37	0.03	0.54	399	28.91	3.93	0.06	0.20	406	3.44	1.74	**0.12**	**0.02**	375	42.58	9.14	0.08	0.15
受教育水平 (M=3.16 SD=1.44)	385	10.10	6.35	**0.23**	**0.000**	406	28.91	3.93	-0.05	0.28	413	3.44	1.74	**0.11**	**0.03**	380	42.59	9.10	**0.15**	**0.003**
职业地位 (M=3.83 SD=2.53)	369	10.04	6.32	**0.28**	**0.000**	389	28.85	3.93	-0.03	0.55	394	3.48	1.76	**0.16**	**0.001**	364	42.53	9.12	**0.21**	**0.000**
家庭人均收入 (M=2127 SD=510)	379	10.14	6.37	**0.24**	**0.000**	399	28.93	3.94	-0.01	0.91	405	3.46	1.75	**0.11**	**0.03**	374	42.68	9.11	**0.19**	**0.000**
个人收入 (M=3.8 SD=0.68)	385	10.09	6.34	**0.14**	**0.007**	405	28.90	3.94	0.01	0.78	412	3.45	1.74	-0.01	0.78	380	42.59	9.09	0.08	0.12
家庭收入 (M=4288 SD=2042)	379	10.14	6.37	**0.16**	**0.001**	399	28.93	3.94	-0.01	0.83	405	3.46	1.75	0.10	0.051	374	42.68	9.11	**0.12**	**0.03**
IADL (M=8.67 SD=2.04)	385	10.10	6.35	**-0.18**	**0.000**	406	28.91	3.93	-0.03	0.60	413	3.44	1.74	-0.08	0.10	380	42.59	9.10	**-0.16**	**0.002**

注：①加粗数据是统计意义上显著的结果。年龄、家庭规模等其他类别中的 M 和 SD 结果是在整体样本的基础上得出的。

②职业大致被分为以下几类：体力劳动类、技术类、专业类。但是，在 20 世纪 60 年代，工人阶级是社会中最有影响的阶层。在那时，"上海工人老大哥"至少在官方上被认为是最光荣的称呼。

数据分析还显示，大约有 1/3（30.3%）的被访者反映，他们至少参加了两个团体或组织；1/8（12.5%）的被访者反映参加了两个以上的团体；27.6% 的被访者表示没有参加任何组织；那些独居或离异抑或是和配偶分居的老年人反映，他们参与了若干个社区组织。"政党归属"是区分被访老年人社区参与的一项重要因素，是否"党派成员"（$N = 109$）成为促进其社区参与的一股重要力量。那些中共党员（$M = 1.90$，$SD = 1.12$）、有其他政党归属的老年人以及无政党归属的老年人（$M = 0.95$，$SD = 0.79$），他们社区参与的均值是不同的。中龄老年组"参与社区活动"水平最高［66 ~ 75 岁 > 60 ~ 65 岁 > 76 岁 + ；df（2410）= 4.78；$p < 0.001$］，形式也更为多元。受教育程度越高的被访者参与社区活动往往也越积极［F（3409）= 5.04，$p < 0.001$］。

研究团队对所有的人口学变量及其和社会资本不同维度之间的关系都逐一进行了分析。研究团队发现，"年龄段"（$p < 0.01$）、"政党归属"（$p < 0.001$）、"居住模式"（$p < 0.05$）、"婚姻状态"（$p < 0.05$）、"受教育程度"（$p < 0.01$）、"职业地位"（$p < 0.001$）、"个人收入"（$p < 0.05$）、"家庭人均收入"（$p < 0.001$）和"工具性日常生活活动能力"（$p < 0.01$）都与整体社会资本有不同水平的相关关系。

研究团队对这些和社会资本呈现相关关系的人口学变量进行了回归分析，以探究社会资本作为因变量的解释性模型。待检验的多元线性回归分析的模型为："社会资本"是受"工具性日常生活活动能力""年龄段""政党归属""婚姻状态""居住模式""受教育程度""个人收入"和"职业地位"共同影响的线性函数。

为了确保多元线性回归分析的假设成立，预测因子最好不与其他因素高度相关，以避免出现多重共线性的影响。在完成名义变量（如"婚姻状态"）和虚拟变量（如"居住模式"）的编码之后，研究团队计算出了上述所有预测变量之间的 Spearman 相关性，从而找到了两对高度相关的变量，"受教育程度"和"职业地位"［r（440）= 0.51，$p < 0.001$］以及"家庭人均收入"和"家庭收入"［r（440）= 0.51，$p < 0.001$］。由于整合或剔除这些对应的变量都不合适，研究团队在回归分析中留下了"职业地位"和"家庭收入"这一组变量。由于预测变量是由一系列数值（scale）变量和虚拟变量

组成的，所以研究团队使用了分层回归分析模型。"婚姻状态"和"居住模式"这些虚拟变量，被放入了分析的第一层模型，其余的被放入了第二层模型。

研究结果表明，同时使用所有的预测变量时，多元回归相关系数（R）是0.49（$R^2 = 0.24$），修正 R^2 是 0.21，这意味着"年龄段""政党归属"和其他因素共同解释了"社会资本"（$N = 357$）中 21% 的变异。在所有这些预测变量中，对有关"年龄段"（$p < 0.05$）、"政党归属"（$p < 0.001$）、"受教育程度"（$p < 0.01$）、"个人收入"（$p < 0.05$）和"工具性日常生活活动能力"（$p < 0.05$）等指标的非标准化回归系数（B）的 T 检验表明：这 5 个变量对预测"社会资本"贡献了大部分力量。而关于模型中的其余变量，笔者在这 5 个指标的基础上，稍稍增加了整体模型的显著度。ANOVA 分析的值为 $F(13343) = 8.40$，$p < 0.001$，这表明模型中各指标的组合能够有效预测社会资本。本研究对有关模型的线性分布假定、正态分布误差，以及不相关误差都进行了检测，结果显示符合统计模型要求。从 Tolerance（>0.2）和 VIF 值（<5）来看，先前考虑的这两对"职业地位"和"家庭收入"相关变量并没有产生值得注意的共线性关系。这些平均值、标准差和相关关系都呈现在表6 - 12 中。如表 6 - 13 所示，从 β 值的比较可以看出"政党归属"对于预测社会资本的贡献最多，"受教育水平""工具性日常生活活动能力""年龄段"和"职业地位"这些因素也对该预测有所贡献。当其他因子被控制时，这 5 个因子发挥了重要的作用。

表 6 - 12　社会资本与主要预测变量的平均值、标准差及相关系数

社会资本（$M = 42.64$，$SD = 9.14$）				
预测变量	M	SD	Pearson 相关性	
政党归属	0.26	0.44	0.40***	
职业地位	2.11	1.17	0.20***	
IADL	8.66	2.04	− 0.15**	
年龄段	1.91	0.78	− 0.12*	
受教育程度	2.15	1.06	0.11*	

注：* $p < 0.05$，** $p < 0.01$，*** $p < 0.001$。

表 6 - 13　对社会资本（$N = 357$）的多元分层回归分析总结（一）

变　　量	B	SEB	β
政党归属	8.48***	1.09	0.41
受教育程度	- 1.87**	0.57	- 0.22
职业地位	1.26*	0.50	0.16
年　龄　段	- 1.47*	0.65	- 0.13
IADL	- 0.50*	0.23	- 0.12
常　　量	49.82	4.42	

注：* $p < 0.05$，** $p < 0.01$，*** $p < 0.001$；$R^2 = 0.24$；$F(13343) = 8.40$，$p < 0.001$。

　　假设 2.1 也是描述人口学变量对社会资本的影响。根据上述分析，"是否党派人士"是最重要的指标。为了研究"当其他 4 个有效指标被控制时，'政党归属'如何影响'社会资本'"，研究团队又进行了进一步的回归分析，分析结果呈现在表 6 - 14 中。它表明，当"政党归属"因素被控制时，剩余的 4 个指标预测社会资本的统计值为 $F(4358) = 6.91$，$p < 0.001$，修正 $R^2 = 0.07$。同时根据 R^2 的显示，个人的"性别""家庭人均收入""居住模式"和"工具性日常生活活动能力"只能解释社会资本中 6% 的变异。当在第二层回归分析模型中加入"政党归属"这一变量时，预测水平显著提高，$\triangle R^2 = 0.15$，$F(1357) = 68.47$，$p < 0.001$。R^2 的明显提升，印证了变量"政党归属"对这个增加值（$\triangle R^2$）的显著作用。加入全部的变量时，社会资本的预测值为 $F(5358) = 20.26$，$p < 0.001$，修正 $R^2 = 0.22$。根据 Murphy（2004）的观点，这是显著影响。同时表 6 - 14 中呈现的 β 值的权重说明，"政党归属"对该模型预测"社会资本"的贡献最大。这样，"政党归属"被识别为预测过程中最重要的因素。值得注意的是，在分层回归分析的第一步中，"年龄段"和"受教育程度"因素对于社会资本的影响并不十分显著，它们只在"政党归属"因素被控制时才变得显著；同时，模型中的"政党归属"因素，是在考虑了该模型中所有变量之后，能够对预测模型产生显著影响的唯一变量。

　　关于人口学变量对社会资本的不同影响，即"网络""社区规范"和"政党归属"的预测能力，研究团队也进行了探索。5 个变量的结合，即"年龄段"

表 6 – 14　对社会资本（$N = 363$）的多元分层回归分析总结（二）

变 量	B	SEB	β	R^2	ΔR^2
第一步				0.07	0.07
IADL	− 0.59 *	0.24	− 0.13		
年龄段	− 1.13	0.65	− 0.10		
职业地位	1.93 ***	0.51	0.25		
受教育程度	− 0.77	0.59	− 0.09		
常量	47.39	2.53			
第二步				0.22	0.15
IADL	− 0.60 **	0.22	− 0.13		
年龄段	− 1.80 **	0.60	− 0.15		
职业地位	1.37 **	0.48	0.18		
受教育程度	− 1.49 **	0.54	− 0.17		
政党归属	8.64 ***	1.04	0.41		
常量	49.30	2.33			

注：$^* p < 0.05$，$^{**} p < 0.01$，$^{***} p < 0.001$。

（$B = −1.18$，$SEB = 0.44$，$\beta = −0.15$，$p = 0.008$）、"政党归属"（$B = 5.30$，$SEB = 0.74$，$\beta = 0.37$，$p < 0.001$）、"职业地位"（$B = 0.97$，$SEB = 0.34$，$\beta = 0.18$，$p = 0.005$）、"工具性日常生活活动能力"（$B = −0.35$，$SEB = 0.16$，$\beta = −0.11$，$p = 0.02$）和"社区的社会经济地位"（$B = 0.88$，$SEB = 0.39$，$\beta = 0.11$，$p = 0.03$），都有效预测了"网络"这一因子 $F(15346) = 8.30$，$p < 0.001$，这些变量组成了对预测的贡献十分显著的最佳线性组合。修正 R^2 值为 0.23，这表明"网络"中有 23% 的变异能够通过综合这 5 个变量得到解释。其中，"政党归属"因素对于解释"网络"贡献最大——根据 β 值的权重：它把分层模型中 R^2 从 10% 提高为 22%。年龄段中的低龄组、专业人员、较强的工具性日常生活活动能力和居住在一个社会经济地位较高的社区等因素也对该预测有所贡献。只有两个变量，"受教育程度"（$B = −0.64$，$SEB = 0.19$，$\beta = −0.17$，$p = 0.001$）和"政党归属"（$B = 2.05$，$SEB = 0.45$，$\beta = 0.23$，$p < 0.001$），对预测"社区规范"有所贡献 [$F(2403) = 13.13$，$p < 0.001$，修正 $R^2 = 0.06$]；而另外三个变量——"年龄段"（$B = −0.32$，$SEB = 0.12$，$\beta = −0.14$，$p = 0.008$）、"政党归属"（$B = 0.68$，$SEB = 0.21$，$\beta = 0.17$，$p =$

0.002）和"在社区中的居住时间"（$B = 0.03$，$SEB = 0.01$，$\beta = 0.10$，$p = 0.047$）则对预测"政治参与"水平有所贡献〔F（6373）$= 5.55$，$p < 0.001$，修正 $R^2 = 0.07$〕。

总而言之，所有这些人口学变量及其和不同形式社会资本之间的关系都得到了验证，很多变量都被确定为重要的指标。这些变量结合起来，分别解释了回归模型中"整体社会资本"21%的变异、"网络"23%的变异、"可感知的社区规范"6%的变异以及"政治参与"7%的变异。在所有这些变量中，"政党归属"因素成为预测"网络"和"整体社会资本"的重要因素。在这两个因变量方面，"政党归属"这一特殊指标被加入后，R^2 分别增加了12%和15%。

假设3：社会资本、生活质量、工具性日常生活活动能力和人口学变量。

这一系列假设包括以下方面。

假设3.1　那些拥有较多社会资本的老年人会感觉他们拥有较高的生活质量。社会资本对老年人生活质量的影响不同。

假设3.2　工具性日常生活活动能力和生活质量没有相关关系。

假设3.3　社会资本和其他的人口学变量会对生活质量产生影响。

这组假设最重要的目的就是描述老年人的社会资本及其和生活质量、工具性日常生活活动能力、其他人口学变量间的关系，并探究这些变量是否能够解释老年人的主观生活质量水平。和验证第二组假设的过程相类似，生活质量和预测变量——不同形式的社会资本、工具性日常生活活动能力和其他人口学变量——之间的关系等都逐一得到了统计分析（见表6－15和表6－16）。

表6－15　对和生活质量有关的人口学变量、工具性日常生活活动能力
及社会资本的 Pearson 相关性分析总结

变　　量	生活质量				
	N	M	SD	r	p
年龄（$M = 70.40\ SD = 7.81$）	413	23.01	6.83	0.03	0.55
性别（$M = 1.55\ SD = 0.50$）	413	23.01	6.83	0.08	0.11
政党归属（$M = 0.26\ SD = 0.44$）	413	23.01	6.83	**0.12**	**0.02**
家庭规模（$M = 3.07\ SD = 1.43$）	413	23.01	6.83	**-0.13**	**0.01**

续表

变　量	生活质量				
	N	M	SD	r	p
在社区中的居住时间 （$M = 19.24\ SD = 6.93$）	406	23.01	6.84	0.04	0.44
受教育程度 （$M = 3.16\ SD = 1.44$）	413	23.01	6.83	-0.06	0.25
社区的社会经济地位 （$M = 1.82\ SD = 0.76$）	413	23.01	6.83	**0.11**	**0.02**
家庭人均收入 （$M = 2127\ SD = 510$）	405	22.96	6.86	**0.10**	**0.04**
个人收入 （$M = 3.8\ SD = 0.68$）	412	23.03	6.83	**0.14**	**0.005**
家庭收入 （$M = 4288\ SD = 2042$）	405	22.96	6.86	-0.01	0.85
社会救助 （$M = 0.04\ SD = 0.21$）	413	23.01	6.83	**-0.10**	**0.03**
工具性日常生活活动能力 （$M = 8.67\ SD = 2.04$）	413	23.01	6.83	-0.07	0.14
社会资本 （$M = 42.59\ SD = 9.10$）	380	23.16	6.86	**0.24**	**0.000**

注：①加粗数据是统计意义上显著的结果。

②年龄、家庭规模和其他项目的 M 值和 SD 值是基于整体样本获得的。

表 6 - 16　根据人口学变量分组的生活质量总结

		生活质量		
		N	M	SD
性别	男	184	22.42	6.46
	女	229	23.49	7.09
	$t,\ (df),\ p$		-1.59（411）0.11	
政党归属	是	109	24.33	6.02
	否	304	22.54	7.05
	$t,\ (df),\ p$		**-2.36（411）0.02**	
社会救助	有	18	19.71	7.07
	无	395	23.16	6.79
	$t,\ (df),\ p$		**2.13（411）0.03**	
年龄段	60～65	145	22.97	7.00
（岁）	66～75	160	22.91	6.35
	76+	108	23.22	7.33
	$F\ (df1,\ df2)\ p$		0.07（2410）0.93	
家乡	上海	141	21.81	7.09
	江浙	219	23.92	6.45
	其他省市	44	21.17	7.03
	$F\ (df1,\ df2)\ p$		**5.81（2401）0.003**	

续表

		生活质量		
		N	*M*	*SD*
婚姻状态	已婚	326	23.16	6.69
	丧偶	74	22.45	7.38
	单身或离异	14	22.49	7.41
	F ($df1$, $df2$) p		0.37 (2409) 0.69	
居住模式	和配偶居住	155	23.91	6.41
	和孩子居住	57	21.17	7.02
	和配偶及孩子居住	160	22.54	6.98
	和亲戚或朋友居住	10	24.82	7.25
	独居	31	23.74	7.07
	F ($df1$, $df2$) p		2.19 (4408) 0.07	
受教育程度	小学	140	23.90	6.73
	初中	129	22.82	7.03
	高中	80	21.94	6.56
	专科及以上	63	22.80	6.90
	F ($df1$, $df2$) p		1.51 (3409) 0.21	
职业地位	基础型	164	22.88	7.14
	技术型	98	23.57	6.57
	管理型	49	22.87	5.93
	专业型	82	22.56	7.30
	F ($df1$, $df2$) p		0.36 (3388) 0.79	
家庭人均收入	<1280	32	21.77	6.64
（元/月）	1280~1999	95	21.39	7.40
	2000~2999	247	23.65	6.52
	3000+	30	23.32	7.38
	F ($df1$, $df2$) p		2.31 (4400) 0.06	
个人收入	<1280	10	17.76	6.18
（元/月）	1280~1999	100	21.98	7.56
	2000~2999	267	23.53	6.51
	3000+	34	23.70	6.49
	F ($df1$, $df2$) p		**3.37 (3407) 0.02**	

续表

		生活质量		
		N	M	SD
居住社区	高水平社会经济地位	84	19.18	7.28
	中水平社会经济地位	161	25.71	5.92
	低水平社会经济地位	163	22.42	6.29
F ($df1$, $df2$) p		**31.09 (2409) 0**		

注：①加粗数据是统计意义上显著的结果。

②在其中一组中，Levene 测试在社区社会经济地位测试中呈现显著的相关关系。

在所有形式的社会资本中，只有"社区规范"[r (406) = 0.45，p < 0.001]和"生活质量"（QoL）高度相关。"生活质量"和"整体社会资本"[r (380) = 0.24，p < 0.001]之间也存在显著的相关关系。同时研究团队发现，"工具性日常生活活动能力"和"生活质量"有明显的相关性，因此拒绝原假设（假设 3.2）。其他的人口学变量，"政党归属""家庭规模""社区的社会经济地位""个人收入""家乡"和"是否享受社会救助"都与"生活质量"显著相关。我们把所有这些和"生活质量"显著相关的人口学变量都引入回归模型，以进行更深层的检验。分析模型如下。

"生活质量"（QoL）是关于"社会资本""政党归属""家庭规模""家乡""个人收入""是否接受社会救助"和"（在社区中）居住时间"的线性函数。

为了进行分层多元回归分析，研究团队检验了模型的线性假设、正态分布假设以及正交假设。分类变量"家乡"被转化为虚拟变量后放入了分析的第一层，余下的变量被放在回归分析的第二层。平均值、标准差和相关系数等信息都可以在表 6-17 中找到。模型显示，这些变量的线性组合能有效预测"生活质量"[F (9355) = 6.63，p < 0.001]。修正 R^2 值为 0.14，表明"生活质量"中 14% 的变异能够被"社区规范""居住区域""家庭规模""网络""家庭收入""是否接受社会救助""个人收入""性别""政党归属""工具性日常生活活动能力"和"受教育程度"等因素解释。其中，根据表 6-18 中 β 值权重，"社会资本"对解释"生活质量"的贡献最大。另外，来自江苏或浙江的被访者、较小的家庭规模、居住在社会经济地位中等水平社区这些因素也对该预测有显著贡献。

表 6 - 17　生活质量及其主要解释变量指标的平均值、
标准差及 Pearson 相关性 （N = 365）

QoL (M = 22.96, SD = 6.88)			
解释变量	M	SD	Pearson Correlation
祖籍上海	0.36	0.48	- 0.13 **
祖籍江浙	0.54	0.50	0.17 ***
社区的社会经济地位	1.83	0.77	- 0.12 *
政党归属	0.26	0.44	0.14 **
家庭人均收入 （元/月）	2127	510	0.10 *
个人收入 （元/月）	3.79	0.68	0.10 *
社会资本	42.57	9.12	0.24 ***
家庭规模	3.05	1.41	- 0.16 **
接受社会救助	0.04	0.19	- 0.14 **

注：$^* p < 0.05$, $^{**} p < 0.01$, $^{***} p < 0.001$。

表 6 - 18　预测 "生活质量" 的相关变量的回归分析总结 （N = 365）

变　量	B	SEB	β
祖籍江浙	2.93 *	1.18	0.21
社区的社会经济地位	- 1.13 *	0.45	- 0.13
社会资本	0.17 ***	0.04	0.22
家庭规模	- 0.69 **	0.25	- 0.14
常量	15.73	3.06	

注：$^* p < 0.05$, $^{**} p < 0.01$, $^{***} p < 0.001$；$R^2 = 0.14$；$F_{(9355)} = 6.63$, $p < 0.001$。

　　数据分析结果显示 "工具性日常生活活动能力" 在由低龄组向高龄组过渡中会降低 $[F_{(2410)} = 30.75, p < 0.001]$。较低的工具性日常生活活动能力会限制老年人参与团体活动或社区组织。同时，加入正式团体的老年人和那些没有加入的老年人相比，拥有更强的工具性日常生活活动能力 $[t_{(411)} = - 2.5, p = 0.01]$。老年人的身体功能损伤程度越大，他们的社区参与度就会越低。

　　总而言之，"社会资本" 对老年人生活质量的影响最大。模型中的其他因素，如"政党归属""是否接受社会救助""社区的社会经济地位""个人收入""家庭规模"等因素，也对被访者的生活质量有所影响。

综上所述，通过检验这三组假设，研究团队实现了目标。老年人的社会资本特征、他们感知到的社会资本、不同形式的社会资本和人口学变量之间的关系以及所有这些因素之间的相互关系，都得到了分析。在分析过程中，很多有关社会资本和生活质量的预测变量都得到识别和检验。

第四节　结论

这三组假设都经过了统计检验，其中的一些得到了验证，另外一些被驳回或得到了部分验证。表6-19综合了本章的假设检验结果。

表6-19　对假设检验的总结

假设列表	结论
假设1：老年群体中的社会资本特征	
假设1.1　不同老年人的社会资本（个体层面的、社区的和总体的）是有差异的。那些拥有较多个人社会资本的老年人常感知社区中存在更多的社会资本。	✓
假设1.2　老年人的正式社会资本和非正式社会资本是显著相关的。	✓
假设1.3　老年人的政治参与会影响他们对公众、政府的信任以及他们对政治赋权的感知。	✓ ×
假设1.4　参与社区活动较多的人往往感知更为团结的邻里关系。	✓
假设1.5　拥有较多个人社会资本的人往往更积极地参与政治事务。	✓
假设2：人口学变量影响社会资本	
假设2.1　老年男性和老年女性所拥有的社会资本存在差异，不同年龄段的老年人所拥有的社会资本特征也不同。	✓ ×
假设2.2　那些在政治参与中活跃的老年人，即那些在社区中生活时间较长、受教育程度较高、社会地位较高、个人收入较高和拥有较强的工具性日常生活活动能力的老年人，拥有较多的个人社会资本，也往往感知到较多的社区社会资本。因此他们普遍拥有较多的社会资本。	✓ ×
假设2.3　不同的人口学变量对社会资本有不同的预测力。	✓
假设2.4　不同的人口学变量对社会资本的不同维度有不同的解释性作用。	✓
假设3：社会资本、生活质量、工具性日常生活活动能力和人口变量	

假设列表	结论
假设 3.1　那些拥有较多社会资本的老年人会感觉他们拥有较高质量的生活。社会资本对老年人生活质量的影响不同。	✓ ×
假设 3.2　工具性日常生活活动能力和生活质量没有相关关系。	×
假设 3.3　社会资本和其他的人口学变量会对生活质量产生影响。	✓ ×

注：✓ = 得到验证，✓ × = 得到部分验证，× = 被驳回。

　　首先，研究团队在评估了老年群体中不同形式的社会资本后，确认了它们之间的内在联系，也检验了社会资本和人口学变量之间的关系。其次，研究团队探究了社会资本和生活质量之间的关系，并且发现了很多具有启发性的研究结果。最后，通过假设检验，研究团队进一步探索了一些其他关系。这些内容将在下一章中详细叙述。

第七章
"社会资本"对生活质量的中介与调适作用

如第六章所提到的，研究团队发现了社会资本、政党归属、收入和生活质量之间存在显著的相关性。社会资本的角色也得到了清晰的展示。在本章中，笔者将进一步探索它们之间可能的相互作用。

第一节　作为中介因子的社会资本

检测社会资本的调节作用需要执行多重步骤。根据上一章的分析结果，可以认为解释变量和结果变量间存在显著的关联。

图 7 – 1　中介作用分析图

在此分析中，一方面"政党归属"和"生活质量"[r（413）= 0.12，$p < 0.05$]之间有显著关联，另一方面"政党归属"和"社会资本"[r（380）= 0.40，$p < 0.01$]之间也有显著关联，研究团队假设"社会资本"可能在"政党归属"和"生活质量"两个变量之间发挥中介变量的作用。该检验模型如图 7 – 1 所示，检验结果表明，这两个变量间相关关系的 p 值十分显著，模型呈现完全中介的作用，"政党归属"对"生活质量"影响的标准系数是 $r' =$ 0.045（直接）和 $r = 0.241$（间接）。这个模型结果证明"社会资本"对"政党归属"和"生活质量"具有完全中介作用，模型的相关性是很强的（$Sobel$ $z – value = 3.70$，$p < 0.001$）。总之，社会资本会对那些拥有党员身份的老年人生活产生积极影响，即党员老年人拥有更高质量的生活，事实上老党员的社会

资本较多，从而生活质量更高，而是否党员并不能直接影响其生活质量的高低。

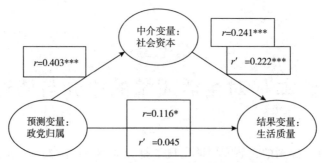

图7-2　政党归属（ParAff）、社会资本（SocCap）和
生活质量（QoL）之间的中介作用

注：* p<0.01，*** p<0.001。

另外，研究团队也从"家庭人均收入""社会资本"和"生活质量"之间发现了偏中介关系。正如图7-2的检验模型所呈现的那样，在中介检验中，p值是非常显著的。在"家庭人均收入"与"生活质量"的关系中，调节变量的标准化系数为 $r' = -0.128$（直接），$r = 0.242$（间接）。该模型说明，"社会资本"对"家庭人均收入"和"生活质量"发挥了偏中介作用（$Sobel\ z-value = -2.48$，$p < 0.05$），"社会资本"对老年人"生活质量"产生了积极影响。模型显示，那些家庭收入高的老年人，它们的生活质量却相对稍低。而他们所拥有的"社会资本"调节了"收入"和"生活质量"之间的关系，使得家庭收入高的老年人群体的生活质量达到较高水平。

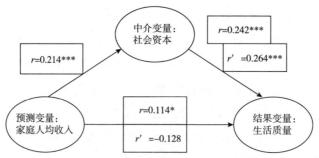

图7-3　家庭人均收入（LN）、社会资本（SocCap）和
生活质量（QoL）之间的中介关系

注：* p<0.01，*** p<0.001。

第二节　社会资本的调适作用

调节分析常用来检测回归模型中某些特定的解释变量在解释效用方面的能力差异，它也有助于理解调适作用的产生条件以及预测因素在哪些群体中会发生强调适作用（Cohen et al.，2003）。调适作用发生的先决条件是在自变量和因变量之间存在显著相关性，分析模型结构如图 7-4 所示。

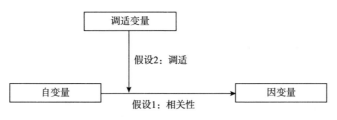

图 7-4　调节作用分析图

为了研究作为调适变量的"社会资本"是否能和"家庭人均收入"水平相互影响并对"生活质量"产生影响，研究团队把"生活质量"作为因变量，把"家庭人均收入"（LN）和"社会资本"作为自变量来进行分层回归分析。表 7-1 即为该分析的过程。

表 7-1　社会资本对家庭人均收入（LN）和生活质量（QoL）的调适作用的分层回归检验

步骤及变量	B	SEB	$\mathcal{B}$	R^2
步骤 1				
家庭人均收入（LN）	6.08	2.99	0.42*	
社会资本	1.03	0.49	1.36*	0.06***
步骤 2				
家庭人均收入（LN）×社会资本	-0.124	0.07	-1.25	0.07***

注：LN 是取对数的家庭人均收入。

根据家庭人均收入和社会资本的分布情况，研究团队把样本分为高水平收入和社会资本，中等水平收入和社会资本以及低水平收入和社会资本三组。一般来说，在任一收入水平区间，家庭人均收入越高的老年人，所拥有的社会资本就越多，生活质量就越高。但是，斜率表明，在那些不同社会资本水平的群体中，"家庭人均收入"与"生活质量"的关系是不一样的。在那些较高水平的社会资本的群体中，生活质量和家庭人均收入之间几乎没有相关关系，它们的斜率较为平坦。然而在那些中等或低水平社会资本的人中，生活质量和家庭人均收入之间存在较强的相关关系，它们的斜率与前者正好呈现相反的态势。图7-5呈现了三个分组的斜率，表7-2呈现了这些斜率对应的解释变量。研究结果表明，越高水平的社会资本越能调节家庭人均收入对生活质量的影响。如果一些人有较多的社会资本，即使他们的家庭人均收入水平相对较低，也能拥有较高的生活质量。这一结论反映在表7-2中。

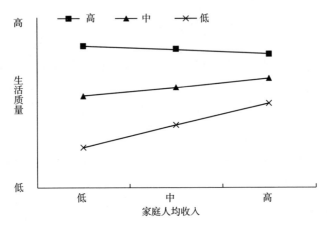

图7-5　社会资本对家庭人均收入（LN）和生活质量（QoL）的调适作用

表7-2　不同水平的社会资本、家庭人均收入和生活质量

社会资本水平	样本斜率	SE	t	P
高	4.95	2.37	2.09	0.037
中	6.08	2.50	2.43	0.015
低	7.21	3.61	1.99	0.047

注：$df = 409$。

　　这些结论表明，社会资本对生活质量有调适作用。一般说来，拥有高水平社会资本的人拥有高质量的生活。相较于高收入的人来说，社会资本对那些收入水平较低的人的生活质量的影响更大。

　　总而言之，社会资本、生活质量、家庭人均收入和政党归属之间的显著的相互作用得到了认定，而社会资本对这些关系有时产生中介作用，有时产生调适作用。

第八章

社会资本、生活质量与上海老年人

本章将对分析结果进行详细阐释，并反思研究中所使用的方法和理论，同时也将就政策和后续的研究提出建议。

第一节　社会资本理论

社会资本是本研究的焦点之一。它是一个灵活的、多层次和复杂的概念，涵盖了宏观、中观和微观各个层面，被称为学术界的"世纪热词"（Leung et al.，2008）。但是，学者们尚未就其定义、测量工具和理论达成共识。这一项关于当代上海社区老年人的经验主义研究，将会对中国本土语境下的社会资本理论的理解与发展有所裨益。

一　社会资本中文整合问卷：理论及经验研究中的概念

学术界尚未就社会资本的变量、维度和测量范围达成共识（Putnam，2002），不同的研究者使用了不同的指标体系来评估社会资本。因此，笔者试图通过此研究创设出一套符合中国语境的测量工具，并对其进行调整，使得其适用于当地的社区。

笔者暂且将本研究中使用的测量工具 CSC – IQ 命名为"社会资本中文整合问卷"，该工具反映了社会资本的多重特征。如表 6 – 1 所示，原始变量呈现了网络、信任、团结、社会凝聚力、社会融合、集体行动和政治参与等众多方面。基于因子分析和效度检验，研究团队确定了三组因子：网络（包含网络的规模、多样性、强度和功能）、社区规范（包含对政府的信任、社区团结和社会凝聚力）和政治参与（包含个人和集体的政治活动）。这三组因子和第四章所述的理论模型非常接近。

本研究实证模型中的因子清晰地展现了社会资本的概念，它包括"个人和社会网络之间的联系以及从中发展出来的相互作用和可信赖性"（Putnam，2000：19），和"社会网络相互作用的数量与合作质量"。

社会资本首要因子中的"网络"，主要测量了老年人的功能型网络（正式社会资本，7个编码变量）以及私人关系网络（非正式社会资本，1个编码变量）。由于"网络"已经被视为社会资本最普遍、最主要的因子，因此它在3个分量表中与社会资本呈现最密切的联系，其量表本身展示了令人满意的效果。在主成分因子分析中（通过一系列旋转——正交旋转法、四等分极限轴转法、等量最大轴转法和多样轴转法），研究团队并没有剔除任何一个变量，它们的Cronbach's Alpha值为0.91，这和很多社会学家的研究相一致，并且提升了人们把社会网络作为评估社会资本的工具的信心（Lin，2006）。社会资本的结构要素（粘黏型、联合型和链接型社会资本）也在这组数据中有所体现。

"社区规范"维度包括三个方面的问题，它们都可以通过询问老年人的意见被描述：①对当地政府、公共服务的主要提供者、邻居以及陌生人的信任；②团结与社会凝聚力（体现在对集体活动的参与以及在社区中可感知到的亲密水平与和谐关系中）；③亲切感和对社区的归属感。从内容上判断，所有这8个变量都彼此紧密相关，并且整个测量工具的信度也令人满意（Cronbach's Alpha＝0.73）。实际上，在中国，集体行动、社会凝聚力和公众信任感联系紧密，这些因素既互相融合，又相互促进。信任——包括社会公众的相互信任和对政府的信任——促使公民合作和集体行动，是其他公共合作的基础，也正是通过集体行动和公共合作，人与人之间才能产生更多的信任、团结和社会凝聚力。研究团队通过了解被访者对某些活动的认知来确定集体行动的概念（如果在社区中有类似噪声、停车问题、物业管理问题等公共问题，人们有多大可能会试图通过合作解决难题），因此，这些项目应该被归于认知维度，即"社区规范"。

"政治参与"这一维度包括"政治参与"和"联合政治请愿行为"两个变量，其Cronbach's Alpha值为0.57，达到测量信度的最基本要求，且两个变量间的Pearson相关系数较高 $[r(411)＝0.42, p<0.01]$，基本可作为同一维

度的测量条目。

如表 6-4 所示，社会资本的三个维度（分量表）中，"政治参与"和"社区规范"几乎没有关联。现实生活中多种相关因素可能导致这种结果，其中一个可能的原因是在实际活动中，并没有多少人参与政治活动，或者说，即使参与了也不积极。另外一个可能是，这一维度的有效样本数量不够多，答案也不够多样化，因此不足以检测两者之间的相关性。再比如，相比早年，尽管政治活动的形式更为多样化，但总体上内容还是很单一（在 2 到 10 的理论区间值中，"政治参与"的均值为 3.44，标准差为 1.74）。另外，政治自由也相对受限（Liu，2000），与强有力的经济和社会参与政策相比，关于政治参与的政策是很少的。因此，被访者的网络和社区规范与他们的政治参与或政治观点只有微弱的关系，甚至没有相互关系，这也就不足为奇了。也就是说一个人的"网络""感知到的信任度"和其他作为态度、价值观规范的社会资本的数量和质量，不会对政治参与产生多大的影响。此外，"政治参与"在中国和很多西方国家有不同的文化内涵（Xie & Jaeger，2008）。

二　测量工具的精简原则

要将一个新的测量工具引入一个群体，不可能一蹴而就。要使社会资本评估工具有效地反映中国城市社区的真实情况，需要深入检测和经验验证。在中国，照搬世界银行关于评估发展中国家社会资本的方法，会导致一些变量变得不够敏感以至于不能提供所需信息。例如，超过 90% 的被访者对评估"犯罪与安全"的问题做出了相同的回答，这说明该项问题对于描述此类现象不够敏感。在世界银行研制社会资本测量工具时，他们考虑了全世界的主要情况，并非所有的问题都适合中国国情，特别是对于上海这样一个稳定且具有创新性的城市，在上海和"信任与团结"相关的犯罪或社会问题极少发生，因此此类变量在数据分析的最初阶段就被剔除了。随后，在对主成分因子分析的过程中，研究团队找到了有关社会不平等的因子，这为优化测量工具提供了一定的帮助。

同时，作为被访者的这些老年人在年轻时经历了很多苦难，也能够更好应对社会的不平等问题（Chen，2006）。在他们的观念中，社会不平等与我们在该研究中所理解的"社会资本"并无很大关联。另外，尽管上海的收入差距很大，但客观来说上海的物质生活基本能够满足老年人的需求。更重要的是，是否包含这两个变量，对社会资本的影响很小（包含这两个变量的模型，能够解释63.77%的变异水平，将它们剔除后的解释率为64.4%）。换言之，它们对模型的解释力的影响并不是很大。

此外，尽管存在微小差异，但这三个经验维度与世界银行模型的理论维度非常接近。世界银行的模型中社会规范这一个维度包括"信任与团结""集体行动"与"社会凝聚力和社会融合"三个变量，实际上，这三个变量体现在模型的第二个因子——可感知的"社区规范"和第三个因子——"政治参与"中。在进行研究时，由于上海是个稳定、和谐的社会，所以，一些描述犯罪、安全性和社会冲突或不平等的变量与社会资本之间没有相关关系。所有的被访者都居住在同一个社区，过着相似的社区生活，拥有安全的生活环境，因此他们对此类问题的判断大同小异。

总之，精简原则要求我们的评估要简单有效，拥有较少但有效的变量是一个精简模型的重要特征（Morgan，2007）。根据这一原则，举例来说，假设有两种模型，一种模型包含4个因素、可以解释65%的目标变量，而另一种模型包含6个因素、可以解释66%的目标变量，那么我们选择四因素模型会更为高效。因此，将"网络"与"社区规范""政治参与"进行配对，可以有效地补充这些因子，并且使之成为CSC–IQ这一测量工具的重要维度。通过对社会资本测量工具的优化和检验，这三个维度被最终确定为社会资本测量工具的基本构成因子。

三　本研究中不同形式的社会资本

本研究问卷，通过一套系统的方法，在多层次上评估了不同形式的社会资本。而实际上这些形式各异的社会资本，即使指标没有互相融合，在本质上也是相互呼应的。举例来说，在某种程度上，被访者的网络和他们对他人的信任以及他们所感知的社会凝聚力是相关的，而网络强度对网络的功能也是有影响的。

1. 结构性、认知性社会资本以及产出性结果

结构性社会资本主要通过描述网络规模、多样性、强度、功能和外联性反映个人层面的社会资本。认知性社会资本反映了老年人对公众信任的评价（从

对社会和政府的两个层面评价）、对团结和社会凝聚力的主观感受。在对数据进行编码和分类后发现，老年人的个人政治参与以及他们感知到的社区中的政治参与是这两者与不同形式的社会资本（结构性、认知性，正式的、非正式的）互动和相互渗透而发生的产出性结果。

从表6-4的结果可以看到，老年人的网络参与强度和感知到的社区规范呈正相关关系。换言之，结构性社会资本和认知性社会资本有关联，也就是说，那些更多参与社区组织和社区团体的老年人更倾向于信任别人，会更多地感受到自身同社区的联系，反之亦然。这一研究结果和研究"态度类社会资本与结构性社会资本的互动关系"的结果相一致（Lelieveldt，2008）。

这一结果证实了社会交往（无论是有组织的参与还是私人参与）对于个人的重要性。这与个人、社区、社会层面的福祉都紧密相关。鼓励人们走出家门不仅仅是社区活动倡导者的标语或口号，而且是能够为社区和居民提供福祉的实际方法，研究团队通过经验性研究为社区活动倡导者提供了理论支持。

表6-4也同时呈现了另一组变量之间的关联——网络和政治参与。"政治参与"是指老年人在政治领域的私人参与，这主要通过老年人的选举行为、对社区事务的决策主张、在邻里或公众会议上的出席情况、报警情况、参与媒体舆论以及参与社区居民联合请愿（针对的问题主要是关于政府官员或政府领导人对社区利益的影响）等进行评估。

这一结果揭示出，人们越团结，就越可能追求公共利益。换言之，越积极参与各种组织和团体中的老年人，越能意识到他们拥有的政治权利，也会更多地关注公共福利。尽管目前中国社会政治参与的渠道非常有限，但是相较于一般人，老年人群体在政治舞台上常常感到更多的赋权。

2. 正式和非正式社会资本

如前所述，社会资本可以分为正式社会资本和非正式社会资本。老年人参与的所有正式组织的小组和团体都被视为正式社会资本，而那些私人交往和私人间的联络则构成了非正式社会资本。正如第六章所述，正式网络和私人网络的得分有明显的相关性 $[r(385) = 0.31, p < 0.01]$。因此可以假定，老年人越多地参与组织和团体，就越能交到朋友。

私人交往也会对正式的社会参与有促进作用——朋友们有可能加入相同的组织，特别是当他们有相似的爱好和技能的时候。这样，正式社会资本就可以推动对非正式社会资本的获取，反之亦然。总之，在结构性社会资本中，这两种形式的社会资本相互加强。

四 信任、政治参与和政治赋权

"信任"被视为是认知性社会资本中最核心的元素（Putnam et al.，2003；Woolcock & Narayan，2000）；而研究中对"政治参与"和"对政治赋权的感知"的测量，用于分析社会资本的结果变量（Grootaert & Bastelaer，2002）。假设1.3就老年人"政治参与""对政治赋权的感知"以及"对社会和政府信任"之间的相互关系提出假设（假设1.3老年人的政治参与会影响他们对公众、政府的信任以及他们对政治赋权的感知）。一系列关于政治参与、对政治赋权的感知和信任之间的多层关系的分析证明了此假设。[①]

研究团队通过对比老年人自己所在社区和他们眼中的其他社区的"对他人的信任程度"以及"社区内公众信任程度"的差异，对社区层面的信任做出了测量。同时，根据老年人对当地政府官员、社区领导、警察、法官以及其他服务于公共机构的相关工作人员（如公立医院、学校和邮局员工）的信任水平，研究团队对老年人的政府信任度进行了评估。

和其他形式的社区参与不同，政治参与隐含了政治态度、政治价值观，并且个人的主观判断会影响他/她的政治参与水平。有关政治参与的问题研究团队较为全面地询问了人们参与政治活动的情况，包括投票、社区拥护、出席社区/公共会议、就社区反常事件向警察或媒体举报等行为，还有参加选举、会见政客、给政客打电话或写信都涉及政治事务。这些行为在政治参与上有叠加效应，如那些参与选举的人也更可能参与到其他形式的政治事务中。因此，根据语义差异等级，研究团队对这些项目进行了统计编码。通过语义差异性系数

[①] 被访者被问到当地政府的诚实度和可信赖度是否普遍提高、降低或者没有改变。这一问题测量了变化的水平，而不是现状。但是，我们在该研究中更倾向于描述某一时间点的社会资本而非某一时间段内的。该问题的答案不能区分被评估项目的高、中、低三种水平，因为公众对于政府信任水平可能已经相当高了，但很少发生变化。这在测量中可被视为一种缺陷。

原则来统计具有叠加效应的选项时，有助于更科学地解释在一个合理的范围内，为什么要给某一确定的项目更多得分。同时，在所有的选项中，选择了"参加选举"（5.4%）和"会见政客"（1%）的人没有对其他问题做出回答，因此这两个选项在编码中被排除。最终，"政治参与"的有效分析内容由投票（94.4%）、倡议（9%）、参与社区会议（43.7%）、报警（6.8%）和参与媒体舆论（32.8%）项目构成。

正如前面的研究中所述的，中国的政治参与，其内涵和外延都与西方国家甚至亚洲的多党制国家有相当大的差异。在中国，政治参与或多或少都有一种被动的特点。社会资本的两大基石——民主和市民社会，在中国呈现一种独有的特点。在当前研究中，"投票"是指通过投票来提名当地人大代表以及社区居委会的领导，对此，研究团队在问卷访谈中对被访者进行了说明。这代表了自由参与政治的理念。同时，人们对这一维度的其他参与形式，诸如"报警"和"向媒体举报"就很少感到困惑，因为在其他社会中它们也大多具有相同的含义。

问卷中的政治参与的其他内容还涉及在调查前的12个月中，人们集体参加联合请愿，向政府官员或政府领导反映社区集体利益等事件的频率。问卷也收集了关于当当地政府和当地领导将做出对被访者的利益有影响的决定时，被访者或与被访者相似的人的意见在何种程度上会被考虑这一问题的回答。

第六章中的回归分析结果表明，那些积极参与政治活动的老年人对政府的信任度更低。换言之，那些积极参与投票、发起倡议、出席会议及向媒体或警察举报的老年人，实际上对政府的行为或其他公共机构行为的认可度更低。这也许是因为，正是那些对政府及其下属部门信任度较低的人，往往通过积极地参与政治活动来增强他们的话语权和影响力。另外，那些对社会信任度更高的老年人对政府也很信任，他们表现出一种普遍的高水平的信任度。这呈现了一幅与西方社会截然不同的景象，具体原因会在后文中详细叙述。

五 对社会资本的批判

社会资本在社会科学中仍是一个相当新颖的概念。正如在文献回顾中所提到的，这一概念正处在不断的优化过程中，关于社会资本的争议之处在本研究中也有体现。下文将逐条论述在本研究中体现的对有关社会资本理论的主要批判。

1. 社会资本起作用的条件

社会资本功能的发挥，存在众多的约束性条件。首先，关于社会资本的独立功能存在争议。但是，像其他形式的"资本"（如经济资本、文化资本和人力资本）一样，社会资本也可以为个人和机构积累资源，然而社会资本功能的发挥最终取决于相关党派在家庭、团体和阶层中聚集和转化资源的能力（Castiglione et al.，2008）。在当前的研究中，那些受教育程度较高、拥有较高职业地位和较高家庭收入的老年人拥有更强大的社会网络（见表6－10）。这回应了Bourdieu（1986）的观点，他坚持认为社会资本要依靠其他形式的资本才能实现积累。教育、职业或收入经常会影响一个人的多个层面的社会资本。另外，要发挥社会资本的功能也需要对不同的资本进行适当的整合，尽管这些资本发生作用的形式各异。像物质资本这样的资源对社会资本有促进作用，但这不是充分条件。拥有较少物质资源的人也可以拥有相当多的社会资本。本研究已经证实，物质资本本身也许对一个人的社会资本并没有至关重要的影响。那些富裕的社区居民一般被视为资源丰富的人，实际上他们相较于那些中等收入的老年人拥有的社会资本更少（见表6－10），并且缺乏社区参与。另外，那些富裕的群体有可能更愿意在更大范围的社会中互动和调动社会资源，并不局限在他们所在的社区。但是，在那些并不富裕的社区，当其他条件成熟时，人们显然也可以获得并积累社会资本。

我们需要认识到的是，社会资本和其他形式的资本不同，只有当人们对之加以利用的时候才能实现积累。如果个体不能积极地使用它，社会资本是无法得到积累的，如果一直不用它，社会资本的价值会不断降低（Field，2008；Leung et al.，2008）。从这个角度出发研究团队认为，社会资本需要投资。那些社区参与水平高的老年人能够拥有更好的生活，因为他们更频繁地激活了社会资本；而那些对社区活动持消极态度的老年人则面临丧失社会资本的危险。社会资本的这一属性同样也解释了，社区中的志愿者活动在获取社会资本方面所发挥的作用（Cheung & Kwan，2006）。

2. 社会资本兼具包容、排斥两种性质

排他性是社会资本的另一特征。在当前的研究中，发现如下若干现象。第一，社会资本在老年人群体中的分布并不均衡（见表 6 - 10 和表 6 - 11）。第二，党员身份是区分社会资本水平的最显著的因素。党员似乎拥有更高的受教育水平、更高的职业地位和更高的收入。尽管社会资本、党员身份、受教育程度和收入之间的因果关系超出了本研究的研究范围，但是毫无疑问，在某种程度上，"共产党员"对获取信息、政府职位和资源都处于一定的优势。党员之间的相互作用及特殊的信任关系，可能会有意无意地对非党员群体进行潜在的排斥。

这一情况表明，在党员群体和非党员群体之间进行资源平衡已经变得十分紧迫。我们需要投入更多的精力，来提高非党员群体的社会资本水平。政府部门作为社会资本的使能者，需要对社区中的社会资本进行投资，同时对其监控，以促进其平衡发展。

另外，对一些党员来说，党员的身份也许会限制他们的社会网络，阻碍他们使用党外的资源，这主要是出于对党纪的忠诚。举例来说，《中国共产党章程》规定，党员干部不可以在私营企业担任兼职（党章知识辞典编委会，1996）。党内的规范越严格，对党员的限制越显著。但是，社会资本的排他性也许不仅仅是粘黏型社会资本的特征。由于主体的变化，粘黏型社会资本、联合型社会资本和链接型社会资本能够彼此间相互转化。如，一个跃入其他社会阶层的成员，有可能为他之前的同伴带来不同的社会资本（链接型社会资本）。

其他来自失能老人以及那些来自丧偶老人的证据也证实了社会资本的排他性。

3. 社会资本测量工具的比较

学者普遍使用不同的方法、工具来测量社会资本。评估社会资本的工具仍在不断发展，这也使得不同研究间的比较变得更为复杂。举例来说，有一个关于荷兰城市社区中的研究同样揭示了"受教育程度"和"社会资本"间的负相关关系（Völker，2008），但是研究中所使用的社会资本测量工具仅仅聚焦于"网络"一个方面，而本研究中的社会资本则涵盖了个人层面和社区层面的网络、规范、集体行动和政治参与等众多方面。

4. 因果关系及结论

在双变量分析和回归模型中，很多人口学因素都与社会资本呈现相关性，这在表 6 - 10、表 6 - 11 以及表 6 - 12 中有所呈现。例如，"职业声望""收入"就经常和"社会资本"呈显著相关性，但是我们不能弄清它们之间的因果关系。较好的经济资源、得体的职业和较高的受教育水平能够促进一个人积累社会资本；也可以说，较多的社会资本使得人们能够获得较高收入、较好的教育和较好的工作。同样，在社会资本的各种因素中（见表 6 - 4），一方面"网络参与"有可能会提高人们的信任水平、增强其他规范，促进集体性参与；但另一方面，集体行动和相互信任也会加强社区网络的建设。另外，正如之前所争论的，"积极的社区参与"被认为是建立、积累和获得社会资本的最有效方式：越是积极参与，人们之间的联系就越紧密，他们之间的信任度就越高。在这个循环中，资源与结果的模糊性、社会资本维度之间因果关系的复杂性，都导致了这样一种困惑，即社会资本是资源本身，还是获取资源的一种方式（Newton，2008）。

5. 社会资本的丰富属性

正如社会科学中的其他概念一样，社会资本也具有丰富的属性。根据对预测社会资本的回归模型的分析可知，R^2 为 24%，这意味着将所有因素包括在内，该模型能够解释社会资本 24% 的变异。撇开颇具解释力的 R^2 不谈，我们可以设想还存在一些其他未考虑在内的影响因素，如公共设施、政治上和社会经济上的发展、目标社区内对社会资本产生影响的文化和传统等。以上这些众多潜在影响因素，也使它们和社会资本之间的关系很难确定。但是，至少在研究其他社区、其他城市甚至其他时间段内相似的老年群体时，这些都是值得尝试挖掘的，这样就可以使得与社会资本相关的因素更多、更全面。另外，从微观的角度来说，健康是对老年人群体各方面最有影响的一个因素，但是本研究并没有对此进行过多的探索。

还有，本研究中相同类型的回归模型能够解释大约 28% 的"网络"变异，但对"社区规范"的解释水平只有 8%。这表明，在社区层面上，一些其他因素对认知性社会资本更具影响力。公正地说，该模型的解释力是有限的。以下社区的设施、交通和公共服务体系都相当完备，这些老年人总体上身体也十分健康（$M_{IADL} = 8.67$，$SD_{IADL} = 2.04$，$N = 413$，理论取值区间为 8 到 24）。另外，透彻地了解社会资本的价值及其积累过程，需要长期的努力。总而言之，我们需要进行更系统的综合性研究来确定在中国语境下到底还有哪些因素对社会资本具有重要的影响。

第二节　老年人社会资本的影响因素

从双变量分析中可以明显地看出，老年人的政党归属、受教育程度、年龄段和职业地位等方面能够解释大部分的社会资本的变异。其他的人口学变量则可以对其中的一些社会资本做细致的区分。这些人口学变量及其和社会资本因素的相关关系如表8-1所示。同时，从一个更综合的视角来看，在回归分析中，我们验证了众多却基本有效的预测变量，以及它们对社会资本诸因子的预测情况，这些情况在表8-2中有所呈现。表8-1、表8-2还展示了在其他变量被控制的情况下，有效预测变量与社会资本诸因子之间的正、负相关关系。

表8-1　人口学变量对社会资本诸因子的回归分析

指　　标	网络	社区规范	政治参与	社会资本
政党归属	✓	✓	✓	✓
受教育程度	✓	✓	✓	✓
年龄段	✓	—	✓	✓
职业地位	✓	—	✓	✓
婚姻状态	✓	—	—	✓
居住模式	✓	—	—	✓
工具性日常生活活动能力	✓	—	—	✓
家庭人均收入	✓	—	—	✓
个人收入	✓	—	—	—
社区的社会经济地位	—	✓	✓	—
在社区中的居住时间	—	—	✓	—
家乡	—	—	—	—
性别	—	—	—	—

注："✓"表明当标题所示的指标被控制时存在显著差异，"—"表明当标题所示的指标被控制时无显著差异。

表 8 - 2　有关社会资本的回归模型中的人口学诸要素

指　标	网　络	社区规范	政治参与	社会资本
政党归属	+	+	+	+
受教育程度		-		-
年龄段	-		-	-
职业地位	+			+
社区的社会经济地位				
工具性日常生活活动能力	-			-

注："＋"表明当控制了其他变量时存在积极相关性，"－"表明当控制了其他变量时存在消极相关性。

"政党归属"在双变量分析和多元回归分析中都是最值得关注的。多元回归模型清楚地显示，"政党归属"因素贡献了绝大部分解释力。在回归分析中的第二阶段，如表 6 - 14 所示，得到了一些引人注意的启示和结论。在控制了"工具性日常生活活动能力""年龄段""职业地位""受教育程度"和"政党归属"这些因素的条件下，模型中的这些变量能够有效地影响社会资本。在预测社会资本时，该模型中的 5 个变量都发挥了重要作用。

但是，在回归分析中的第一阶段，当"政党归属"因素没有被控制时，"年龄段"和"受教育程度"与社会资本之间似乎不存在显著的关联。进一步的分析证明，这只是表面现象。在之前的分析中研究团队已经证实，党员在社区参与中是最积极的；研究团队也知道，党员的受教育水平较高（党员的均值为 3.75，而非党员的均值为 2.94，"政党归属"和"受教育程度"之间的 $r = 0.29^{***}$），年纪也较大（党员的年龄均值为 71.06 而非党员的年龄均值为 70.17，"政党归属"和"年龄段"相关系数 $r = 0.09^{*}$）。这表明受教育程度越高的人，社会参与越消极。这一点在年纪更大的老年人群中也得到验证。但是，结果也表明，老党员在社区参与中表现得更为积极，因此仅仅凭"受教育程度"和"年龄段"来解释社会资本的差异是不准确的。换言之，当"政党归属"相同的情况下，"受教育程度"和"年龄段"与社会资本呈现显著的负相关关系。总之，由于缺少了"政党归属"这一变量，它们和社会资本之间的关系不显著。预测模型中，"政党归属"这一变量对其他变量存在不容忽视的影响。

尽管被访者身体状况都很好，但是随着年龄的增长，老年人在社区中的活跃度往往会下降。另外，在很多西方的研究中，"受教育程度"的影响与我国的不同，即在西方社会中学历越高的人越是积极地参与社会活动（Wilson & Simson，2006）。而本研究中，这一变量的影响正好相反。正如表 8 - 2 所示的，在社区中，"受教育程度"与"社区规范""社会资本"呈负相关关系。这和表 6 - 11 所呈现的 ANOVA 分析结果相一致，即受教育程度越高的人感知到的团结和社会凝聚力越弱，对政府和他人的信任度也越低。导致这种结果的原因之一可能和 Völker（2008）的发现相同：Völker 发现在荷兰，受教育程度越高的人越倾向于在社区外拥有更广的社会网络，这也导致了他们在本社区中的参与度低。因此，他们对社区规范的感知受到了社区参与度的影响。

数据也显示，年龄越大受教育水平越低（三个年龄段老人：低龄老人、中龄老人和高龄老人的平均受教育程度分别是 3.57、3.25 和 2.46）。不过，应该注意到年龄越大的老年人对他人的信任度也越高，感知到的社区凝聚力也越强大，这在表 6 - 10 中有所体现。

Völker 还发现教育水平和社区网络之间呈现一种负相关关系，而与信任水平呈现一种正相关关系。事实上，受教育程度越高的人越倾向于在社区外建立广泛的社会关系，从而减少了对所在社区内时间和资源的投入，这对他们在当地社区中的角色扮演、积极性和贡献都有所影响。本研究中，在对"网络"和"受教育程度"进行双变量分析时也发现了这一关系 [r（385）= 0.23，$p < 0.001$，见表 6 - 11]，但是在多元线性回归分析中没有发现（见第六章）。

另外，这一代老年群体的生活经历也是影响研究结果的潜在因子，他们都经历了中国历史上那段包括抗日战争和解放战争在内的艰苦岁月，也都体验了新中国成立的喜悦，后来又经历了三年"困难时期"、十年"文化大革命"，遭受了其他一系列苦难的洗礼。特别是在"文化大革命"期间，"受教育程度"这一变量不能很好地反映出他们真实的受教育水平，这在低龄老人中更为显著。高龄老人（年龄在 65 岁及以上）中约有一半的老人在新中国成立前接受了教育[①]，较高的学历却带给他们痛苦，"文化大革命"时期的政治运动导致

---

① 该老年人样本（把所有被访者作为一个整体）中的文盲率为 11.3%。

了他们对政治有着较高的不信任和恐惧感，结果导致那些接受过良好教育的老年人远离"社区民主参与"。

第三节　老年人生活质量的影响因素

一　作为预测变量之一的"社会资本"

生活质量是本研究的焦点之一，主要依据老年人的主观感受对此进行评估。研究结果显示，存在众多的影响生活质量的潜在因子。从双变量分析来看（见表 6 – 10 和表 6 – 11），政党归属、受教育程度、职业地位等不同因素都和生活质量显著相关。"社会资本"在所有这些变量中是最重要的因素（$r = 0.24$，$p < 0.001$）。

正如表 6 – 18 所示，在分层多元线性回归分析模型中，可以清楚地看到，社会资本是预测老年人生活质量的最主要的因素（$\beta = 0.22$，$p < 0.001$）。这回应了之前的一些通过社会模型或非严格模型（lay model）来探讨成功老年的决定性因素的研究，它们认为，"社会参与"以及其他的社会因素在高质量的老龄化过程中是具有影响的良性指标（Bowling，2006：609；De Leon，2005）。这说明，社会资本通过社区网络、信任和其他互惠关系等为社区居民提供了支持，并且与社区生活的和谐有紧密关联。

很多已有的研究探讨了对老年人生活质量有影响的因素，包括药物因素、生物医学因素、身体因素和心理因素（Higgs et al.，2003；Mutuels et al.，2001），不少后续的研究更加强调社会因素对老年人生活质量的重要影响（Bowling，2006，2008；Liu，2006），研究者们对老年人"社会融入""社会参与"和"生活质量"等方面的研究正在不断推进（Davidson et al.，2005；Walker & Hennessy，2004）。本研究极好地回应了学术界关于"社会因素对生活质量的影响"这一关注度日益提高的议题。社会资本概念及理论体系为研究生活质量带来了一种新的综合性视角，也为采取有关干预手段提供了多元视角。本研究的结论将对在实践领域和政策领域如何实现最优老龄化带来一些启发："社会资本"和"生活质量"会相互促进——那些感觉更幸福的人显示了他们在社区中发掘和巩固个人社会资本的能力（Walker & Hiller，2007）。

在分层多元线性回归分析中，社会资本能够有效调适"政党归属""家庭人均收入"对生活质量的影响。表7-1和表7-2中所示的调适模型证明，尽管"政党归属"和"家庭人均收入"与老年人的生活质量显著相关，但是关键因素仍是社会资本，拥有较多的社会资本是拥有高质量生活的秘诀。研究团队还观察到，拥有党派身份和较高收入的居民，能够享受到更好的生活，这也可能与他们在社区中的积极参与有关。而积极参与社区网络，会积累更多的社会资本，这是提升生活质量的关键所在。换言之，尽管看起来党员和那些拥有较高收入的老年人似乎拥有更高质量的生活，但实际上是他们的社会资本拥有量提高了他们的生活质量。如果党员们不参与团体活动或是不参与社区事务，他们就未必会获得较高质量的生活。

图7-4显示，社会资本对收入和生活质量之间的关系也有调适作用。研究团队认为，收入和生活质量之间的关系在不同的社会资本水平上也呈现差异。在这个模型中，拥有较多社会资本的人，收入较高和生活质量较高，而那些拥有较少社会资本的人，其收入和生活质量相关关系却不显著。这些结论证实了社会资本对生活质量有重要影响，这无疑对如何在社区工作中提高老年人的生活质量有一定的启示。

二　其他一些关于生活质量的预测变量

在关于生活质量的回归模型中"籍贯是江苏和浙江"（53.1%，$N = 413$)[①]、"家庭规模"和"社区的社会经济地位"这三个变量也值得我们注意。

（一）来自江苏和浙江的人们

"籍贯"经常是指一个人父亲的出生地或是祖父的出生地（中国社会科学院语言研究所词典编辑室，2005）。前人的研究显示，拥有相似特征的人更容易建立起社会关系（Field，2008）。中国人传统上对祖先身份和宗族文化非常重视，对那些已经从故土迁移到其他地方的人而言，故乡被认为是一个人的

---

① 来自这些省的大部分人都拥有上海户口。在进行访问时，他们当中的97.4%（$N = 219$）都在WF社区生活了超过五年的时间，88.2%的人在社区中生活了超过十年的时间。

"根"。考虑到从 20 世纪早期开始，大批人从江苏和浙江移居到上海这一因素，研究团队很自然地推想：这些来自江苏和浙江的移民内部会有强大的粘黏型社会资本。但是，这个假定在我们的研究中并没有得到证实。表 6 - 10 显示，上海本地人拥有最多的社会资本，而江苏和浙江移民的社会资本位列第二。在江苏人和浙江人中，必定存在其他未知的关键因素对他们的生活质量产生影响。

尽管研究中 2/3（65.9%）以上的被访者是早年江浙移民或是江浙人的后代，但是他们自认为是上海本地人，并且为成为上海市民而感到骄傲，基本都能讲上海话（Chen，2006）。相比来自其他地区的人群，这种"上海人身份"使他们拥有优越感。通过上海话中"外地人"的这一词语可以看出，这种根深蒂固的优越感在日常交流中经常显露出来。"外地人"这个词常指那些说普通话的人，这个称呼在上海话中不仅带有别具特色的发音，也传达了对那些被认为是乡下人的歧视。上海人认为"大上海"是比中国其他任何城市都高等的、首屈一指的世界大都市。

最有意思的归因可能与中国的户籍制度相关，这一制度把人口区分成城市居民和农村居民（Cheng & Seldon，1994；Jiang，Lu & Sato，2008）。研究团体进行调查时，全中国人口中只有 30% 的人拥有城市户口，对这些人来说，户籍制度为他们提供了福利和居住方面的特权。很多拥有上海户口的老年人有退休金，享受国家和当地政府对老年人提供的财政补贴。他们也能享受到城市发展所带来的经济繁荣、文化产品以及（对老年人特别重要的）便利的医疗服务。在所有的这些方面中国的农民都处于绝对的劣势——在农村只有很少比例的老年人有（有限的）退休金，这使得子女成为他们在年迈体弱、身患疾病或其他劣势情况下最主要或唯一的经济依靠。从这个角度来说，上海居民当然比其他地区的农村居民拥有更好的生活，虽然江浙的农村是大多数上海人曾经生活过的地方。

从 19 世纪早期开始，上海开始快速发展，和很多发达的经济中心及文化中心一样，它吸引了来自各地的大批移民。上海是第一批通商口岸，最早接触异域文化并深受其影响。随着上海与外界经济交往的增多，社会政治文化的发展，人们在不同的历史时期为了不同的目标不断地涌进上海。研究中不同年龄段的老年人，恰恰反映了上海发展的不同阶段。在本研究中，笔者并没有收集非上海籍老年人移居上海的确切年份信息，但是，历史上可查的一些大规模的移民潮，比如军阀混战、抗日战争和解放战争，这些时间段都出现了大规模的移民潮。另外，上海工业与商业的发展也吸引周边地区的农民来此谋生。他们在大街上拉黄包车，在港口做船工，在日本人的纺纱厂里做织工，在其他行业中成为非技术劳动者。当然，那一时期很多人都处于赤贫状态，每天有很多人因饥饿丧命在大街上。

新中国成立以后，20 世纪 50 年代又出现了农民涌进上海的浪潮。[①] 在毛泽东时代，工人阶级被认为是新中国的领导阶级（Chen，2006）。很多熟练工人都被送到城市的工厂，去支援那里的工业发展（Chen，2006）。在后来的三年"困难时期"（1959～1961 年）和"大跃进"时期，越来越多的人逃荒来到上海，他们想办法在上海谋生以渡过这场大饥荒。这样，周边省的居民自然而然成了移民的主力军，很多人的家人和亲戚也随之而来。他们中的大部分人在挣够了钱之后都选择在上海定居下来，其他无法在此立足的人则回到了他们的家乡（Chen，2006）。

20 世纪 90 年代早期开始的高等教育、医疗和住房的市场化改革，加剧了城乡之间、大城市和小城镇之间的收入差距（Du，2008）。很明显，从乡村迁往大城市，使早期的移民获得了重大的利益。但是，很多早期的定居者没有直接享受到这些利益。在早期，很多移民都是底层劳动者，他们在到上海的最初阶段过着艰苦的生活。为了有住处，他们自己搭建了窝棚，他们和孩子们在那里居住了几十年，有些甚至直到 2000 年城市改造时才离开（Chen，2006）。最近十年中，他们的住房条件得到了明显的改善。这种经历在我们的被访者中非常普遍。

综上所述，生活水平的提高、城市市民身份、上海的繁荣发展、作为上海人的骄傲以及因成为上海市民而获得的福利等因素，都对在上海的江苏和浙江移民的生活质量有所影响。根据老年人的"下比理论"，很多老年人认为现今的现实生活好过他们的预期（Bowling，2006；Daatland & Hansen，2007）。故本研究发现整个调查样本中，相比来自其他省的人以及上海本地人，拥有最高生

---

① 20 世纪 50 年代和 60 年代，在上海的炼钢厂、造船厂或纺纱厂工作的工人被认为是"上海工人老大哥"，特别是在大型工厂里，工人家庭中的所有成员都享受工厂提供的劳动保险（Chen，2006）。

活质量的人群是来自江苏和浙江的移民，这一点并不令人感到惊奇。另外值得一提的是，那些来自江苏和浙江之外省份的移民，也比上海本地人拥有稍高水平的社会资本，尽管他们在总体样本中只有相对较小的样本规模（$N = 44$），这印证了时下主流文化认可的上海"精英城市"的定位，能来上海立足的其他地区的人群几乎都是社会竞争中的佼佼者。

（二）家庭粘黏和代际互惠

1. 家庭结构和家庭价值观的改变

在分层多元回归模型中数据显示，"家庭规模"与生活质量呈现显著的负相关关系（$\beta = -0.14$, $p < 0.01$，见表 6 - 15）。家庭和家属关系被看作粘黏型社会资本的最直接来源（Field, 2008; Jordan, 2008），另外，分层多元回归模型也揭示了现代家庭如何紧密粘黏（family bonding），出于什么原因粘黏以及怎样粘黏。

传统上，中国人认为在几代人同堂的大家庭里生活是天伦之乐，这一传统居住模式已经受到了研究者广泛的关注（Pei & Pillai, 1999; Field, 2008），很多西方老年人对此颇为羡慕。中国人确实很重视家庭团聚，尤其是节假日的家庭聚会更为重要。家人集体外出用餐，那种快乐是显而易见的；周末节假日祖父母轻推婴儿车、父母背着背包在洒满阳光的公园里共同漫步，场面令人备感温馨。

很多人会羡慕这种令人陶醉的场景，也梦想着他们自己能够绘制出这样的图画，但是由于当下社会中年轻家庭成员的减少和家庭价值观的变化，现在的家庭并非总是执着于追求这样的幸福了。在后工业化时代和市场经济发展的影响下，现在的人们倾向于晚婚晚育，还有一些年轻的夫妻倾向于不要孩子，部分人甚至根本不结婚；另外，现在的老年人，特别是那些生活在快速变迁的城市中的老年人，更倾向于和他们的子女分开居住，或者是居住在相同的住宅区内做邻居（Leung & Wong, 2002）。这些情况反映了不同代际不断变化的价值观以及城市生活水平的普遍提高（见第二章第二节）。近期的研究表明，"三世同堂"的理想已为更加流行的"三代同邻"（Jin & Wu, 2006）的理念所替代。这种能够保持"有距离的亲密关系"的居住偏好，已经在不少的人群中得到了印证（Attias-Donfut & Renaut, 1994; Rosenmayr,

1973；Rossi & Rossi，1990）。

在上述观念影响下，"老人和孩子们一起居住"已经被赋予了新的含义。这种隔代居住的模式可能既受到家庭成员健康条件的限制，也有可能受到家庭经济条件的制约（Mehio-Sibai et al.，2009）。事实上，下面的分析证明：与较多家庭成员共同居住的老年人往往日常生活活动能力有限，或是家庭收入较低，而越是经济富裕、身体健康的老年人越积极地选择独立生活模式。

2. 在一个屋檐下生活

在同一住宅中一起生活的家庭成员数量构成"家庭规模"。研究团队预设：居住模式的多样化，对"家庭规模"会产生影响。进一步的分析显示，不同的居住模式下的老年人，其收入、日常生活活动能力、受教育程度和社会资本方面有显著差异。大多数只和子女一起居住的老人都是高龄老人，他们的生活活动能力最低，收入最低，受教育程度最低，社会资本也最少。分析结果如表8-3所示。

这些结果说明，那些高龄老人（大部分都已经丧偶或是有功能性损伤）一般都由他们的成年子女来照顾。照顾的责任和医疗费用花销，必定会影响双方的生活质量。那些单独承担照料责任的子女往往有更大的压力——有句老话说"久病床前无孝子"，恐怕说的便是这种情况。高强度护理和对照顾的长期需求是一把"双刃剑"：被照顾者和照顾者都要承受经济压力和情绪负担。这一现状对老年人的生活质量和家庭整体生活质量都会产生负面影响。

3. 支持性服务

我们常常认为，独居老人因为身体、情绪和经济需求，是需要得到特殊关注的群体。我国政府颁布了相应福利政策来满足独居老人的需求，同时针对这一群体的一系列以社区为基础的老年照料服务也逐渐得到发展（Leung，2001）。仅在上海，媒体就报道了很多关于独居老人发生意外的惨剧，敦促社会为这个特殊群体提供更多的资源和服务。社区内的志愿者和社会工作者通过定期拜访或电话联系，与他们频繁接触。还有大部分有需求的独居老人能获得社区中心提供的家庭服务和隔天护理服务。在社区关怀体系中，他们享有明显的优先权。但表8-3显示，独居老人并非需要关注和服务的唯一群体，那些和家人一起生活的老人群体和照顾他们的家人也需要支持性服务，特别是上述那些身体条件较差的老人、高龄老人和丧偶老人。

表 8-3 不同居住模式下的 ANOVA 单向分析总结

居住模式	平均收入			IADL			受教育程度			年龄			社会资本			生活质量		
	N	M	SD	N	M	SD	N	M	SD	N	M	SD	N	M	SD	N	M	SD
和配偶居住	155	1202	437	155	8.31	1.32	155	2.26	1.10	155	70.91	7.49	143	43.56	8.51	155	23.91	6.41
和子女居住	56	917	362	57	9.74	1.32	57	1.50	0.95	57	75.13	7.81	51	38.67	7.91	57	21.17	7.02
和配偶及子女居住	154	1097	553	160	8.69	2.43	160	2.27	0.98	160	67.99	6.81	150	42.74	9.75	160	22.54	6.98
和亲戚或朋友居住	10	1083	675	10	8.00	0	10	2.13	0.84	10	66.03	7.15	10	45.42	5.58	10	24.82	7.25
独居	31	1284	671	31	8.66	1.66	31	2.33	1.11	31	73.06	9.30	26	42.94	9.95	31	23.74	7.07
F ($df1$, $df2$) p	4.20 (4400) 0.002			5.69 (4408) 0			6.82 (4408) 0			12.03 (4408) 0			3.07 (4374) 0.02			2.19 (4408) 0.07		

4. 居住模式和社会资本

以上研究结果使我们思索老年人的居住模式与粘黏型社会资本间的关系。不同的居住模式必定会影响家庭内部的粘黏型社会资本，反之亦然。家庭成员常常被视为个体困难时期可依靠的粘黏型社会资本的最主要来源，这是亚洲文化尤其是中国文化中的普遍认识。传统社会里，老一辈和年轻一辈共同生活、互相照料，形成合作的经济、生活共同体，在这个共同体内老人们帮助子女照顾孩子，子女也在各方面支持和照料老年人。在一些家庭中，老年人还为孙辈甚至成年子女提供经济支持（见表6-7）。① 这说明，代际粘黏的强度和紧密程度也许是现实状况中两个具有启发性的问题。

前人的文献探索了在帮派团体或是反社会社群中，粘黏型社会资本消极的一面（Field，2008；Putnam，2002），然而此处家庭成员之间粘黏型社会资本的本质更值得我们关注。当其他复杂的条件同时发生作用时，这种粘黏型社会资本的利好本质就会受到质疑。试想如下的三代人——老年人长期身患慢性病，成年子女收入较低或者靠领取低保生活，还有需要抚养的年幼的小孩——一起生活在狭窄局促的住所中，我们很难想象这种模式的粘黏型社会资本能够为家庭成员带来多少积极影响。一般来说，现实中不幸家庭的普遍情况是，贫困的家庭中，由于父母只能提供有限的资源，他们的年轻一代也常常不太富裕（Knight & Shi，1996；Meng & Luo，2008；Palmer & Deng，2008），特别是父母在教育方面的有限投入常常使其后代面临教育资源的缺失。正如一些学者所描述的，在一个经济和生活单位中拥有有限的资源，可能降低亲属间的亲密的美感（Fung et al.，2008）。

功能退化和身体损伤有可能会阻碍老年人在网络参与、社区整合和政治参与等方面社会资本的发展。本研究中，只和子女一起居住的老年人在所有居住模式中，拥有的社会资本最少，而独居老人在所有的居住模式中收入最高，受教育水平最高。正如之前所提到的，如果人们的经济条件允许，在现代城市社会中年轻人和老年人普遍都更倾向于分开居住（Jin & Wu，2006；Leung，

① 如表6-7所示，老年人的个人收入百分比和家庭人均收入百分比随着家庭规模的变化而变化。这表明，处于某些收入水平（特别是对于那些无收入老人来说）的老年人要靠他们年轻子女的支持生活；而处于其他收入水平的老年人则依靠他们的退休金来支持他们的家庭（如那些处于"3000元以上"收入组的老人）。

2001；Rosenmayr，1973）。而老年人对个人住房的所有权也对他们的个人收入有明显贡献（Meng & Luo，2008），有时它可以带来租金收入或是其他形式的资产。另外，分开居住的模式也可以为规模较大的家庭提供更多的社会纽带，扩大社会资本的空间（Field，2008）。

（三）物质财富有多重要？

社区的社会经济地位也会对有关生活质量的回归模型有所影响。研究团队认为，这些物质财富对人们的生活质量有着积极的影响（Motel-Klingebiel，2004；Weidekamp-Maicher & Naegele，2007）。但有趣的是，如表 6 – 15 所示，"社区的社会经济地位"和老年人的主观"生活质量"却是相反的（$p < 0.05$）。而表 6 – 16 则呈现了，居住在中等社会经济地位社区中的居民，比那些居住在更低社会经济地位或更高社会经济地位的社区居民，对生活更加满意——生活质量的平均得分分别为 25.71、22.42 和 19.18，统计意义上的显著水平为 0.001。

这个结果让笔者想起社区干部讲述的故事：高档社区的社区活动参与度很低，这使得居委会干部、社区机构在组织社区活动时会有更多的阻碍。"和中等水平的社区相比，高档住宅里的'社区'由于很多原因正在逐步消失。这些居民区住户多样化的期望很难同时得到满足。他们很难被动员起来。"这是 WF 社区中一位从事老年服务工作的社区干部的描述。高档社区中人们之间愈发隔离的居住模式阻碍了人们之间的相互交往，也对人们参与社区活动起了消极作用。常见的情况是，同一楼层的两个家庭，每天都会紧闭大门，很少见到彼此；而在传统居民区，同一个楼层中有很多家庭，邻居们的联系非常紧密。很多人早上会相约一起去市场买菜，出入的时候相互打招呼，社区中的很多人都对他们的邻居很熟悉。

另外，高档社区的居民有很强的流动性，他们的生活空间也因为经常回到家乡或是出门度假而扩展。但是，很多生活在高档社区中的老年人是到上海来照看孙辈的移民[①]，他们与社区其他居民只有非常有限的交流，对社区生活的参与也很有限。

---

① 富裕社区中的平均家庭规模是 3.83 人，而整体样本家庭的平均家庭规模为 3.07 人 $[t (412) = 10.78，p < 0.001]$。

在本研究中，处于较低社会经济地位的居民最初居住在黄浦江沿岸老旧的棚户区或者老公房内（Chen，2006）。[1] 随着城市建设的飞速发展，WF 社区中的很多住宅区都被重新开发，成为陆家嘴最大的商业中心。在过去的十五年里，这些地方的居民们被重新安置在 WF 社区中的其他居委会，大多数是集体迁移到一些传统的、中等社会经济地位的社区。而其他一些居委会，都在等待城市重建计划的进一步实施，该区域内有关公共设施建设的投资也基本停止了。很多年轻人在赚够了钱之后，在其他社区买了商品房搬走了。而他们年迈的父母通常还留在这些等待重建的老房子里；另外更多的人把他们的老房子租给了外来务工人员，这基本上是这些居委会中老年人和外来务工人员占了很大比例的原因。其他留下来的不太富裕的居民，仍要为了生计奔波，他们所在社区由于等待市区重建和上述原因而显得十分混乱，出入的人也比较杂，他们对陌生人都怀有一定的戒备心理，很少信任他人。同时，居民区内较高的犯罪率和不安全感也降低了他们的生活质量。城市重建进程、补偿、拆迁办法的不确定性，由城市重建引起的家庭内部冲突以及家庭和政府间就城市重建问题进行的协商，无疑会导致居住在较贫穷社区的老年人产生不良情绪。

尽管如此，社区内居民相似的背景、长期共同生活的经历以及共用的生活设施（如公用厨房）都在一定程度上促进了居民之间的联系。居委会将社区服务和休闲娱乐活动等项目引进社区，这有助于加强该社区的社会凝聚力。仔细研究样本数据可以发现，居住在这一区域的江浙移民比例最高（比例为 63%，而在系统抽样程序的三个步骤中，位列社会经济地位第一和第二的社区中，该比例分别为 46% 和 53%）。现在他们和上海居民一样生活在社区中。他们经历了浦东的巨大变迁，正如之前已经讨论过的，这对他们的生活满意度不无影响。

总而言之，居住在不同社会经济水平社区的老年人对生活质量有不同的感受。仅仅是经济或物质资源并不必然提升生活质量——很多其他有形的和无形的因素都会影响他们对生活质量的主观想法。导致这一现象的很多原因都和社区中的社会资本紧密相关，近年来一些历史和社会转变的因素也能够对此做出

---

① 这些老公房的结构通常是几个住户或者一个楼层内的居民共同使用一个厕所和厨房。

合理的解释。这些因素结合起来对于理解社区的社会经济地位和生活质量之间的负相关关系有重要启示。

第四节　历史的影响

除了探索上述在统计学模型中呈现的社会资本特质和生活质量特征外，探索研究对象群体的特点也是很有必要的，特别是他们经历过的重要历史事件。重要的历史事件经常对人们的生活产生重大影响，也会对社会资本各层面造成影响。举例来说，"9·11"几乎击碎了全世界人的公共安全感，而一些政府丑闻（上级官员内部发生的腐败、性骚扰等）也破坏了公众对政府的信任，甚至是对社会本身的信任。在本研究中的被访老年人群体的人生经历中，发生了很多值得关注的历史事件。因为这些事件的影响而产生的一些思想意识至今仍深刻影响着当代社会，也必然对经历过这些事件的人们的思想意识、行为、心态和日常生活等很多方面产生重大影响。下面列出的事件对本研究中的被访老年人群体的个人生活产生了深远的影响。

表8－4　被访老年人群体所经历过的主要社会事件

年龄段（岁）	出生年份	1937年抗日战争时期的年龄（岁）	1949年新中国成立时期的年龄（岁）	1958年"大跃进"时期的年龄（岁）	1966年"文化大革命"开始时的年龄（岁）	1976年"文化大革命"结束时的年龄（岁）	1978年改革开放时期的年龄（岁）
60～65（35.1%）	1942～1947	—	2～7	11～16	19～24	29～34	31～36
66～75（38.7%）	1932～1941	＜5	8～17	17～26	25～34	35～44	37～46
76～92（26.2%）	1915～1931	6～22	18～34	27～43	35～51	45～61	47～63

正如表8－4所示，所有的被访者都在相当年轻的时候经历了战乱，所有的人也都见证了新中国的成立。在他们的生命中，能够成为"国家的主人"是一个巨大的事件；同时，他们在生命历程中也体验了很多其他激动人心的事件。

1949 年新中国成立后，中国从战争的混乱和骚动中逐渐复苏。为了提高国民生产力和产量，从 1958 年至 1960 年，中国开展了激进的"大跃进"运动，这其中包括为增加钢产量而进行的不切实际的大炼钢铁和为了促进工业农业快速发展而做出的不理智的计划。当地的官员为了完成中央制定的指标，不得不夸大收成，农民们被迫上缴粮食，他们的生活因此而变得穷困不堪（Friedman，1991）。同样是在这个时期，剧烈变化的自然环境毁坏了全中国超过一半的农田，事实上也影响了中国从 1959 年到 1962 年的经济发展。破坏性的农业改革，加上大饥荒以及多次政治运动，导致了国家在该时期的巨大经济损失（Mac-Farquhar，2006），上海也不例外。

与对生产力的破坏相比，对人们精神世界的毁灭更具摧毁力。解放战争之后，灾难、饥荒以及从 1966 年到 1976 年的十年"文化大革命"，把整个国家推向了另一场大灾难。在错误的指导思想下，"文化大革命"时期最中心的任务就是"阶级斗争"（Wu，2007；Yan，1996）。政治组织、教育部门、文化发展部门和其他国家部门都参与其中。这一政治运动在后期失去了控制（Liu，1998），很多受尊敬的学者专家、老干部和战争英雄，包括政府的领导人，都被定了大罪并被视为"阶级敌人"。整个混乱局面对本研究所涉及的老年群体的各方面尤其是精神世界产生了巨大的冲击，打击了高龄组的老人，刺激了低龄组的老人，也迷惑了很多其他人。长期的政治"斗争"吓坏了他们，几乎从根本上颠覆了他们的精神世界。

在"文化大革命"中，受教育程度高的人几乎都受到了严重的迫害和排挤（Yan，1996）。年轻的激进主义者结盟并相信阶级斗争；老一辈知识分子成为"造反派"，代表反革命学术阶级。学生批判他们的老师；朋友因为站到不同的政治阵营（如保守派、当权派、革命派、造反派等）而反目，瞬间成为敌人并互相批斗；子女带着革命党（红卫兵）来批斗他们父母的情况也时有发生。在那个时代，市民们不敢在公共场合讲话或是谈论政治，社会信任也被击得粉碎，全国大举宣扬所谓的"社会主义文化"，人们只能获得很有限的外部信息，在相当长的时间内他们能听到的唯一声音就是毛泽东讲话，能公开谈论的只能是《毛主席语录》（MacFarquhar，2006）。

在该研究中，属于低龄组的老人（35.1%）经历了从 1966 年到 1976 年灾难性的"文化大革命"，当时他们大多正在接受或已经完成中等教育。该时期只有极少数人能够进入大学完成大学教育。很多年轻人不是被迫放弃学业去乡村，就是被错误地当作"阶级敌人"。而文化水很低的人被认为是共产党的"好孩子"，会得到很多机会，如在城镇的工作岗位；一些在学校考试中交白卷的人也荒谬地得到了显赫的地位①（沈阳网，2014）。在那个特定的历史时期，数以百万计的现今的老年人，特别是受过较高教育水平的，都反映受到了时代的煎熬，他们的人权也被所谓的"文化大革命"漠视（Chang & Jon，2005）。由于当时的上海在全国拥有最高的教育水平（Sun，2002），在被访者中，受过较高教育的人在社区中感知到较少的社会资本，这是由于亲身经历，他们极少愿意参与政治活动。

1978 年召开的十一届三中全会改变了政府工作的中心，政府将工作从以阶级斗争为纲转变为以经济发展为中心，中国进入了"经济腾飞"的光辉时代（1978 ~ 2008 年）。学者们普遍认为这次会议是一个历史转折点，也是中国和中国共产党发展中的里程碑。三十多年的改革开放为中国各方面都带来了翻天覆地的变化，人们认识到了这一现实，用"赶上了好时候"来表达内心的情感，并在近期有关中国社会经济、文化和政治成就方面的文件中对此进行了描绘。这一事实极可能影响研究中被访老年群体对当下"较高生活质量"的感知和评价。

总而言之，研究中的所有老年人在他们的生命中都经历过灾难时期，都经历了艰辛和苦难，他们至今仍清楚地记得十年"文化大革命"的意识形态斗争。当整个社会都在"以阶级斗争为纲"时，其他的重要事情，如经济发展和教育问题，都被严重延误。特别是在"大跃进"和"文化大革命"期间，高级知识分子受到攻击，这毫无疑问影响了他们对社会凝聚力、社会团结和政治信仰的感知，这在当前研究中已经得到了印证，但人们可能意识不到这些已经根植于他们思想之中，实际上这些思想已经对他们的日常行为和价值观念产生了深远的影响。

---

① 《文革的"怪胎"：1973 年高考的"白卷先生"》，http：//news. syd. com. cn/content/2007 - 04/18/content_ 24020828. htm，最后访问日期 2014 年 8 月 2 日。

第九章
政策的启示

总的来说，社会资本对老年人的生活质量有重大影响。这一章将着重讨论和分析如何通过相关政策实现社会资本的建立、投入、开发、巩固、再分配，以及如何在社区内提高老年人的生活质量等问题。本章也会对有关社会工作实务和社区服务的开展提出详细建议。

第一节　"政策"所扮演的角色

尽管社会资本与市民社会、公民参与有着密切的联系，但是政策及其执行效果也非常重要（Chan et al.，2004；Lowndes & Pratchett，2008；Putnam et al.，2003）。制定不适当的社会政策会减少或破坏社区中现存的社会资本；而制定恰当的政策则对其有强化作用。因此，政策制定者在影响社会资本方面扮演了举足轻重的角色。举例来说，世界银行在社会资本理论体系指导下实施的有关减贫计划和公共卫生计划就证明了这一点（Grootaert & Bastelaer，2001）。

本研究表明，社会资本和老年人的福祉密切相关（见表 6 - 15、图 7 - 1、图 7 - 2 和图 7 - 3），政策有助于推动居民和社区追求生活福祉。本研究有力地证明了，当地的社区管理者和政策制定者应该学习社会资本理论并了解社会资本在个人福祉和社区发展方面所扮演的功能性角色。本研究中社区层级的管理者是街道工作人员、社区干部、居委会和其他的下属政府部门的人员，他们是为增加辖区居民的社会资本制订计划并付诸实施的一线人员。

实际上，这些计划已经在社区中得到了很好的实施。在先导性研究中，WF 社区老年人服务部门的干部告诉笔者，他们将要组织一些新的社区活动来吸引那些积极性不高的老人。比如，组织者们看到，相较于女同志，男同志对社区集体活动的积极性不高，他们要设计并组织一些更符合男同志需求的活动；他们还要为社区中的残障人士组织一些特殊的活动，以强化这一群体的社会网络。

当代中国社会正处于复杂转型的时期，除政府作为主体推动社会发展进步之外，还需要广泛建立第三部门来推波助澜。而第三部门是创造、维持和强化社会资本的重要来源（Putnam，2000；2002）。如前所述，社会资本和市民社会以及公民参与有着紧密的联系，这是一个不争的事实（Field，2008）。但由于多方面原因，非政府组织力量目前在中国仍然十分薄弱。因此，要制定恰当的政策，允许、鼓励和支持非政府组织的发展，促进社区福祉，从而有助于社会资本的增加。

一 开发、创造和巩固老年人个人社会资本

每一个个体都是社会资本的潜在拥有者和使用者。本研究中，个人层面的社会资本表现为结构性社会资本。对老年人结构性社会资本的评估显示，老年人的非正式社会资本（个人关系）与他们的正式社会资本（参与社区团体和组织）同等重要，有时前者更为重要一些。家庭关系和亲属关系仍然是老年人社会网络中最重要的关系，另外也包括朋友关系和其他类型的个人关系。

独居老人并不是拥有最少社会资本的群体（见表 6－10，"网络"），相反他们自评的生活质量相当高（见表 6－14）。原因之一是，社区为独居老人提供了很多服务，正如之前提及的，社区志愿者、护老关爱员对他们定期家访以及一些伙伴项目使他们在社区中交到知心朋友。通过这些服务，他们获得一些支持性网络，也促使他们更积极地参与到社区活动之中。不过，相对来说和子女同住的老人的社会资本是最少的，生活质量是最低的。如前章分析，导致这个结果的部分原因可能是老年人的健康状况。因此，当地需要制定相关干预政策，如为需要长期照顾老年人的家庭提供一些支持服务，缓解高强度照料任务中对照料者造成的压力，并为他们（照料者）的社区参与和私人关系的发展腾出空间，为他们提供适当的"喘息照料项目"，使其有更多的机会活跃在社区网络之中。同样，也需要给那些负有照料孙辈任务的老年人提供一些类似的服务，这样他们才可能保有一些私人空间。这种积极的政策不仅仅能够为有需要

的家庭提供高质量的服务，也能够促进这一群体融入社区，从而也可以促使他们对社区生活有所贡献。

给社区居民赋权，从而使得他们能更多地参与社区活动，不但可以彰显政府对人权的尊重，也能使政府从居民那里获得有关政策效能的反馈（Warren，2008）。长此以往，赋权循环（开发、创造、巩固社会资本）不仅能够提升老年人的福祉，也能够提高整个社区乃至社会的福祉水平。

二 对社区社会资本进行投资和强化

本研究中，社区层面的社会资本包含了社区规范和政治参与。由于各种类型的社会资本相互作用，因此，在对社区社会资本进行干预时，应对此进行全盘考虑。

首先，推动当地居民参与社区活动是政府的责任（Local Government Association［LGA］，2007）。当地的政策制定者应该从增加居民的联合型社会资本以及链接型社会资本两个方面来制定政策，从而增加居民网络参与的机会。政府和社区工作者应加倍努力，从社区既有的社会资本中催生出更多的社会资本。通过有效途径增加不同人群（包括儿童、青年、有工作的父母、老居民、新来的住户和老年人等不同群体）互相接触的机会，以孕育出新的网络，提高信任水平和社区凝聚力，从而形成一个强有力的社区，使网络成为该社区中的公共资源，并构成社区公众的安全网。不同的群体通过个性化的方式融入社区：专业人员可以交换技术和业务资源，家庭主妇彼此交流私家菜谱，学生可以在家庭作业和考试方面互相帮助，老年人之间能够探讨照料孙辈的乐趣、技巧并发展友谊……所有这些都有力地说明人们生理和心理各方面的巨大需求（Mansuri & Rao，2004）。公共服务部门，包括学校、医院、健身中心和邮局等，也应该同他们的服务对象积极互动。比如社区可以制定政策来鼓励学校培育"第三龄"学院，推动医院进行老年友好型医疗外展服务，引导健身中心为老年人提供适宜他们的健身计划。这些措施可以有效地增加各个群体之间的联系。

其次，集体政治参与能有效促进社区民主的发展。但是，这类活动并不能以一种可预测的方式推动民主和有效治理（Halpern，2005）。尽管一些形式的政治参与，如居委会选举，已经在上海的社区中得到了广泛推广，但是社区内的民主参与活动需要得到更多的鼓励和支持。通过可预期的政策来推动基层民主政治的建设，有力地推动草根力量的发展。

在先导性研究阶段，笔者发现尽管 WF 社区已经在社区发展方面相当完善，但并没有为居民参与社区活动、发表自己的观点提供一套系统化、制度化的途径。尽管街道干部和社区居委会尽力了解他们的需求，但是对于那些有需求的人来说，渠道并不充足。尤其是涉及政治话语时，双方交流受到很大限制，民众很少公开表达有关政府的极端负面的观点。

日渐繁荣的互联网产业和相关的信息技术发展为社会参与和居民间非正式交往提供了新途径，也为社会参与创造了新的类型（Field，2008），其中包括政治参与。随着网络交流在老年人群体之间的发展，政策制定者可以培育一种新型的网络政治文化，这是在网络社区中对社会资本进行的一种投资。实际上，一些互不认识的邻居，包括老年人在内，通过社区论坛建立起了虚拟网络，加深了信任（Czaja & Lee，2001；Lam，2005）。

三　平衡和重塑社会资本

本研究揭示了社会资本在不同老年群体和老年社区中分布得不平衡这一特点。社区中粘黏型、联合型、链接型、传统型以及新创造的社会资本，发展得都很不均衡。平衡利益和资源以重塑社会资本的策略和技巧，也许和打破城市与乡村、男性与女性以及不同种族之间不平等的参与和发展的目标同等重要。

正如之前所讨论的，就社会资本而言，党员因拥有更多的机会来获得社会资本，所以是最有优势的群体，社区的政策制定者可以就此采取措施对社会资本进行适度的平衡，将非党员居民纳入社区建设的进程之中。让残疾人、穷困者和弱势群体可以获得社区服务并平等地参与社区生活，这有助于在社区范围内为他们提供功能性网络。

不同社会经济发展水平的社区之间也存在社会资本发展不平衡的问题，这对政策制定者来说，或许是一项更大的挑战。一些社区拥有丰富的传统型社会资本，另一些则存在创造新型社会资本的潜力。对于那些富裕的社区来说，我们要通过有效的策略来提升居民的社区归属感，鼓励他们对社区投入更多的时间和资源；对那些比较穷困的社区来说，我们要为有需求的群体提供有效的帮助，在社区内建立更为完善的基础设施；对于那些处于中等水平的社区，政策制定者要在关注维持社区内既有的丰富的社会资本的基础上，组织富裕居民和贫困居民进行更多的良性互动。

此处要特别提出的是，由于各种各样的原因，经济欠发达的社区，与富裕社区相比，拥有更为丰富的社会资本。但是，城市重建计划导致的居民住所的变迁可能会降低他们的社会资本水平（Lai & Siu，2002）。一方面，剧烈的社会变迁可能会耗尽那些被留在社区中的老年人的社会资本，如城市重建计划可能会将彼此支持的老年伙伴分开，而他们生活环境的巨大变化也会限制他们在陌生环境中活动。另一方面，新搬入的租户对传统社会资本有较大的需求。政策制定者应该帮助这些老年人和新来的住户增加社会资本。特别是在城市重建区域对社会资本的投入不能停滞，比如，鼓励老年人和新移民加强相互交往，这有助于增加他们的社会资本并促进社区和谐；对老年人和新移民开展因特网培训能帮助他们跟上时代的步伐，使他们学会使用现代化的交流手段。总而言之，政策制定者可以在很多领域平衡和重塑社区内的社会资本。在这些社区的潜在问题爆发之前，应该设计并实施一系列支持性政策进行预防。

本研究指出了社会资本发展得不平衡问题，呼吁对社会资本进行重塑和平衡。所有维度的社会资本（网络、社区规范和政治参与）都应该得到进一步的增加，不过从各项社会资本的均值情况来看，"政治参与"这一维度最为薄弱，因此，"政治参与"在社会资本的重塑和平衡过程中应占有最重要的位置。毫无疑问，政府可以通过促进网络建设、增强社会信任和社区凝聚力来增加社会资本，而通过鼓励民众进行政治参与、给予其更多的政治赋权这一方式，也许对增加社会资本更具潜在效力。

第二节　长期目标及多方合作

仅通过单一计划当然不能使社会资本得到迅速增加，培育、积累和维持社会资本是一个长期工程。研究表明，一个人要从中年就开始提高他的社会网络和人际关系的质量（Ng，2008）。换言之，人们从年轻时就要培养社会资本。当前市场经济导致的劳动力的频繁流动不利于社区中社会资本的积累。年轻人为了工作，频繁地在城市与农村之间、城市与城市之间，甚至在国与国之间流动。现在，大多数的外出务工人员只有在过年过节回老家时才能见到旧时伙伴，并且他们之间最初的信任度也在不断减弱。目前全球性的经济衰退使部分外出务工人员开始从城市向家乡回流，这样，他们就要面对回到家乡后重新生活的挑战。

频繁的城市重建经常会破坏老社区内旧有的社会资本网络（Lai & Siu，2002）。居民搬迁之后由于聚会和交流的成本增加（比如交通费、聚餐费），一个被分散拆迁的原社区中的居民几乎不能维持他们之前的友人关系，这些对隐含的社会资本的破坏最终会限制公众交流并增加人们互动的成本，独居的人几乎不能从"陌生邻居"那里获得照顾和帮助。尽管居民们能够从城市重建计划中获得一些经济补偿，但是他们的生活质量还是会因前述多种因素受到负面的影响。①

这些纷繁复杂的情况表明，我们需要一个长远战略来增加良性社会资本。这些良性社会资本的建立，比如交流、信任以及凝聚力，需要一段相当长的时期。年轻的流动人口，特别是在那些无地理边界的社区中的人——如工友、同事、专业圈子——学会如何建立和积累社会资本，对他们来说大有神益。至少，应该从年轻的时候，就培养一种积累社会资本的意识。拥有这些资本的人能在晚年更好地生活。考虑到社会资本和公众利益，政府部门在城市重建计划阶段就要格外谨慎。在某种程度上，在城市重建时，如果能进行整体搬迁从而保留原有的社会资本链条，也是有益的。

为实现长期目标，各部门之间应该共同努力。政府之前已经为此做出了很多计划，人们也期待看到政府和民间力量在市政管理方式上的合作创新，比如将社区的基础服务权力下放到社区，可以提高基层民众对政策的响应水平，激发共同行动和培育伙伴关系。新加坡的"人民联盟"就是一个极好的例子，它提出"为社区联合和志愿工作而连接市民""促进人与人、人与政府之间的紧密联系"，从而形成一个团结、有凝聚力的新加坡（The People's Association，2006）。

---

① "在社区中的居住时间"和生活质量与社会资本的很多维度都有关联，这在表 6 – 10、表 6 – 11 中都有所呈现，根据被留在城市重建区域的居民，特别是老年居民的访谈和报告，是可以推断出这一点的。如果可能的话，对那些新搬入家庭进行深入的调查可以提供更有力的证明。

　　长期以来，生活在上海的不同民族或有不同宗教信仰的人们之间的社会关系都十分和谐。社会骚乱、暴力的抗议行动，在过去三十年间都十分罕见。虽然如此，随着时代变迁社区生活更为复杂，社区团体有更为多样化，甚至完全相反的利益诉求。如何能让社区的利益相关者团结起来形成合力，是政府面临的一个挑战。不同部门之间形成良性互动是一个必然趋势，政府部门、政治家、社区政党组织（包括各政党分部、社区青年联盟、妇女联合会和工会）、宗教团体和非政府组织这些团体，都可以通过彼此间的合作和互动为社会资本的发展带来丰富的资源，新型的三重跨部门伙伴关系应得到积极构建。

　　举例来说，2008 年夏季发生汶川地震时，不同的个人和组织自发组织起来，对灾区进行了现场救援和多种形式的救助（Chen，2009），不同部门、团体之间的合作，特别是这些行动中的志愿力量为有效沟通提供了渠道。因此我们可以期待，长此以往，这些自发的公民对话和志愿行动会为全民带来一个公正、强大且健康的社会。总之，一个富含社会合作的社会对增加社会资本来说是利好的，而越强大的社会资本水平越有助于维持集体的公众力量。

第三节　作为构建社会资本的老年人

　　本研究以社会资本为框架对老年人进行了研究，这为老年服务从业者，包括社区服务设计者和社会工作者，在社区中开展服务实践提供了一个崭新的视角。研究表明，老年人容易和社会疏离并且对自己持有更多的负面观念（Mak，2008）。本研究以社会资本理论为框架，对老龄化议题进行了创新性研究，从而发现老年人拥有保持和获得社会资本的潜力。他们足够健康并接受过良好的教育，假以恰当、有效的激发和动员方式，他们便是可以被发掘的宝贵资源。很多受过良好教育的老年人组织了志愿性团体，投入到对社会的持续贡献中，由于他们的努力，这些公民组织才能在教育界、文化交流界甚至科学技术领域获得如此高的声望。另外，在很多灾难性事件中，例如在 2004 年东南亚海啸、2006 年马来西亚洪灾以及 2008 年中国汶川地震中，各地老年人也都纷纷慷慨解囊，贡献自己的力量甚至捐出终身积蓄。

本研究中，老年人的社会资本均值为 42.59，明显高于社会资本理论的中间值 $[t(379) = 3.41, p < 0.001]$。但是，在全部的 413 人样本之中，只有 173 名老人在调查中报告参加了某一组织，这表明，老年人的社区参与存在进一步提升的潜力。老年群体数量巨大，他们微小的努力都能够产生巨大的影响。这一影响可能产生一种积极向上的文化，并将为年轻一代所承继，这就是我们理想的未来社会的形态。社区工作人员要抓住这个机遇并在社区中发展适当的项目，努力增强老年人所追求的社会福祉力量。

本研究中的老年人是一个多样化的群体，它们需要不同的服务策略。"一刀切"的服务模式已经不适合目前的老年人群体了（LGA，2007）。这为包括政府机构和社区组织在内的服务提供者带来了挑战。我们需要发展有针对性的、个别化的服务计划，如为残疾的老年人提供新技术培训，为他们赋权，使他们能够积极地参与社区活动，从而提高他们的生活质量；另外，对诸如长期照顾的给予者和接收者、老居民和新居民、富人和穷人等不同群体的特殊需要也要分别考虑。因此，在一个老龄化社会中，为不同类型的老年群体制定有区别、有特色、具体的服务计划，对于他们发动自身的资源，增强个人、社区多层面的社会资本是有重要意义的。

对每个服务计划进行评估和监控对于维护和进一步发展服务来说是十分必要的。本研究发现，对社会资本的负面效应保持适当的监控和警惕。首先，服务提供者需要对老年人有正确的认识并理解社会资本的本质，否则他们将不可能提供有效的干预。其次，要认识到社会资本并非完美无缺，在工作中要注意社会资本的负面效应，致力于减少它的负面影响。社会资本由于其本质特征，有可能会造成社会排斥，不同水平的社会亲疏关系可能会导致不平等现象。如在一些以团体为基础的项目中，应该要避免老年人的不当参与、不平等现象以及缄默的组员或是过度紧密的次级关系。

对于服务接受者和从业人员来说，在服务计划实施的前后须进行前测和后测。预期的关系能继续维持还是在撤出投入资源后会逐渐衰落？前测、后测的比较能系统地推动服务的发展，并且有助于最终建立一个覆盖所有人的、稳定的、高质量的安全网。

总而言之，政策制定者以及社区的服务从业人员应当发现并调动社区内老年群体的潜在社会资本；要创造性地发展多样化的服务方案来平衡社会资本，使它成为不同群体可期待的平等福利；在社区中，特别是在高流动性的社区，应当充分利用传统型社会资本，并对创新型社会资本持开放态度。积极开发社会资本，并将社会资本的积极方面进行整合，这将会使社区成为一个更适合老年人居住的地方。这是一个长远的目标，而实现这一目标需要各方共同努力。不同部门的联系越是紧密，就越可能抑制社会资本负面效应的发挥（Warren，2008）。同时，一个积极的社区共同体也会推动政策制定，并促进政府和各界密切联系。

第十章

总结与讨论

第一节　研究的贡献与局限

社会资本的理论体系被认为是成功老年理论中一个令人期待的、综合性的理论体系。本研究在社会资本和老龄化两个领域都做出了理论上的贡献，填补了中国有关当代城市社区内老年人群体个人社会资本评估的研究空白。虽然学术界已有许多对社区老年人的研究，但是只有少数研究聚焦于老年人的社会资本及其与老年人生活质量的关系。老年人的个人社会资本和他们所感知的社区社会资本是解析老年人生活质量的一个新角度。前文中呈现的大量有关老年群体间社会资本循环过程的经验证据，更新了社会资本理论大厦中的"投资—回报"以及"进入—再生产"循环理论（Castiglione et al.，2008；Lin，1999；Putnam，2000）。有关社会资本的定量测量能使我们理解在中国环境中的社会资本的特征，并将有助于发展后续相似的研究。另外，经过经验研究，研究团队对社会资本中文整合问卷进行了一些修订和调整，本研究参照世界银行发展的编码技术对社会资本进行测量，这项工作极具参考价值。

在社区工作实践和政策制定方面，在社区层面实现积极老龄化已经成为并将继续成为中国社会的焦点。可以用本研究中发现的社会资本的特性和功能等理论来建立一个有关中国城市老年人社区参与的实用模型，为政策制定者提供建议，这将对政府近来推行的建立"和谐社会"、实现"中国梦"的目标有所帮助。

本研究探索和发现了老年人的社会资本及其与生活质量的关系，这有助于深入理解老年人在促进社区内社会资本发展中所扮演的角色，今后还需要后续的深度访谈或其他跟进研究。更深入地理解老年人的生活经历、关键事件、日常活动和家庭资源可以使我们获得更翔实的资料。同时，对于身处巨变中的中国社会进行纵向的社区研究将有助于我们识别社会资本随着时代的变迁而发生的变化。

首先，鉴于社会资本本身的复杂性，采取调查、深入采访和档案研究法等混合研究方法有助于更为科学地理解特定的社会中社会资本的特质及其影响因素。

其次，在研究中一些老年人由于健康状况无法参与访谈。健康是老年生活阶段一个至关重要的影响因素。在本次研究中用到的唯一相关指标是 IADL，这是用来评估老年人的工具性日常生活活动能力的量表。如果能对被研究者的健康状况（包括慢性疾病在内）做更全面的了解，将能进行更系统、深入的研究。

最后，本研究关注的仅仅是上海的一部分老年人群体，访谈样本也仅仅代表了 WF 社区。调查结果可能不能代表上海的其他群体，也不能代表中国其他的城市，尤其是那些偏远的农村社区。

未来应该在上海的不同地区和中国的不同城市展开更多的研究，以达到比较研究的目的。应当使用上述包括定量和定性等多角度的、创新的、更为缜密的研究方法，或者作为本研究的一项后续研究，使用定性研究的方法来证实本研究中通过数据分析得出的结果，这也是非常有意义的；还有必要在其他地区使用 CSC - IQ 测量工具进行复制性研究，以进一步促进该测量工具的本土化。要注意的是，本研究中修改大样本调查问卷时被剔除的一些项目，例如犯罪与安全，应该根据调查地区的犯罪与安全的客观状况在问卷中适当予以保留或处理。此外，鉴于家庭网络是老年人最重要的资源，对于老年人家庭成员的个人资源、他们对于家庭的责任、联系的紧密程度等做深入的考察将会对我们关于老年人社会资本和生活质量的理解产生重要影响，对研究中与老年人同住的成年子女做跟进采访一定会对社会资本和生活质量之间关系做出更为清晰的诠释。

如果将此研究延展至中年群体、青少年群体等其他群体，可能会在社会资本和生活质量的关系方面发现与老年人群体不同的特点。同时，虽然粘黏型、联合型和链接型这三种形式的社会资本之间的界限并不十分清晰，但是对这三种社会资本特性进行更为细致的探索也有积极意义，这些深入的研究可以使不同形式社会资本与生活质量之间的关系更为清晰。此外，除了本研究已经涉及的，社会资本可能的负面效应有待得到更全面的解读。

第二节　研究的总结与讨论

本研究旨在探求在现代社会中，人们在越来越长寿的同时，如何享有高质量的生活。研究的直接目的有两个。其一是分析上海城市社区中老年人的社会资本的现状和特性，并探索它们如何影响老年人的生活质量。其二是应用 CSC－IQ 这一社会资本的测量工具，测试其在中国语境中的效用。

本研究希望通过使用定量的研究方法对当代中国城市老年人的社会资本进行研究，从而填补国内此类研究的空白，构建中国语境下的社会资本理论；也希望为相关政策制定者提供建议，并为那些推动积极老龄化的社会服务人员提供参考。图 10－1 直观、综合地呈现了研究的主要成果。

这些定量的指标数据简明地回应了研究问题：社会资本的构成，其不同因素间的关系，社会资本的特性以及社会资本对生活质量的影响。研究团队也对 CSC－IQ 组成成分进行细致的解析并对其内部关联进行具体的分析，展示了其相关属性，影响老年人生活质量的其他因素也得到了进一步的探索和分析。这些发现回应了第四章所述的概念性架构，三组研究图示（RQI & HI，RQII & HII，RQIII & HIII）分别呈现了三组研究假设的验证结果，回答了研究问题（见图 10－1）。

研究团队着重对社会资本聚焦，因此本研究具有理论意义、实践意义和政策意义，也为进一步研究提供了详细建议。具体来说，首先，本研究证实了社会资本理论中的"投资—回报"模式。在解释生活质量的回归模型的所有指标中，社会资本对老年人生活质量的变化具有最重要的解释力。那些更多参与到社区之中的老年人能够感知到更多的社区社会资本，这也从侧面表明社会资本对生活质量的促进作用。研究中对结构性社会资本和认知性社会资本、正式社会资本和非正式社会资本、信任和政治参与之间关系的探索以及对社会资本的某些批判，丰富了社会资本理论的内涵。在本研究中，被访人群的政党归属、受教育程度、职业地位、年龄和工具性日常生活活动能力都和社会资

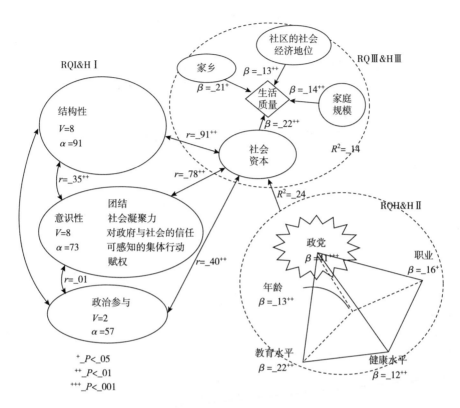

图 10 - 1　主要发现的集合

注："V = n"代表变量的数量。

本显著相关。其次，被访老年人的社会资本、居住区域、家庭规模和居住社区的社会经济地位都是对生活质量产生影响的因素，研究团队对每一个相关因素都做出了社会的、历史的或文化方面的评价。基于社会资本在生活质量模型中扮演的理论性、基础性角色及其自身累积循环的规律，本研究为"成功老年"理论提供了强有力的支持。老年人社区参与的重要性得到了进一步证实，而这也使研究在实践层面和政策层面具有意义。政策制定者、社区规划者和社会服务机构实践者应当充分理解社会资本的内涵，并通过对其理论体系的实践运用为老年人赋权。最后，通过本研究的应用，社会资本中文整合问卷（CSC - IQ）得到了改进，并成为一个系统且客观的实用工具，可以用于未来相似问题的深度研究。

总而言之，本研究基于对社会资本功用价值的探索，对老年人如何获取较高质量的生活具有重要启示，这是本研究最大的特色。在中国老龄化社会的背景下，我们清楚地认识到"增加社会资本"是一项值得推行的政策，也是提升老年人生活质量的有效尝试。这支持了已有文献的观点，即老年人不仅关注健康，更专注于让老年生活更加充实。更近一步来说，这种积极的参与对老年人个人和整个社会来说都是十分重要的。同时，研究不仅确认了社会资本理论的正面功用，同时也证明了社会资本理论是一个可能提升老年人与整体社会福祉水平的有效解释因素。

第十一章

研究的拓展

如前文所述，社会资本与很多概念相关。在前述研究的基础上，本研究发现了老年人群体的很多其他重要研究议题，比如社会资本等相关因素对老年人生活质量的影响。同时，随着世界老龄化浪潮的来袭，第一代第二代旅居海外的华人群体也正在享受他们的银色时光，而在异国他乡的他们，是否积累了丰厚的社会资本，具有完备的社会角色，并享受其带来的便利呢？对此研究团队分别进行了实证研究和文献研究，希望回答以上两方面问题。本章将把相关研究的过程和结论呈现给读者。

第一节　社会排斥与老年残障

人们可能在一生中的任一阶段出现行动困难或残疾。随着年龄的增长，人体的一些功能退化，生活可能随时出现不便。研究选取上海和香港的两个社区，通过问卷调查，了解并比较了两地老年残障人士经历的社会边缘化过程和他们的主观感受。结果显示，老年残障人士的社会边缘化经历和其他老年人群体有明显差异，沪港两地老年残障人士在社会生活中亦有不同境遇。研究提出营造全民社会的重要性，并对如何为老年残障人士创造融合的社会环境提出了相关政策和服务方面的建议。

一　背景概述

随着年龄的增长，人们常因机体老化而出现各种功能衰退的情况（Ver-brugge，1984），进而产生生理或精神上的某些功能障碍（陈喜强，2004；马洪路，2002）。西方研究显示，老年残障人士在日常生活、享用社区资源、社交、保持社会角色等方面受到较多限制，从而较易感受到社会不平等，有较高的被社会边缘化的风险（Abbott & Sapsford，2005）。相较于健全人，残障人士呈现较低的雇用率、较高的失业率及较低的社会期望等特点。澳大利亚一项调查显示，87%的残障人士曾在入学、应聘等重要活动中遇到各种阻碍和限制，这从多方面影响了他们的生活质量（Australian Bureau of Statistics，2003）。因此，残障人士是易被社会边缘化的弱势群体（Priestley，1998；Rickey，1995），亟待社会关注。

上海和香港都是亚洲大都市，上海是中国的金融、商业和工业中心，在全国拥有最高比例的老龄人口。近年来上海的福利事业获得了长足发展，吸引了大量学者的关注。香港特别行政区政府及民间机构针对弱势群体发展了很多社会服务，较内地而言有着更进步的社会福利体系（Leung，2003）。在这两个城市进行老年残障人士的比较研究，对其他地区的类似研究具有较高的参考价值和借鉴意义。

二　研究问题及主要概念

西方许多关于社会边缘化或社会排斥理论的研究中，都将老年人，特别是老年残障人士作为弱势或边缘（marginalize）群体（Abbott & Sapsford，2005）。他们因为享有的社会资源不足，在经济、社交上处于不利地位，从而容易产生无助感，这影响其生活质量和身心健康（Room & Britton，2006）。那么我国老年残障人士真实的生活状态怎样？他们能否平等、便利地享有社会资源？他们是否面临着其他人无法想象和理解的各种困难？本研究从探究老年人特别是老年残障人士所处的边缘化社会地位入手，研究社会边缘化对其生活质量的影响，以期提出相应的政策和服务建议。

1. 社会边缘化理论

社会边缘化，也叫作社会排斥（social exclusion），这个术语最早出现在20世纪70年代的法国，用来描述那些未被纳入官方收入保障体系的失业人员（Pierson，2002），后来衍生到社会生活的诸多方面，其含义中融合了社会包容（social inclusion）、社会劣势（social disadvantage）、社会资本（social capital）等，成为近年来社会研究中的流行概念（Allen et al.，2003；Wilson，2006）。从根本上讲，社会边缘化表达了一种社会作用，即被所居住社区边缘化，人们缺少政治参与，无法获得基本的社区服务，没有平等的受教育机会，无经济保障以及没有基本的居住条件等（Burchardt et al.，2002；Levitas，1996）。作为一个多维理论，它从不同角度，尤其是不充分的社会参与及缺乏社会资源方面，揭示了社会的缺陷与不足（Room，1999）。

社会边缘化理论亦描述某些群体在社会中由于民族、种族、年龄或性别等各种原因而被分化（Allen et al.，2003；Cleaver，2007；Gilroy & Speak，2003）。老年人、女性、有色人种、残障人士、受教育水平较低和低收入的人士等更易被社会边缘化（Poggi，2003），陷入缺乏社会资源（Berghman，1995；Madanipour，2003）、政治资源（Pierson，2002；Room，1995）和经济资源（Madanipour，2003）的困境。

本研究着重从社会资源的视角来解读老年人边缘化，测量指标具体包含社交和社会参与方面的边缘化、社会活动的边缘化、社区资源的边缘化、社会服务的边缘化以及经济保障边缘化五个方面。这些边缘化状况多与社会文化和社会制度紧密相关，并互相影响。

2. 生活质量

生活质量既可以描述宏观上经济发展和人们生活的社会环境，也可以表述某个人或群体的生活方式。和其他抽象的社会学术语一样，生活质量很难度量，也未有统一的确切定义及标准（Ranzijn & Luszcz，2000）。近年来，基于生理、心理方面因素而衍生的测量生活质量的工具得到了广泛应用，其指标包括生理健康、心理健康和行为能力（Orley，1995；Ranzijn & Luszcz，2000）、客观生活条件、主观心理和生理健康（Kahneman et al.，1999），以及居住环境的地域特征、社会关系和社会支持（Wu & Yao，2006）等。

在诸多生活质量的量表中，生活满意度量表（SWLS）（Diener et al.，1985）用于评定对生活的满意程度，在个人和社区研究中被广泛使用。研究人员通过人们对自己的生活环境与自己期望的标准相比较，形成一套通用的对生活满意度的评估标准（Pavot et al.，1991）。鉴于生活满意度量表精简有效，本研究采用它来衡量人们对自身生活质量的主观感受。

3. 残障的含义及分类

残障（disability），又叫作身心障碍（Gilson & Depoy，2002），几乎会发生于每个人的生活中（Fujiura and Rutkowski - Kimitta，2001）。世界卫生组织1980 年发行的"关于弱势群体、残障人士和残疾人士的国际分类标准（ICF，International Classification of Functioning）"将残障界定为损伤（impairment）、障碍（disability）和残疾（handicap）三个层面（Kearney and Pryor，2004）。同时，国际社会又相应地把身体上的限制、能动性的限制和参与性的限制作为广义上划分残疾的三个方面，该分类标准还把生理和社会环境因素均界定为能影响残疾状况的因素。

社会模式（social model）中则将残障认定为：在一定条件下，个体依凭自身能力所不能完成的日常行为，如人们在自我照顾、社会交际等基本活动中受到的各种程度的限制。因此，残障的发生在一定程度上也取决于社会环境（李宗华，2003），这些关于社会因素的研究，对于为残障人士提供相关服务有非常重要的作用（郭伟和，2004）。随着人口老龄化，老年人发生残障的概率增大，老年人中残障人士的比例相对较高。在多种测量工具中，工具性日常生活活动能力量表（IADL）常被用于评估老年人在认知和生理上的日常功能（Edwards et al.，2005；Jiang et al.，2004；Murtagh & Hubert，2004），包括使用电话、购物、准备一日三餐、做家务、使用交通工具、使用药物及打理钱财等（Australian Bureau of Statistics，2003），分数越低代表障碍越大，独立生活能力越低（Murtagh & Hubert，2004）。因其简单明了，本研究中用它来评量老年人独立生活的基本能力和障碍状况（Lawrence & Jette，1996）。

三 研究方法

根据前述研究问题，本研究欲探索香港、上海老年残障人士所受社会排斥对其生活质量的影响及差异，并据此提出相应的社会服务及政策建议。基于国内外的研究成果，本研究将残障定义为：具有功能或生理性缺陷，以及患有障碍性的慢性疾病（Landsman，2005）。采用 IADL 来衡量障碍程度；测量社会边缘化的指标则包含社会网络、公民活动、公共资源、基础服务和经济资源等；采用生活满意度量表（SWLS）评估生活质量，并对被访者的人口学因素如性别、受教育程度、年龄、婚姻状况、社区状况、家庭结构和职业等进行比较，以探讨不同特征群体受社会边缘化影响的程度，及其对生活质量的影响。据此，本研究架构如图 11 - 1 所示。

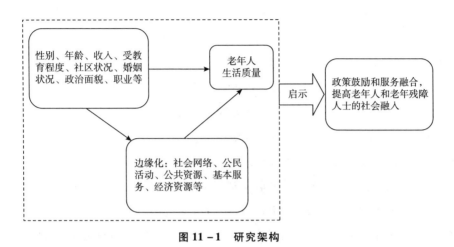

图 11 - 1　研究架构

根据研究架构，本研究提出如下研究假设。

假设 1：老年残障人士和社区其他老年人在社会边缘化的感受程度上有显著区别。

假设 2：社会边缘化感受越强的老年人生活质量越低。

假设 3：沪港两地老年残障人士对社会边缘化的感受存在差异。

本研究主要采用定量的研究方法。首先，为使调查的社区具有代表性，研究人员对社区的基本情况做了筛选。选择的标准：社区有适当比例的老年人，拥有一定比例的新老住户；住户呈现不同层次的教育和收入水平；社区房屋兼具老公房和新的商业住房等模式。经比较，上海 GHXL 社区和香港的 WTS 社区被确定为较理想的代表性社区（Hong Kong Population By-census Office，2008）。其次，根据两地的具体情况，通过问卷调查，对上海社区采用分层抽样，对香港社区进行多步随机抽样，检验社区中老年人感受到的社会边缘化情况及其与生活质量的关系。

上海的调查历时两个月，香港的调查历时四个月，研究团体根据两地差异对问卷进行了语言习惯及词汇的本土化修订。上海 GHXL 社区和香港 WTS 社区分别有 460 名和 250 名 60 岁及以上老年人接受了问卷调查。其中，上海社区采集有效问卷 451 份，香港社区采集有效问卷 189 份。

四 结果分析

1. 上海被访者

两地调查同步进行，上海被访者年龄在 60～91 岁，平均年龄为 70.3 岁，其中女性被访者（54.7%）略多于男性被访者（45.3%）。被访者在社区中的居住时间为 11 个月到 57 年不等，87.5% 的被访者已经在社区中生活超过 10 年（含 10 年）。约有 65.5% 的被访者原籍不在上海，其中 53.7% 的居民原籍是与上海邻近的江苏省和浙江省，仅有 1/3 左右（34.5%）的被访者原籍是上海。与配偶、孩子一起居住的占 39.7%，只与配偶居住的占 37.5%，只同孩子居住的占 13.7%，有 7% 的被访者独居。被访者中有 17.3% 的人丧偶，其中女性（12.4%）的比例高于男性（5%）。被访者接受过小学教育的占 25.5%，接受过初中教育的占 30.2%，接受过高中教育的占 18.7%，接受过高等教育的占 13.9%，有 11.7% 的被访者没有接受过任何教育。

约 1/4（24%）的被访者是共产党员和其他党派人士。27% 的被访者曾从事技师、会计、老师、医生等工作，44.3% 的被访者曾做过船员、制造业工人等，有 1.6% 的被访者仍在从事全职或兼职工作。近 2/3（65.1%）的被访者月收入在 2000～2999 元，4.7% 的个人月收入低于 1280 元。而月收入在 3000～4999 元的被访者占 6.1%，另有少数（1.4%）被访者月收入在 5000 元以上（见表 11-1）。

表 11-1 上海被访者个人收入和家庭人均收入

单位：元/月

	个人收入（%）	家庭人均收入（%）
无收入	0.5	—
<1280	4.2	13.2
1280～1999	22.7	18.4
2000～2999	65.1	58.7
3000～4999	6.1	6.7
5000 以上	1.4	3.0

2. 香港被访者

香港被访者年龄在 60~90 岁，平均年龄为 72 岁，女性（56.1%）多于男性（43.9%）。有 78.6% 的被访者已经在社区中生活超过 10 年（包括 10 年），居住时间从 1 年到 71 年不等。大部分居民（92.6%）的原籍是紧邻香港的广东省，少数被访者原籍为香港。新中国成立前后和三年困难时期内地人移民到香港。与上海的情况差别很大的是，只有 2% 的被访者有某一政党的党员身份。

年长的被访者中独居的比例高于相对年轻的受访者，女性（41.7%）独居的比例高于男性（20.7%）。与配偶和孩子一同居住的有 22.2%，只与配偶居住的占 29.2%，只与孩子居住的有 14.6%，独居者为 29.7%，剩下的 4.3% 的被访者同亲戚和朋友居住，这些亲戚和朋友大多是其照顾者或监护人，有 13% 的被访者从未结婚，女性（5.8%）未婚的比例低于男性（22%）。

约有六成（59.4%）的被访者没有接受过任何教育，约三成（31.1%）的被访者具有小学教育水平，其他的分别接受过初中（5.6%）或高中（4.5%）教育。有 6.5% 的被访者从未工作过，4.2% 的被访者从事过技师、会计、教师和医生等工作，56.1% 的被访者曾从事清洁工和保姆等工作，有约 14.3% 的被访者无任何收入，将近一半的被访者（49.7%）月收入小于 3000 港元，22.6% 的被访者月收入在 3000~4999 港元；10.5% 的被访者月收入在 5000~9999 港元；月收入在 10000~19999 港元的被访者占 2.9%。同样，根据家庭收入和家庭规模，表 11-2 列示了被访者个人收入和家庭人均收入。

表 11-3 对上海和香港两地被访者的基本情况进行了总结。

表 11-2　香港被访者个人收入和家庭人均收入

单位：港元/月

	个人收入（%）	家庭人均收入（%）
无收入	14.3	2.2
<3000	49.7	54.7
3000~4999	22.6	17.7
5000~9999	10.5	19.8
10000~19999	2.9	5.6
20000 以上	—	—

表 11 - 3　上海和香港两地被访者基本情况总结

项目	年龄（周岁）	性别（%）	婚姻状况（%）	居住状况（%）	党派（%）	收入（%）	收入（%）
上海	60~91 (M=70.3)	男 45.3	已婚 96.2	与配偶、子女同住 39.7	党派人士 24	无收入 0.5	中高等收入 71.2
		女 54.7	丧偶 17.3	独居 7		低收入 26.9	高收入 1.4
香港	60~90 (M=72)	男 43.9	已婚 87	与配偶、子女同住 22.2	党派人士 2	无收入 14.3	中高等收入 33.1
		女 56.1	丧偶 32.4	独居 29.7		低收入 49.7	高收入 2.9

3. 身体障碍和其他残障

上海被访者中有 23.4% 的人在日常生活中因残障需要各种协助，其中 11.6% 的被访者享受国家残障津贴。[①] 同样，有 34.8% 的香港被访者存在不同程度的残障，其中有 11.1% 的被访者在行动和交流上有困难。关于被访者在日常活动中表示"需要帮助或完全不能自理"的情况总结如表 11 - 4 所示。

表 11 - 4　工具性日常生活活动能力状况

项　　目	需要帮助比例（%）	
	上海	香港
接听/打电话	13.5	10.5
购物	9.2	6.4
做家务	8.7	14.4
煮饭	7.6	18.7
洗衣服	10	10.7
外出	9.2	8.6
管理开支	3.8	1.6
服用药物	5.6	8.6
总体需要帮助人口百分比	23.4	34.8

---

① 这部分人持有残疾人证。

164

4. 残障程度、社会边缘化与生活质量的关系

根据原假设，本研究检测了老年人残障程度、社会边缘化与生活质量的关系，结果如下。

上海被访者中，老年残障人士和其他老年人的社会边缘化程度有显著差异 $[t = 2.62，df = 409，p < 0.001（双尾）；M$ 老年残障人士 $= 48.86，M$ 其他老年人 $= 40.46]$。这验证了假设，老年残障人士在社区中较其他老年人更易被边缘化。在社会边缘化的五个方面，即基础服务、社会网络、公民活动、公共资源和经济资源中，基础服务的边缘化 $[t = 2.11，df = 448，p < 0.001（双尾）]$ 和公共资源边缘化 $[t = 2.26，df = 448，p < 0.001（双尾）]$ 是老年残障人士感受最显著的社会边缘化形式，其次是经济资源边缘化 $[t = 2.30，df = 447，p < 0.05（双尾）]$。

同样，香港被访者中老年人和老年残障人士在公共资源边缘化上有显著差异 $[t = 2.82，df = 181，p < 0.05（双尾）]$，即残障人士在享有社区服务、使用社区公共资源等方面遇到较多障碍。

5. 残障程度和生活质量的关系

在上海被访者中，生活质量与残障程度呈显著负相关关系 $[r = -0.43，p < 0.01（双尾），N = 451]$。老年人的残障状况越严重，生活质量越受负面影响。而香港被访者的生活质量和残障程度之间的相关关系不显著。

在前述社会边缘化、残障程度和生活质量的相互关系的基础上，研究团队通过回归分析发现，"社会边缘化"在上海的被访者群体的"残障程度"和"生活质量"两个变量之间呈现部分中介作用 $(Sobel\ z - value = -2.49，p < 0.05)$，"残障程度"和"生活质量"之间的关联系数是 $r' = -0.128$（直接）和 $r = -0.284$（非直接），如图 $11 - 2$ 所示。这显示出社会边缘化在残障和生活质量之间起到部分中介作用：老年残障人士感受到的社会边缘化程度越高，其生活质量越低（MacKinnon，2008）。

6. 接受社会救助的受助者

上海有13%的被访者获得一种或多种形式的社会救助。受助者与其他人在生活质量 $[t = 2.03，df = 448，p < 0.001（双尾）]$、残障程度 $[t = 2.43，df = 448，p < 0.001（双尾）]$、社会边缘化 $[t = 2.95，df = 409，p < 0.05（双尾）]$

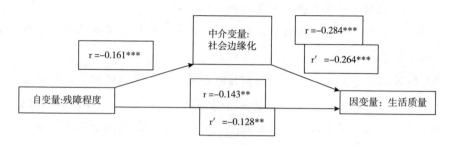

图 11-2 社会边缘化对残障程度和生活质量的中介关系

注：** $p < 0.01$，*** $p < 0.001$。

上有显著差异，香港被访者中有 27.5% 的人享有香港政府救助。他们与不享有救助的群体在生活质量 $[t = 2.42, df = 171, p < 0.001（双尾）]$、残障程度 $[t = 2.21, df = 171, p < 0.05（双尾）]$ 上有显著差异。这表明享有政府救助的老年人普遍有较多残障问题，生活质量较低，更易被社会边缘化。

五 总结与讨论

在上海被访者中，所有的假设都得到验证：第一，老年残障人士有被社会边缘化的风险；第二，老年人的残障状况对其生活质量有显著影响；第三，沪港两地的被访老年人在对社会边缘化的感受方面既有相似点，也存在明显的差异。这些异同点具体表现在如下方面。首先，社区资源边缘化是上海和香港社区被访老年残障人士共同面对的最突出的问题。这显示其所居住的社区在很多方面对老年残障人士来说并不友好，他们在生活的社区中面临着被边缘化的种种风险。其次，社会边缘化和残障程度都是影响沪港被访者生活质量的负面因素。再次，在上海社区中，老年残障人士比其他老年人受到更大程度的社会边缘化，尤其是在基础服务和经济资源方面受到更明显的排斥，而在香港的被访者中其所受社会边缘化的差异不显著，这使得社会边缘化与残障的关系较难确认；此外，上海的被访者中社会边缘化对残障状况以及生活质量表现出部分中介的作用。

调查结果显示，上海和香港两地的老年被访者对生活质量、社会边缘化的感受程度等方面有较大差异。经分析，如下几个因素可能导致沪港两地被访老年人出现差异。

第一，香港人口预期寿命长于上海。在 2007 年，香港人口平均预期寿命是 82.45 岁（M 男 = 79.4，M 女 = 85.5）（新华网，2007；Hong Kong By Census Office，2007），同时期上海人均预期寿命为 81.08 岁（M 男 = 78.87，M 女 = 83.29）（上海市老龄人口研究中心，2008）。且预期在 2045～2050 年香港人口寿命将超过日本，成为全球最长寿的地区。本调查中香港被访者的预期寿命整体长于上海被访者（M 港 = 72；M 沪 = 70.3），伴随机体老化，出现残障和行动困难的概率较高。加之香港被访者中较多为独居者和女性，这部分人群极少参与社区活动，从而其被社会边缘化的概率更高（Gary，2004）。

第二，两地被访者在教育、工作经历和收入水平上有较大差异。当 20 世纪 30 年代西方教育率先传入上海，与中国传统的教育系统相融合时，上海教育开始了全面发展，各种私塾、教会学校乃至女子学校竞相开办，该时期正是本研究中大部分被访者出生或接受教育的时期。而香港平民教育从新中国成立后开始发展，此时许多在政局动乱或困难时期逃难来港的民众，因奔波于生计而错过了受教育的机会（Wong，2007）。虽然现在香港的教育已发展得更加先进，但在本研究中的被访者生活的青年时期，上海有着相对较好的平民教育资源和环境。因而本研究中香港被访者受教育水平相对较低，多从事体力劳动，收入水平也相对较低。另外，被访者中因伤病失去工作机会的情况也很常见，23.6% 的香港被访者因患长期慢性病需要在家休养。

第三，两地被访者在参与社区活动的程度上有所区别。上海有约 3/4 的被访者（75.2%）享受一种或多种社区服务，参加一个社区组织。其中超过 1/4（27.6%）的被访者参加两个或两个以上的社区团体。相应地，香港有 43.9% 的被访者表示参加社区、社会活动，其中只有 5.3% 的人参与一个或多个社会团体。在对上海老年残障人士的访问中，研究者发现他们大部分都依托残疾人联合会这个组织，该组织是这一群体的重要网络。从社会边缘化中"社会网络"这一维度可以看出，上海的老年残障人士从残疾人联合会中获得了强大的社会支持。残疾人联合会基层组织广泛渗入到居民区，在各地区的街道乃至居委会层面把各类残障人士紧密联系起来，定期开展集体活动及聚会，为他们组织娱乐活动，提供生活上的帮助和心理支持，在残障人士的个人生活和社区生活等多方面起到举足轻重的作用。相比之下，其他一些组织松散的团体，缺少让人们真正融入其中的渠道，使人们很难产生归属感。因而在上海社区中，为老年残障人士提供的特定服务种类虽然有限，但是残疾人联合会基层组织为残障人士提供了较深入的基础服务（中国残疾人联合会，2008），使残障人士有充分的机会参与到残疾人联合会组织的各种活动中，从而有更多的机会融入社区，被社会边缘化的风险降低。

除此之外，政党在社区活动中扮演重要角色。上海被访者中有较高的政党归属比例（见表 11-3），人们通过定期的政党活动参与社会生活。党员的社区参与度大大高于其他无政党归属的人群（党员社区参与均值为 $M = 1.88$，$SD = 1.13$；其他人群社区参与均值为 $M = 0.82$，$SD = 0.74$）。另外，在两地受访者中，女性、高收入、年纪较小的老年人较多地参与社区活动。

第四，两地存在住房等客观条件的差异。香港社会福利界长期奉行英国去机构化理念（deinstitution），主张残障人士要自然地融入普通人群，政府在基础设施方面非常注重残障人士的普遍需要，公交车升降登车系统、盲道、声控电梯、人行横道声控红绿灯等公用设施遍布公共场所，老年残障人士能在社会上自由行动，但在社区层面，却较少专门开展针对老年残障人士的特殊服务。另外，香港人口密度很高，牙签楼、屏风楼林立的高密度居民区往往将行动不便的老年人局限在一定的空间，大大限制了他们的社会活动（周永新、齐铱，2000），从而减少了他们参与社区事务、获取社会资源的机会，令这个群体对社会边缘化的感受较为单一和集中。因此，中介模型不能在被访者中检测到"残障""边缘化"变量间的显著关系。

相应地，上海市委、市政府近年来高度重视无障碍设施建设和管理等民生工程，从满足残障人士和老年人的实际需要出发，陆续建设盲道、人行道缘石坡道、过街音响信号装置等无障碍设施，特别是在推进居住小区的无障碍设施配套方面，为重残对象的家庭分别安装了进出口轮椅坡道、自动开门操控装置、升降晾衣架、低位灶台、低位水斗、淋浴房等无障碍设施，解决了许多残障人士和老年人生活自理、出行困难的问题。这些无障碍设施已初见成效，政府将大力扩展服务的广度。

第五，两地有文化及社会结构的差异。这在老年人对家庭经济的支持状况上有所体现。如表11-2所示，部分上海老年人个人平均收入高于其家庭平均收入。这显示很多老年人仍然为家庭其他成员提供经济支持。这呼应了前人的研究，老年人和成年子女生活在一个屋檐下结成"互利"的关系（Leung，2003）。年长一辈不仅常帮助子女照顾后代，处理家务，有的甚至拿出养老金、残障补助等其他津贴用于家庭的日常支出；成年子女则为老年人提供精神、物质和病痛时刻的支持。然而，在香港被访者中鲜见这样的情况，这可能是由于两地的文化及社会结构差异而引起的。一方面，香港很多青年子女在完成教育或者开始工作后便独立生活；另一方面，两地群体的居住状况和婚姻状况也呈现较显著区别，香港有着较高的单身比例。

六　思考和建议

综合前述对研究数据的分析，本研究通过系统地衡量老年残障人士社会边缘化和生活质量之间的关系，针对如何实现老年残障人士的社区融合，提出如下政策制定和改善社会服务的建议。

第一，从文化意识形态入手，倡导社会模式，树立大众尊重残障人士的正确价值观。

意识形态是关于世界观、价值观的问题，是人们看待事物的出发点。在看待残障问题的意识形态中，残障社会模式（social model of disability）反对把残障视为个人惨剧，将残障引发的问题和困扰归结为社会和环境的不足而非残障人士本身的缺陷，相信残障人士面对的问题是歧视和不平等的社会所致（Oliver，2009），从而在意识形态上改变对残障问题的认识。

事实上，人们一生中免不了遭遇病痛和损伤，但是这些损伤不应成为融入社会生活的阻碍。既然没有人可以免于生理、心理或认知能力退化的不幸，那么探索创建一个全民融合的社会（society for all），是当今所有民众的追求（Gilson & Depoy，2002）。老年残障人士和其他人一样，有权利追求社会的接纳，共享当代社会生活活力。

在社会的不断发展和进步中，人们越来越深刻地认识到残障是人类多样性的一种自然表现。然而，在现实社会中，将残障人士视为社会普通的一员仍然只是一个美好的愿望。尤其对于老年残障人士而言，很多客观环境和社会条件的约束使他们并不能自由地融入社会。在公众场合歧视残障人士的现象还普遍存在，残障人士在公众场合中仍然非常少见。如果不从意识形态上树立尊重残障人士的正确价值观，就无法改变残障人士在社会中的角色，也无法从根本上提升其生活质量。在当今社会"金钱至上、适者生存"等思想占主流，政府部门、各类团体和社会福利界承担着维护社会公平正义的重要责任，社会各界必须明确分工、有序组织，以多样、有效的方式倡导残障人士平等的公民机会及公民权利。

第二，依据正向差别待遇原则，完善相关政策法规，进一步发展扶残助残服务项目，确保残障人士共享经济飞速发展的成果。

所谓"正向差别待遇"或"积极性差别待遇"原则，是指对于支持或反对某群体或范畴而做的区别性考虑或对待。从社会功能的观点来看，"适度的差别待遇是肯定和必要的"，比如分配有效的社会资源给残障人士，以保障其社会参与的机会，共享社会成果，这并不一定是不平等的做法，反而是维护其社会功能的积极有利的做法（Gilson & Depoy，2002）。

完善的政策是实现残障人士"平等、参与、共享"的重要途径。虽然我国陆续颁发了《中华人民共和国残疾人保障法》《中共中央国务院关于促进残疾人事业发展的意见》（中发〔2008〕7号），各地也相继出台了"关于加快残疾人事业发展的意见"等，但在实施过程中尚需要切实执行，落实到位。各职能部门可根据正向差别待遇原则，充分考虑康复、教育、就业、福利等实际情况，通过政府各部门、社会各行业的合作与协作，制定适应不同残障人士需求的各项制度措施及法律，从根本上保障残疾人士充分平等地参与社会生活，让更多残障人士得到实质性的帮助，共享社会物质文化成果。

第三，从增能（empower ment）的视角激发残障人士潜能，积极为其创造条件，为残障人士赋权，从客观环境和主观愿望上鼓励残障人士与社会联系起来，使其参与社会建设，增强其自主能力（Cooke，2007）。

社会边缘化是一个动态的概念，某些社会边缘化的特征因素会随着主体能力的改变而改变（Silver，1995）。在本研究中，尽管上海和香港的被访者都受到不同程度的社会边缘化，但被访者们亦表现出应对边缘化的能力，比如某些被访者参加多个社会组织，与其他成员互相支持，从而产生"社会个体适应能力"，成为具备能动性的社会个体，能够应对社会边缘化。

因此，根据增能理论培养或强化个体对于边缘化的认知和应对能力，是进行赋权介入的有效策略。社会各方如志愿者、政策制定者等，可以针对社会边缘化的各个方面，为老年残障人士赋权，将残障人士从被动的服务使用者转向主动的选择者，使其在主流社会中扮演积极的角色，以改变个人乃至整个残障人士群体被边缘化的现状，增强他们的活力，改善他们的生活。联合国将残障的议题确定为人权范畴的议题，并由此出发确立了一套国际认可的范式，从关注对残障人士的服务转向关注其个人生活质量的自我选择，这也是对增能理论的有效诠释。

第四，针对本研究中所发现的社区资源的边缘化是影响残障人士生活质量的主要因素，笔者认为，可为残障人士提供不同形式的住宿及护理选择，使他们能独立地在社区生活。

在社区服务设施中引入日托所、高质量的私营院舍服务，都是可行的方案。对确有需要的残障人士，政府还可以直接把经济资助给予服务使用者（即残障人士本人），这不仅能扩大他们的选择范围，还可以促使其参与到改善院舍服务质量的过程中。在具体操作上可以采用社区照顾模式，在社区中成立相应的组织机构，如综合职业康复服务中心、托养中心、福利企业、日间活动中心以及为康复者而设的社区支持服务等，并配置专业人员（如社会工作者、护理工作者等）开展专业服务，改善家居照顾及暂托等服务，并对照料者进行康复辅导、职业再培训等，积极取代一些过时的服务。若残障人士可直接支配资金，残障人士可以聘请照顾人员，以个人照顾的形式获取社区支持，这样也可以满足残障人士与家人居住的愿望。

第五，预防胜于治疗，须寻求方法减少因病患或意外导致的残障情况的发生。

有效的预防工作能较好地减少疾病和意外的发生，从而在源头上控制残障发生的概率。为进一步做好预防工作，政府需要投入足够的资源及提出恰当的服务方法，如在各地尝试建立残疾儿童的三级预防体系，如果在某些环节中出现漏洞，应及时采取措施有效减少残障发生率；在疾病和意外发生的初期，应配备必要的资源，解决如物理治疗、职业治疗、语言治疗和精神服务等领域专业人士长期严重短缺的现状，以保障医疗及复康服务的顺利进行。

综上所述，为达到残障人士的社会融合，社会各界需要长期努力。政策制定者应从文化意识形态入手，通过对相关知识、理念的宣传普及，使人们对残障问题有正确的认识。社会福利界可将重点放在消除环境障碍、更新社区居民价值观等方面，以促进残障人士参与社会，实现社会融合。同时，相关社会服务人员应透彻理解残障理念，超越医疗康复模式，创新理念，发展服务，维护残障人士权益，保障他们在日常生活、教育、就业以及社会参与各方面的平等机会；将预防、复康和服务等多方面结合，使残障人士平等地拥有改善环境、改造社会的机会，主宰自己的生活，从而促进全社会阔步迈向倡导人权、机会平等、残健共融的新时代。

第二节　中国老年移民的社会功能

在全球化背景下，少数族群老龄人口的不断增加及其流动性愈发增强的趋势使得社会工作者为少数族群老龄人口提供有针对性的社会服务变得空前重要。本研究梳理了现有文献，选取了一个少数族群——西方的华裔老年人，来探讨家庭、社会的因素对其社会功能的影响。研究结果表明，不同群体中的华裔老年人在保持社会角色的能力方面也是不同的：有些人被边缘化，在不同程度上被排除在主流社会之外；有些人很难享受到公共服务；有些人在更广泛的社会联结过程中处于不利的境地；而有些老年人却在社会参与、自主和建立集体的互惠关系等方面得到了赋权。老年人的文化继承、文化适应程度、社会经济地位、受教育程度、移民的过程及模式、宗教信仰以及家庭动力等因素的综合作用造成了上述差别的产生。这些因素也亟待社会工作者了解，以便他们能更好地为华裔老年人提供服务，满足他们的需求。

一　研究缘起

为了追求高质量和高效率的专业实践，社会工作者们需要具备他们所在社区的相关知识。对于许多社会工作者而言，特定知识的匮乏使他们在移民社区的工作充满了挑战。本章讨论了现今遍布在世界许多现代化城市社区中的一个特殊领域——华裔少数族群社区。本章讨论的重点是华裔老年人的社会功能，他们中很多人在人生的某个阶段成为移民或是移民的后代。笔者认为，为了更好地提供满足华裔少数族群社区需要的相关服务，首先需要了解这些遍布世界的社区以及生活在其中的老年人的需求。下面便从这个需求入手来分析现有的关于生活在少数族群社区中华裔老年人的情况。

华裔少数族群社区遍及世界各地。起初只是一个小型、分散的群体，现在遍及各现代化都市。他们拥有特殊的文化特点，也为当地社会做出了自己的贡献（Leach，2000），是全球社会中独特而充满活力的一部分。我们通过阅读多方文献，来理解华裔老年人在他们日常生活和社会实践中所遇到的问题。本章旨在提出一些建议来解决他们的问题，满足他们的需求，提高他们的生活质量，并促进其在西方社会的融合（Warburton & McLaughlin，2007）。

随着全球各国老龄化程度的不断加深，老年人生活质量问题已经被提到了重要议事日程。为了满足老年人的生理和精神需求，也为了提升社会大众对该群体的关注，许多国家出台并落实了一系列福利性服务的政策。在西方社会中，各国移民少数族群构成了人口的相当大的一部分，因此少数族群中的老年人吸引了不同社会部门的关注。许多移民国家都面临一个挑战——如何为移民老年人，特别是为其中占主体地位的华裔老年人提供完善的福利。

在追求少数族群高质量生活的过程中，无论是对政策制定者还是对社会服务提供者来说，社会功能都是一个非常重要的指标。但是，现有的关于华裔老年人社会功能的系统化研究仍十分缺乏。因此，本章聚焦在社会功能的前沿领域，希望从家庭、社区和社会入手来梳理有关华裔老年人的体系化知识，同时也力图运用此知识来分析针对该群体的社会服务。

二 研究方法

研究团队对 1990 年到 2010 年出版的关于华裔少数族群的社会功能的英文文献进行了梳理，以便能够了解该领域的最新研究及发展趋势。研究的是关于华裔老年人作为少数族群的一部分在生活中所体现出的社会功能，特别是其社会功能如何影响了他们对于医疗和社会服务的使用。通过搜寻 20 多个数据库，包括 AgeInfo，EBSCO，Emerald，ISI web of knowledge，Oxford Journals，ProQuest，ScienceDirect 和 Scopus，以及在世界银行、世界经合组织以及一些非政府组织的网站中的一些资源，我们初步得到了大量文献。搜索时也考虑到一些搜索术语在英式英语和美式英语中的不同（如美式英语中老龄化是 aging，英式英语中是 ageing），对于关键词使用了布尔检索，同时对关键词的每种排列在每个数据库中都进行了搜索。例如，一个关键词的组合是"老龄化 + 移民 + 社会作用 + 社会参与 + 社会融入"，随后我们对 102 篇文献进行主要搜索和跟踪搜索，生成了 516 个相关记录，其中共计有 79 篇文献与中心研究主题紧密相关。

三　研究结果：社会功能的视角

社会功能是指个人在社会中与他人交往的能力，它涵盖了诸多具有社会特点的概念，包括社会角色（Typer & Casey，1993）、社会交往（Bowling & Stafford，2007）、从家庭成员和朋友那里获得的社会支持、社会表现（McDowell & Newell，1996）、业余活动（Tyrer et al.，2005）以及社会排斥（Lynch et al.，1997）。社会功能是影响健康的关键因素，同时在人们的生活质量方面也起着重要作用（Bowling，2008；Hill，2008；Tyrer et al.，2005）。表 11 - 5 总结了在实证研究中有关"社会功能"的主要文献。

表 11 - 5　有关社会功能的文献总结

"社会功能"的关键维度/因素	研究地	学者	出版年份
社会表现	澳大利亚	Goh，et al.	2006
文化角色，社区参与		Warburton & McLaughlin	2007
来自朋友、家人的社会支持，社会活动，社会隔离		Ip et al.	2007
社会参与	加拿大	Cheuk，et al.	2007
社会参与，社会表现		Wang & Lo	2005
来自朋友、家人的社会支持		Chappell & Kusch	2007
家庭中的社会支持		Kobayashi，Karen M.	2000

续表

"社会功能"的关键维度/因素	研究地	学者	出版年份
社会排斥，社会分层	中国香港	Law & Lee	2006
社会表现		Mui & Domanski	1999
社会支持		Peng, et al.	2003
人际功能		Plant & Sachs-Ericsson	2004
社会活动	美国	Wilmoth, et al.	1997
代际的/文化间的联系，社会交往		Ying, Y. W.	1999
健康和社会保险		Alexander, Z.	1999
社会网络，社区参与，社会交往		Bajekal, et al.	2004
社会排斥		Ginn & Arber	2001
社会融入		Moriarty & Butt	2004
社会增权		Afshar, et al.	2002
社会角色，支持网络		Grewal, et al.	2004
社会功能		Tyrer, et al.	2005
社会排斥，社会整合		Chau & Yu	2001
社会交往，社会支持		Chiu & Yu	2001
社会整合		Fong, C. L. & Watt, I.	1994
健康和适应，社会支持	英国	Furnham & Li	1993
沟通和社会排斥		Green, et al.	2002
社会相互作用		Jovchelovitch & Gervais	1999
社会排斥		Smaje & Grand	1997
社会排斥		Li, et al.	1999
社会排斥		Sutton et al.	2005
社会表现		Prior, et al.	2000
社会表现，业余活动		Weich, et al.	2000
社会交往，社会排斥		Watt, et al.	1993

无论是对于一般群体，还是对于特殊群体，文献中都有一些可靠的经验性工具用于测量群体的社会功能，例如，量表 SF-12，SF20，SF36（Haywood et al.，2005；Kager et al.，2000；Lai，2004）和 FSQ（Tyrer et al.，2005）。一些测量工具已经在不同群体中被运用（Weich et al.，2004）。这些测量方法中的项目包括评估个人与家人、亲戚、朋友、重要他人、普通他人以及社会大众交

往的能力。可以认为这些方法测量了个人与家庭以及社会的联结程度和他/她的社会资本的类型。

在异国他乡的养老生活是与家庭、社会网络、社会活动、社会角色、宗教信仰、流动性、参与社会的能力、福利状况①以及社会排斥等因素紧密相关的（Beiser & Hou，2006；Blignault et al.，2008；Mahalingam，2006；Warnes & Williams，2006；Wong，2007），这些因素也影响到了移民老年人的生活质量（Afshar et al.，2002；Bowling，2008）。因此，与社会交流能力的指标也为研究少数族群中的华裔老年人的福祉提供了合理的标准。

华裔老年人的社会功能是和家庭成员、团体组织中的朋友以及祖国的亲密程度密切相关的（Liu et al.，2003）。在移民接受国中，共享的信任、规范、凝聚力、文化礼仪、给予老人的照顾以及为人父母的榜样等，体现了老年人在家庭内外两个层面的社会功能（Owen，2006）。亲属联系以及从社会团体组织中获得的更广泛的社会关联都增进了其社会参与（Goulbourne，2006b）。然而，这些联系可能仅限于华人社区内的交流。文化、语言和交通上的障碍使有些老年人在参与到广泛而正式的社会网络时遇到困难，这一现状导致的结果就是一些老年人会"感觉被社会孤立"（Liu，2003）。

研究团体也发现，文化背景（Chou，2007）、移民时间长短（Ngan，2008）以及其他原因导致了华裔老年人的社会功能的发挥有很大的不同（Ip et al.，2007）。因此，在世界范围内拥有广泛网络关系的华裔老年人（Goulbourne，2006b；Owen，2006），无论其网络关系来自他们的原籍国还是其他散居地，相较于同族的其他成员，在社会功能方面会有迥然不同的体现（Hoe，2005；Hooghe et al.，2006）。下面将从家庭、社区、社会的角度来阐述华裔老年人的社会功能。

（一）家庭中华裔老年人的社会功能

1. 在家庭中的分离

家庭成员关系和亲属关系构成了华裔老年人最紧密的社会网络（Wong，2007；Guo，2005；Owen，2006）。鉴于经济制约和传统文化的原因（Wong，

---

① 不同移民群体的精神状况通常反映了社会经济和健康之间的关系（Silveira & Ebrahim，1998）。

2007；Zhou，1992），中国人传统上习惯多代同堂（Goulbourne，2006b；Owen，2006）。许多中国老年人移民到儿女们所在的国家后，和儿女们同住（Owen，2006；Dilworth-Anderson & Burton，1999；Guo，2005），他们大部分时间通常与家人度过，日常活动都在家里，几乎只是和家庭成员——他们的成年子女、儿媳或女婿及他们在外国出生的孙辈——进行交流。在这样的生活安排下，亲属关系网络对于华裔老年人是最为关键的（Saldov & Poon，2001；Harpham et al.，2002）。

但是一些研究表明，当白天其他家庭成员去上班、孙子孙女去上学时，这些习惯了和家人、朋友在一起的老年人也会感觉寂寞。因此，寂寞孤独是这些老年人经常遇到的问题（Furnham & Li，1993；MacKinnon et al.，2001）。这些老年人体验了不同的文化，缺乏和子孙们的交流。传统家长教育角色的缺失（Tam & Neysmith，2006）以及家中或周围社会环境中的传统文化继承的缺失，使一些老年人感受到了来自家庭的孤立和排斥。

华裔老年人通常在家中会遇到权力分配的变化，比如，他们有时不得不依赖孙辈对他们所处的异乡的文化进行解释。这种语言的隔绝意味着他们只能和家人简单地交流。与家庭的紧密联系，有时反而会给老年人带来限制、压迫和控制之下的高度压力（Ip et al.，2007）。虽然也有一些老年人处理得很好（MacKinnon et al.，2001；Tam & Neysmith，2006），但这个群体里的大多数老人还是孤独的。

2. 代际与性别的视角

对于为了家庭团聚而移民的老年人来说，当他们与后代的交流遇到障碍时（Ying，1999；Zhou，2006），他们和部分"西化"的子女以及"完全西化"的孙辈之间的"代沟"就逐渐显现出来（Reynolds，1993；Zhou，2006）。一些研究发现老年人和孙子孙女们缺乏亲密感以及他们在跨代互动中遇到了权力缺失问题（MacKinnon et al.，2001；Tam & Neysmith，2006）。因此，老年人的依附状态以及他们同后代之间的交流问题会更加限制他们的社会交往、削弱他们的自主流动，甚至使他们处于被虐待的境地（Ip，et al.，2007；Tam & Neysmith，2006）。

性别是大体了解老龄化问题的一个基础因素（Afshar et al.，2002；McIntosh & Danigelis，1995；Uskul et al.，2007），对华裔老年人来说更是如此（Mahalingam，2006；Patterson，2004）。在华裔族群社区中，老龄化经历也与性别相关联，性别关系到家庭地位和社会活动的形式（Chappell & Kusch，2007；Patterson，2004）。尽管接触西方文化很多年，但对于中国老年夫妇来说，男性和女性的传统家庭角色是不变的。妇女在家庭承担更多的家务责任，比如做饭、洗衣服、购物，这些活动会占据大量时间并阻碍她们的文化适应（Cooke，2007；Mand，2006）。因此，即使有些老年妇女在她们很年轻的时候就移民了，但是她们跟随丈夫或子女移民其他国家并以母亲或妻子的身份居住、生活，这使得很少有老年妇女在移民国家从事一项职业（Dale et al.，2006；Liu，2004；Owen，2006）。

一些研究表明，老年女性在社会活动中受到更大的限制，她们拥有比男性更小的社会网络，遭遇社会孤立的可能性比男性高（Wong，2007）；这样，女性更容易遭受歧视、民族隔离和欺凌（Feng，2005）。但是一些研究也发现，一些女性长辈是家庭日常事务的主要负责人，即使在最困窘的情况下也能建立起同辈网络（Zhou，2006）。妻子在她们的丈夫忙于工作时，也更可能在自己所属的文化群体中发展网络。

（二）在更广泛的社区中华裔老年人的社会功能

1. 西方社会中的老龄化

西方传统文化把在晚年生活中保持高度的活力（active）作为一个理想或愿望，与同龄的西方人相比，华裔老年人在晚年生活中可能会呈现闲散而脱离社会的状态，这是因为在中国的文化中"活动"并不受到高度的重视（Lai，2004）。华裔老年人在社会中发挥社会功能的能力因人而异。一方面，有些华裔老年人很难享受公共服务比如公共交通、医疗等（Li，Logan et al.，1999；Liu et al.，2003）。由于较低的英语水平以及生活在严重依赖汽车的社会，大量的华裔老年人需要依赖他们的子女和朋友进行社会活动，甚至连乘巴士和外出这样的小事也不例外（Liu et al，2003）。尽管许多老年人尽可能保持独立，但是像在中国一样自在地安享晚年对于生活在移民国家的他们来说是一个奢侈的梦想。他们很可能只有非常有限的社交圈，而原来的生活状态也一去不复返（Chau &Yu，2001；Cooke，2007；Mand，2006）。这种情况在年长的女性移民中更为突出，因为女性群体在华裔老年人中常常显得与社会脱节，被认为是一个较封闭的社会群体（Chappell & Kusch，2007；Lee，2007；Patterson，2004）。

另一方面，作为社会中的少数族群，华裔老年人也采取了各种各样的策略来应对不适的生活状况。华裔老年人的社交大多局限在中国人，而中国人在西方社会只占据很少的部分。他们通常的消遣是看看中国的电影，打麻将，庆祝传统的节日，进行宗教活动如去寺院等。由来自同一地方的移民组成的团体——"同乡会"①（Lee，2005），是移民的主要组织，也为移民同胞们提供工具性和情感性支持（Owen，2006）。同乡会在传统文化维护上也起到了重要的作用（Zhou，2006）。这样的团体还常常会为其会员，特别是新来的移民，提供职业培训和语言培训。另外，他们还组织参与慈善活动，组织志愿者活动，并协调社会活动及节日聚会。随着老年人数量的增加，同乡会组织了更多老年人的社会活动（Wong，P.，2007）。

一些老年人常常去社区教会和附近寺院来接触更多的人，以消除他们刚到移民国家的孤独感和被隔离感（Lee，2005）。来自这些网络的朋友，给老年移民者带来了精神上和物质上的支持（Cheung & Kwan 2006），和这些朋友的交往也给他们带来一种归属感和社会支持（Phillips et al.，2008）。进一步说，这些团体组织在促使中国移民参与到公民活动（如举办邻里集会）和政治活动中发挥了重要的作用（Lee，2005；Mitchell，1998）。

因此，社会网络、朋友、同乡会、教会和社区中心对于华裔老年人来说是特别重要的。总的来说，这些组织能使老年人更加熟悉异国的环境。无论是一些基于信仰的沟通，如教堂聚会（Guo，2005），还是其他社区的休闲活动，都能提升老年人在异乡应对被边缘化的能力。研究表明，老年移民比其他年龄组的人群更重视基于信仰的活动。因此，老年移民更愿意在自己的社区内参与基于信仰的组织活动（Lee，2005）。也有研究发现，尽管老年移民在晚年生活中在收入、社会参与、自主、集体的互惠关系等方面被赋予了权利，但是在参与到更广泛的社会联系时，他们还是处于弱势地位（Bajekal et

---

① 在中国，在一个地方出生的人习惯把彼此称作"同乡"。如果血缘关系近，他们会认为自己是相同家族的成员。海外移民根据自己的原居住地成立了许多"同乡会"和宗亲会。这些协会支持了后来的移民伙伴，使得成员间和与其他组织间的联系更为紧密。

al.，2004）。

2. 到达时间

不同年龄群体移民的主要原因和时间段也是不同的（Pieke，2007；Warnes & Williams，2006）。在西方社会，相当比例的华裔老年人在近几十年在异国他乡与家人团聚，他们或是与配偶团聚（Zhou，1992，2006），或是帮忙抚养孙辈（Guo，2005），抑或是和他们的子女相聚在一起（Ip et al.，2007；Ying，1999）。中国的老年人习惯和已婚的子女生活在一起，喜欢几代人同住的大家庭。在中国的传统文化中，成年子女有赡养年老父母的责任与义务，这些传统也被华人移民群体很好地继承（Guo，2005；Lo & Russell，2007）。

研究表明，不同时间段移民的华裔老年人在参与更广泛的社会活动时会采取不同的方法。他们用不同的策略来与社会和家庭成员交流（Lai，2004；Chappell & Kusch 2007；Liu，2005）。比如，20 世纪末中国改革开放后，这些早期移民潮中的老年人，接受了高等教育，年轻的时候就在移民国家工作。他们居住在当地几乎没有障碍（Zhou，2006），特别是和当地居民结成姻亲的人们（Furtado & Theodoropoulos，2009）在社会生活中相当活跃，也发挥了自己的作用。但即使这样，他们对于公民生活还是持不同的价值观，对于老龄化有不同的看法，享受到的公共福利也是不同的（Friedrich et al.，2004；Liu，2005；Lo & Russell，2007）。第一波移民的老年人大多是双文化的，他们在晚年仍然主张平等的家庭角色，这与长者文化中的成熟、智慧、经济稳定、情感满足以及精神救赎是相关联的（Lubben & Lee，2001）。

稍后的一批移民是在 21 世纪早期到达移民国家的老年人。他们经历了文化适应（cultural shock）、角色转换，缓解新社会的压力对移民老年人来说是很困难的。两种文化（原来的国家和移民的国家）的差异越大，适应的过程就越充满挑战。虽然其中的一些老年人在中国从事着有较高社会地位的工作，但是他们的存款和退休金在高消费的移民国家显得微不足道（Tam & Neysmith，2006），这使得老年人别无选择，在经济上，特别是在医疗费用上只能依赖家庭（Warren，2008）。尽管在西方国家能够享受怡人的自然环境，但是一些老年人还是认为在移民国家的晚年生活"不错但仍不尽如人意"（Chau & Yu，2001）。

（三）作为生活社区的中国人飞地

在美国的许多大城市存在着能够提供工作机会的飞地（enclave），这些飞地中还有许多中国移民可选择的居住区。这也是决定中国老年人社会功能发挥的重要因素（Zhou，1992）。居住地的选择可能影响中国老年人社会功能的发挥，因为它决定着这个群体是否能够融入当地居民网络，适当的居住地有利于促使这个群体与移民国家不断进行同化，或是在不需要强调同化需求的时候就加强该群体与社区的联系（Epstein，2009）。

据报道，那些同孩子们生活在更大的华人飞地的老年人比生活在小飞地的老年人快乐得多（Epstein，2009；Zhou，1992）。这是因为，他们有更多的机会接触自己民族的产品，有更多的机会用自己的语言交流（Giles & Dorjee，2004）。他们更愿意在中国的社区中参加宗教和群体活动（Epstein，2009）。但是这一情况在小飞地中恰恰相反，个人在保留其传统习俗时遇到了困难（Zhou，2006）。这些生活在小飞地的老年人对于当地语言知之甚少，要依靠他们的子孙带他们出游和看医生，他们和其他人的交流甚少，因而缺乏社会生活的角色。

从另外的角度来看，生活在一个有凝聚力的民族飞地有可能会妨碍移民融入移民社会（Zhou，2006），由于文化、语言、宗教的差异他们很少有机会接触非华人背景的邻居。他们会感觉到与非华裔社群的距离，即使与之交往也只是流于表面的点头之交（Tam & Neysmith，2006）。这一移民人群感受到深深的孤独，甚至有一种被连根拔起的感觉（Lee，2007；MacKinnon，et al.，2001）。

（四）民族认同、医疗健康与社会功能

在移民国家的少数族群，比在原籍国拥有更为强烈的民族认同。这可能影响他们生活的习惯，进而影响他们社会功能的发挥。尽管中国人遍及世界各地，但是许多西方人仍然认为中国人的社群是相对封闭的、古怪的、遥远的和有些不可思议的（Benton，2003）。

许多文献都肯定了民族认同对于华裔老年人的重要意义并且认为其中的文化影响了他们生活的方方面面，特别是在卫生保健（Aroian et al.，2005；Lee，

2007）和社会服务方面（Blignault et al.，2008；Yang & Kagawa-Singer，2007）；民族认同在老年人的宗教活动、传统礼仪以及社会活动中也显得尤为重要。尽管先前的研究表明，随着华裔移民代代发展，该群体内的民族认同感在不断减弱，但是早期移民的经历往往使移民在移民国家对社会边缘化进行抗争（Tholen & De Vries，2004）。由于信仰、文化、沟通等方面存在障碍，所以少数华裔老年人经常无法享受移民国家提供的服务和护理（Aroian et al.，2005；Friedrich et al.，2004；Tholen & De Vries，2004）。

和民族认同紧密相连，华裔老年人更倾向于在医疗观念和实践方面保持传统习惯。比如，中国老年人更倾向于依赖中国传统药物，在寻求西方医生的帮助时表现得很保守（Lai et al.，2007；Yang et al.，2008）。再如，众所周知，中国老年人未能充分利用西方社会为其提供的身体和精神服务（Beiser & Hou，2006；Blignault et al.，2008）。这可归因于语言障碍、经济拮据、恐惧、对西方医学的不信任和关于照顾的观念差异等（Aroian et al.，2005）。在这些明显阻碍中国老年人享受充分的医疗和福利的因素中，语言障碍最突出（Yang & Kagawa-Singer，2007；Zhou，1992）。在为老年人提供照顾服务，并促进其社会参与方面，将汉语服务列入西方国家健康服务行业就变得日益重要，西方移民国家迫切需要能够讲中文的相关行业从业者以及有中文说明的医疗保健品和药品。

四　结论和讨论

从西方国家的社会功能的视角，研究团队分析了华裔老年人问题。随着老龄人口的增加以及民族和文化背景的多样性，中国老年人的经历表明了其与家庭和社会构建起具有持续性及广泛性的联系。社会关系可以体现中国老年人处理问题和适应新社会的能力。

在不同的移民世代中，华裔老年人的情况也不同。移民的年代、语言的熟练程度、在移民国家的职业生涯、公民身份及福利、宗教文化、居住的地点、家庭中的关系以及文化同化经历都影响了华裔老年人在移民国家的社会功能的发挥。与在当地出生的华裔老年人相比，在其他国家出生的华裔老年人受教育程度较低，有更大的生活在贫困经济状态下的风险，也不太可能享受到当地提供的医疗保险。

家庭是许多华裔老年人社会功能发挥的最重要的调节器。但是，尽管生活在家庭中，老年人特别是那些在年老时才移民的人群还是会明显地感受到孤独。家庭和社会能为老年人提供有形的物质资源，但是，当家人忙于生计，亲人和朋友又不在身边时，孤独和寂寞感等精神危机还是存在的（Chappell & Lai，2001）。因此，许多老年移民者在移民国家感受到孤独（Tam & Neysmith，2006）。

关于与更广泛社区的社会联系，研究团队发现了华裔老年人多样的经历。在西方国家中的一些地区，华人社区长期以来都被认为是高度团结且自给自足的（Lubben & Lee，2001）。有大量证据表明，当地华裔少数族群社区内部的相互支持，为老年人提供了情感性和工具性支持，同时在维护传统文化上也起到了关键作用（Zhou，2006）。

总之，在对文献进行回顾和梳理的过程中，研究团队发现了影响华裔老年人发挥社会功能的因素。尽管一些老年人被边缘化或是被排除在西方主流社会之外，但其他一些老年人能够在家庭和西方社会中发挥强大的社会功能。文献还揭示了一些民间机构在为具有不同社会功能的群体提供更适合的文化服务上起到了重要作用。同时，文献也阐释了积极的一面，即在移民国家的老年人，作为少数族群的一部分，为自身身份维护和社会联系做出了努力。

五　研究局限和建议

研究团队虽然力求文献研究尽可能广泛，但是受限于数据库资源，没有包含全部的相关研究，特别是根据研究对象和研究问题，非英文出版的文献不在这次梳理的范围之内。此外，文献自身的偏差，可能会在一定程度上影响信息的可靠性。

另外，此次文献梳理的重点放在了华裔老年人在家庭和社区中的社会功能发挥上，但关于社会功能还有不同的文化概念，在不同的国家"社会功能"的概念也有所不同（Chappell & Lai，2001）。更进一步的研究应该着眼于华裔老年人在更多样的社会和文化中的不同的社会功能，特别是在和中国文化存在巨大差异的地方，比如，在英国，华裔老年人被认为是在所有少数族群中受到较好教育和有较高收入的群体，并一直被认作具有高度凝聚力和自给自足的群体。

考虑到"老"和"新"的华裔老年人的背景差异，我们应该对这个增长的群体进行更全面的认识。进一步的研究需要确定社会功能在不同年龄的华人社区中是如何被认定的。这些视角对于更充分地认识华裔老年人将有所裨益。

西方国家的政策制定者、社会服务人员和社会工作人员已经关注到了华裔老年人，在福利获得、职业获得（Liu，2005）以及语言习得方面（Liu，2003）已经做出了努力，通过各种途径和方法来解决这些问题。但是为了满足华裔老年人日益增长的需求，如何给他们提供满意的服务，还需要做出大量的努力。上述的关于华裔老年人的丰富资料可以为社会工作人员与华裔老年人进行适当的交往，同时为社会工作者与华裔老年人建立伙伴关系做好铺垫。

参考文献

卜长莉，2005，《社会资本与社会和谐》，社会科学文献出版社。

陈虹霖，2007，《老年义工：老龄工作新视角——从香港安老经验谈上海策略》，《社会福利》第 9 期。

陈虹霖，2009，《初论中国危难中奔涌的社会资本》，《四川职业技术学院学报》第 1 期。

陈文、江跃中、杨晓芸，2008，《上海市百老德育讲师团在其成立 8 周年时荣获全国"党的理论基层宣讲先进集体"》，《新民晚报》10 月 30 日第 3 版。

陈喜强，2004，《小区残疾人保障的现状分析与政策建议》，《公共管理学报》第 4 期。

陈映芳，2006，《棚户区：记忆中的生活史》，上海古籍出版社。

陈章明、刘颖娜，2000，《长者义工与"老有所为、老有所学、老有所属"之关系》，载关瑞煊编纂《长者义工服务文集》，香港基督教服务处。

党章知识辞典编委会，1996，《党章知识辞典》，中共中央党校出版社。

邓伟志，2006，《德、赛两先生在我们中间》，《民主与科学》第 3 期。

邓小平，1993，《邓小平文选（第三卷）》，人民出版社。

郭定平，2005，《上海治理与民主》，重庆出版社。

郭伟和，2004，《残疾人小区康复状况与评价》，《中国康复理论与实践》第 4 期。

国家民政部，2012，《2011 年社会服务发展统计公报》，http：//www. mca. gov. cn/article/zwgk/mzyw/201206/20120600324725. shtml，最后访问日期 2014 年 6 月 21 日。

国家统计局，2011，《2010 年第六次全国人口普查主要数据公报（第 1 号）》，http：//www. stats. gov. cn/tjgb/rkpcgb/qgrkpcgb/t20110428_ 402722232. htm，

最后访问日期 2014 年 4 月 28 日。

国务院人口普查办公室、国家统计局人口和就业统计司，2011，《中国 2010 年人口普查资料》，中国统计出版社。

国务院，2001，《中国老龄事业发展"十五"计划纲要（2001～2005 年）》，http://www.gov.cn/gongbao/content/2001/content_ 60985. htm，最后访问日期 2014 年 8 月 1 日。

洪大用，2005，《协调人与自然构建和谐》，《北京前线》第 12 期。

洪大用，2006，《完善社会救助，构建和谐社会——2005 年社会救助实践与研究的新进展》，《东岳论丛》第 3 期。

侯欣一，2007，《从司法为民到人民司法——陕甘宁边区大众化司法制度研究》，中国政法大学出版社。

李培德，2009，《近代中国的商会网络及社会功能》，香港大学出版社。

李松涛，2006，《不能靠多生孩子来解决老龄化问题》，《中国青年报》9 月 29 日，http://zqb.cyol.com/content/2006 - 09/29/content_ 1527246. htm，最后访问日期 2014 年 3 月 20 日。

李宗华，2003，《关于残疾人小区康复与社会支持状况的调查分析》，《山东社会科学》第 1 期。

林建成，1997，《试论陕甘宁边区的历史地位及其作用》，《民国档案》第 3 期。

刘冰，1998，《风雨岁月——清华大学"文化大革命"忆实》（第 1 版），清华大学出版社。

刘宋斌，2008，《走向大转折的年代：1976～1978 年的中国（第 1 版）》，黑龙江人民出版社。

刘颂，2004，《城市老年人群精神需求状况的调查与研究》，《南京人口管理干部学院学报》第 1 期。

刘颂，2006，《老年社会参与的现状、问题及对策》，《南京人口管理干部学院学报》第 2 期。

鲁佛民，1941，《对边区司法工作的几点意见》，《解放日报》11 月 15 日，第 3 版。

马洪路，2002，《残疾人的心理与社会问题》，《中国临床康复》第 17 期。

马识途，2006，《沧桑十年：1966～1976 共和国内乱的年代》，中共中央党校出版社。

毛泽东，1977，《论十大关系》（第5卷），人民出版社。

浦东新区社会发展局，1999，《1999年浦东新区社会发展报告》，上海人民出版社。

齐铱、张钟汝，1996，《老年人社会支持网络和生活满意度——基于上海与香港的比较研究》，《香港老年学杂志》第10卷第1期。

全国老龄委，2012，《2011年度中国老龄事业发展统计公报》，http：//www.cncaprc.gov.cn/tongji/19195.jhtml，最后访问日期2012年9月25日。

全国老龄委，2012，《中国将面临重度老龄化 速度是发达国家的2倍》，http：//old.cncaprc.gov.cn：8080/info/19356.html，最后访问日期2012年10月24日。

任荃，2006，《上海人口年龄结构进入高度预警期》，《文汇报》5月26日第4版。

上海地方志编纂委员会，2005，《上海市志》（第一版），上海人民出版社、上海社会科学出版社。

上海民间组织年鉴编辑委员会，2005，《上海民间组织年鉴》（第1卷），汉语大词典出版社。

上海市老龄科学研究中心，2006，《2006年上海市老年人口和老龄事业监测统计信息》，http：//www.shrca.org.cn/2593.html，最后访问日期2010年2月10日。

上海市老龄人口研究中心，2008，《上海市老龄事业发展报告书》，http：//www.shrca.org.cn/big/10，最后访问日期2009年7月19日。

上海市《迈向21世纪的上海》课题领导小组，1995，《迈向21世纪的上海：1996~2010年上海经济、社会发展战略研究》，上海人民出版社.

上海市社会科学界联合会、上海市社区发展研究会，2000，《上海社区发展报告：1996~2000》，上海大学出版社。

上海市社会团体管理局，2013，《2013年6月基本业务统计数据》，http：//www.shstj.gov.cn/Info.aspx？ReportId = bb9b9fff － 7ddf － 417d － 8761 －5b485bd0b2f8，最后访问日期2014年3月9日。

上海市统计局，2013，《上海统计年鉴2013》，中国统计出版社。

上海市统计局，2012，《上海统计年鉴 2012》，中国统计出版社。

汪玉凯，2006，《党内和谐，公共治理和谐和社会和谐》，《中国党政干部论坛》第 12 期。

王军、徐寿松，2004，《独居老人服务空白成热门话题催生"老年经济"》，《新华网》，http：//www. sh. xinhuanet. com/2004 - 04/09/content_ 1946674. htm，最后访问日期 2013 年 10 月 8 日。

新华网，2007，《香港人均年龄已达 82. 45 岁》，2007 年 12 月 20 日，http：//big5. xinhuanet. com/gate/big5/news. xinhuanet. com/gangao/2007 - 12/20/content_ 7286684. htm，最后访问日期 2011 年 8 月 1 日。

熊月之，1999，《当代政治 上海通史》（第 11 卷），上海人民出版社。

熊月之，2008，《村中城与城中村：当代上海流行文化的特征》，香港大学亚洲研究中心研讨会报告。

熊月之、周武，2007，《上海：一座现代化都市的编年史》（第 1 版），上海书店出版社。

张广利、桂勇，2003，《社会资本：渊源·理论·局限》，《河北学刊》第 3 期。

张树军，1998，《大转折——中共十一届三中全会实录》，浙江人民出版社。

张文范，2000，《21 世纪上半叶中国老龄问题对策研究》，华龄出版社。

张钟汝，2000，《老年人的闲暇效用及相关分析》，载关锐煊编《长者义工服务文集》，香港基督教服务处。

赵建民，2004，《中国大陆城市基层民主研究》，朱新民编财团法人两岸交流远景基金会出版。

赵延东，2002，《再就业中的社会资本：效用与局限》，《社会学研究》第 50 卷第 4 期。

中国残疾人联合会，2008 年 4 月 1 日，《关于残疾人工作的几个基本问题——邓朴方同志在云南省省级机关负责干部会议上的讲话》，http：//www. cdpf. org. cn/llyj/content/2008 - 04/01/content_ 83180. htm，最后访问日期 2012 年 2 月 11 日。

中国共产党，2005，《中共中央关于加强党的执政能力建设的决定》，载《十六大以来重要文献选编》（第 1 版），中央文献出版社。

中国国家统计局，2011，《中国统计年鉴 2011》，中国统计出版社。

中国国家统计局，2008，《中国统计年鉴 2008》，中国统计出版社。

中国老龄科学研究中心，1994，《中国老年人供养体系调查数据汇编》，华龄出版社。

中国老龄委办公室，2006，《中国人口老龄化发展趋势预测研究报告》。

中国社会科学院语言研究所词典编辑室，2005，《现代汉语词典》（第 5 版），商务印书馆。

周其俊，2007，《独居老人死亡事件多发：独居老人安全如何保证?》，《文汇报》12 月 5 日第 2 版。

周永新、齐铱，2000，《余晖晚照：香港老人的乐与忧》，天地出版社。

周永新，2000，《香港老年人职员服务制度》，载关锐煊编《长者义工服务文集》，香港基督教服务处。

Abbott, P., & Sapsford, R. (2005). Living on the margins: Older people, place and social exclusion. *Policy Studies*, 26 (1), 29 – 46.

Afshar, H., Franks, M., Maynard M., & Wray S. (2002). Gender, ethnicity and empowerment in later life. *Quality in Ageing*, 3 (1), 27 – 34.

Ageing and Life Course Unit, World Health Organization (2008). *WHO global report on falls prevention in older age.* Geneva, Switzerland: World Health Organization.

Agrawal, A., & Gibson, C. C. (1999). Enchantment and disenchantment: The role of community in natural resource conservation. *World Development*, 27 (4), 629 – 649.

Aiken, L. S. & West, S. G. (1991). *Multiple regression: Testing and interpreting interactions.* Newbury Park, CA: Sage.

Aldridge, S., Halpern, D., & Fitzpatrick, S. (2002). *Social capital: A discussion paper.* London: Performance and Innovation Unit.

Alexander, Z. (1999). *Study of Black, Asian and ethnic minority issues.* London: Department of Health, the United Kingdom.

Allen, J., Cars, G. & Madanipour, A. (2003). "Introduction." In A. Madanipour, G. Cars & J. Allen (Eds.), *Social exclusion in European cities: processes, experiences, and responses* (pp. 301). London; New York: Routledge.

Aroian, K. J., Wu, B. and Tran, T. V. (2005). Health care and social service

Use among Chinese immigrant elders. *Research in Nursing & Health*, 28 (2), 95 – 105.

Arslantas, D. , Ünsal, A. , Metintas, S. , Koc, F. , & Arslantas, A. (2009). Life quality and daily life activities of elderly people in rural areas, Eskiçehir (Turkey). *Archives of Gerontology and Geriatrics*, 48 (2), 127 – 131.

Atchley, R. C. (1993). Continuity theory and the evolution of activity in later a-dulthood In J. R. Kelly (Eds.), *Activity and aging： Staying involved in later life* (pp. 5 – 16). Newbury Park, Calif. : Sage Publications.

Atchley, R. C. (1972). *The social forces in later life： An introduction to social gerontology.* Belmont, CA： Wadsworth.

Attias-Donfut, C. , & Renaut, S. (1994). Aging with one's children： Permanent co-residence and returning after living apart. *Vieillir avec ses enfants. Coresidence de toujours et recohabitation*, 59, 29 – 53.

Audit Commission. (2000). *Voluntary quality of life and cross-cutting indicators.* from www. audit-commission. gov. uk.

Australian Bureau of Statistics. (2003). *Disability, ageing and carers： Summary of findings.* Australian Annual Statistical Report.

Babbie, E. R. (2002). *The basics of social research* (8th ed.). Washington： Wadsworth Publishing Company.

Babbie, E. R. (2007). *The practice of social research* (11th ed.). Belmont, CA： Thomson Wadsworth.

Bailey, C. L. (2007). *Understanding the meaning of community engagement for aging in place within a social capital framework.* Unpublished Ph. D. thesis, Virginia Polytechnic Institute and State University, Virginia, United States.

Bajekal, M. , Blane, D. , Grewal, I. , Karlsen S. , & Nazroo, J. (2004). Ethnic differences in influences on quality of life at older ages： A quantitative analysis. *Ageing and Society*, 24 (5)： 709 – 728.

Baland, J. – M. & Platteau, J. – P. (1996). *Halting degradation of natural resources： Is there a role for rural communities?* New York： Oxford University Press.

Bass, S. & Caro, F. (2001). Productive aging： A conceptual framework. In N.

Morrow Howell, J. Hinterlong & M. Sherraden (Eds.), *Productive aging: Perspectives and research directions* (pp. 37 – 80). Baltimore, MD: Johns Hopkins University Press.

Bearon, L. B. (1996). Successful aging: What does the " good life" look like? – concepts in gerontology. *The Forum for Family & Consumer Issues*, 1 (3). Retrieved January 12, 2007, from http: //www. ces. ncsu. edu/depts/fcs/pub/aging. html.

Beauchamp, T. L., & Childress, J. F. (Eds.). (1989). *Principles of biomedical ethics* (3rd ed.). New York: Anchor Books.

Becker, G. S. (1975). *Human capital: A theoretical and empirical analysis, with special reference to education.* Chicago: University of Chicago Press.

Beiser, M. N. M. N. and Hou., F. (2006). Ethnic identity, resettlement stress and depressive affect among Southeast Asian refugees in Canada. *Social Science and Medicine*, 63 (1), 137 – 150.

Bell, Colin and Newby, Howard. (1973). *Community Studies: An Introduction to the sociology of the local community.* Westport, CT: Praeger.

Bell, Colin and Newby, Howard. (1974). *The sociology of community: A selection of readings.* London: Frank Cass.

Bengston, V. (1976). *The social psychology of aging.* Indianapolis: Bobbs-Merrill.

Benton, G. (2003). Chinese transnationalism in Britain: A longer history. *Identities-Global Studies in Culture and Power*, 10 (3), 347 – 375.

Berghman, J. (1995), Social exclusion in Europe: policy context and analytical framework. In G. Room (Eds.), *Beyond the threshold: The measurement and analysis of social exclusion* (pp. 10 – 28). Bristol: The Policy Press.

Berkanovic, E., Chi, I., Lubben, J. E. & Kitano, H. H. L. (1994). The physical, mental and psychological health status of older Chinese: A cross-national study. *Journal of Aging and Social Policy*, 6 (3), 73 – 87.

Berkman, L. F. & Kawachi, I. (2000). *Social epidemiology.* Oxford: Oxford University Press.

Berry, H. L. (2008). Social capital elite, excluded participators, busy working parents and aging, participating less: Types of community participators and their mental health. *Social Psychiatry and Psychiatric Epidemiology*, 43 (7), 527 – 537.

Bian, Y. J. & Lin, N. (1991). Getting ahead inurban China. *American Journal of Sociology*, 97 (3), 657 – 688.

Bian, Y. J. (1994). *Work and inequality in urban China*. Albany: State University of New York Press.

Biosjoly, J., Duncan, G. J. & Hofferth, S. (1995). Access to social capital. *Journal of family issues*, 16 (5), 609 – 631.

Birren, J. E. (2001). Psychological implications of productive aging. In N. Morrow-Howell, J. Hinterlong & M. Sherraden. (Eds.), *Productive aging: Concepts and challenges* (pp. 102 – 119). Baltimore; London: Johns Hopkins University Press.

Blakemore, K. (1994). *Age, race and ethnicity: A comparative approach*. Buckingham; Philadelphia: Open University Press.

Blignault, I., Ponzio, V., Rong, Y. & Eisenbruch, M. (2008). A qualitative study of barriers to mental health services utilisation among migrants from mainland China in south-east Sydney. *International Journal of Social Psychiatry*, 54 (2), 180 – 190.

Bolda, E. J., Lowe, J. I., Maddox, G. L. & Patnaik, B. S. (2005). Community partnerships for older adults: A case study. *Families in Society*, 86 (3), 411 – 418.

Borglin, G., Edberg, A. K. & Rahm Hallberg, I. (2005). The experience of quality of life among older people. *Journal of Aging Studies*, 19 (2), 201 – 220.

Bourdieu, P. (1980). Le capital social: Notes provisoires. *Actes recberbe science social*, 31, 2 – 3.

Bourdieu, P. (1986). Theforms of capital. In J. G. Richardson (Eds.), *In handbook of theory and research for the sociology of education* (pp. 241 – 258). New York: Greenwood.

Bourdieu, P. & Wacquant, L. J. D. (1992). *An invitation to reflexive sociology*. Chicago: University of Chicago Press.

Bowling, A. 2008. Definitions of successful ageing. *Paper presented to Cadenza symposium* 2008: *Successful Aging, Hong Kong*, 8 – 10 December.

Bowling, A. & Stafford, M. 2007. How do objective and subjective assessments of neighbourhood influence social and physical functioning in older age? Findings from a British survey of ageing. *Social Science & Medicine*, 64 (12), 2533 – 2549.

Bowling, A. (2006). Which model of successful ageing should be used? *Age and Ageing*, 35 (6), 607 – 614.

Brehm, J. & Rahn, W. (1996). *Individual level evidence for the causes and consequences of social capital.* Duke university, Durham.

Brydon-Miller, M. (2008). Ethics and action research: Deepening our commitment to principles of social justice and redefining systems of democratic practice. In P. Reason & H. Bradbury (Eds.), *The sage handbook of action research: Participative inquiry and practice* (2nd ed., pp. 199 – 210). Los Angeles; London: SAGE.

Burchardt, T., Grand, J. L. & Piachaud, D. (2002). "Introduction." In J. Hills, J. L. Grand & D. Piachaud (Eds.), *Understanding social exclusion* (pp. 1 – 12). Oxford: Oxford University Press.

Burr, J. A., Caro, F. G. & Moorhead, J. (2002). Productive aging and civic participation. *Journal of Aging Studies*, 16 (1), 87 – 105.

Burt, R. S. (1992). *Structural holes: The social structure of competition.* Cambridge, Mass.: Harvard University Press.

Burt, R. S. (2001). Structure holes versus network closure as social capital. In N. Lin, K. Cook & R. S. Burt (Eds.), *Social capital: Theory and research* (pp. 31 – 56). New York: Aldine De gruyter.

Butler, R. & Gleason, H. (Eds.). (1985). *Productive aging: Enhancing vitality in later life.* New York: Springer.

Butler, S. S. & Eckart, D. (2007). Civic engagement among older adults in a rural community: A case study of the senior companion program. *Journal of Community Practice*, 15 (3), 77 – 98.

Calabrese, A. & Borchert, M. (1996). Prospects for electronic democracy in the

United States: Rethinking communication and social policy. *Media, Culture & Society*, 18 (2), 249 – 261.

Caro, F. G. , & Bass, S. A. (1995). Dimensions of productive engagement. In S. A. Bass (Eds.), *Older and active: How Americans over 55 are contributing to society* (pp. 204 – 216). New Haven: Yale University Press.

Castiglione, D. , Deth, J. W. v. , & Wolleb, G. (2008). Social capital's fortune: An introduction. In D. Castiglione, J. W. v. Deth & G. Wolleb (Eds.), *The handbook of social capital* (pp. 1 – 10). Oxford; New York: Oxford University Press.

Central Intelligence Agency. (2009). *The world fact book* 2008. Retrieved March 20, 2009, from The World Fact Book database Available, from https://www. cia. gov/library/publications/the-world-factbook/geos/ch. html#People.

Chang, J. , & Jon, H. (2005). *Mao: The unknown story*. London: Jonathan Cape.

Chan, R. K. H. , Cheung, C. K. , & Peng, I. (2004). Social capital and its relevance to the Japanese-model welfare society. *International Journal of Social Welfare*, 13 (4), 315 – 324.

Chappell, N. , & Kusch, K. (2007). The gendered nature of filial piety: A study among Chinese canadians. *Journal of Cross-cultural Gerontology*, 22 (1), 29 – 45.

Chappell, N. L. , & Lai, D. C. Y. (2001). Social support of the elderly Chinese: Comparisons between China and Canada. In I. Chi, N. L. Chappell and J. E. Lubben. eds. *Elderly Chinese in Pacific Rim countries: social support and integration*, Hong Kong: Hong Kong University Press.

Chau, C. , & Yu, W. K. (2000). Chinese older people in Britain: Double attachment to double detachment. In A. M. Warnes, L. Warren and M. Nolan. eds. *Care services for later life: Transformations and critiques*, London; Philadelphia, Pa: Jessica Kingsley Publishers.

Chau, R. C. M. , & Yu, S. W. K. (2001). Social exclusion of Chinese people in Britain. *Critical Social Policy*, 21 (1), 103 – 125.

Cheng, T. , & Seldon, M. (1994). The origins and social consequences of

China's Hukou system. *The China Quarterly*, (139), 644 – 668.

Chen, H. L., & Wong, Y. C. (2006). *Social capital and the quality of life among senior residents in rapid transforming urban communities.* Paper presented at the Fifth international conference of social work on health and mental health, Hong Kong December 14 – 16.

Chen, H. L., & Wong, Y. C. (2009). *Underpinning social capital among older adults: The need for community practitioners.* Paper presented at the International Conference on Social Work and Counseling Practice, Hong Kong June 2 – 5.

Chen, L. (2003). *Government's work report at the First Session of the Twelfth Shanghai People's Congress.*

Chen, X. (2001). *Social support, social change, and psychological well-being of the elderly in China: Does the type and source of support matter?* Unpublished Ph. D. thesis, University of Southern California, California, United States.

Chen, Y. (Eds.). (2006). *The shack living compond: A memory in livng history* (1 ed.). Shanghai: Shanghai Old Archive Press.

Cheuk, F. N., H. C. Northcott, et al. (2007). Housing and living arrangements of South Asian immigrant seniors in Edmonton, Alberta. *Canadian Journal on Aging*, 26 (3): 185 – 194.

Cheung, C. K., & Kwan, A. Y. H. (2006). Inducting older adults into volunteer work to sustain their psychological well being. *Ageing International*, 31 (1), 44 – 58.

Chi, I., & Leung, M. F. (1999). Health promotion for the elderly persons in Hong Kong. *Journal of Health & Social Policy*, 10 (3), 37 – 51.

Chiu, S., & Yu, S. (2001). An excess of culture: The myth of shared care in the Chinese community in Britain. *Ageing and Society*, 21 (6), 681 – 699.

Chong, M. L. (2006, 14 – 16, December). *Social trust and the development of social capital.* Paper presented at the The 5th International Conference on Sociall Work and Mental Health: Hong Kong.

Chou, K. L. (2007). Psychological distress in migrants in Australia over 50 years old: A longitudinal investigation. *Journal of Affective Disorders*, 98 (1 – 2):

99 – 108.

Chow, N. S. W. , & Chi, I. (1999). *A study on the volunteering aspirations of retired or retiring professionals in Hong Kong.* Hong Kong: The University of Hong Kong.

Chow, N. (1993). The changing responsibilities of the state and family toward elders in Hong Kong. *Journal of Aging & Social Policy*, 5 (1), 111 – 126.

CIA. (2013). The World Factbook. Retrieved October 1, 2013, from https://www. cia. gov/library/publications/the-world-factbook/geos/ch. html.

Civic Ventures (2002). The new face of retirement: An ongoing survey of American attitudes on aging. Retrieved January 11, 2007, from http://www. civicventures. org/27. html.

Cleaver, S. R. (2007), *Physical mobility and aging in intellectual disability.* Unpublished M. Sc. , Queen's University (Canada), Canada.

Clift, E. (2005). A place to belong: Student agency in the social capital of a magnet high school. *Journal of Curriculum & Supervision*, 20 (4), 271 – 297.

Cohen, J. , Cohen, P. , West, S. G. , & Aiken, L. S. (2003). *Applied multiple regression/correlation analysis for the behavioral sciences* (3 ed.). Mahwah, New Jersey: Erlbaum.

Coleman, J. S. (1987). Families and schools. *Educational Researcher*, 16 (6), 32 – 38.

Coleman, J. S. (1990). *Foundations of social theory.* Cambridge: Harvard University Press.

Coleman, J. S. , Schiller, Kathryn S. , & Schneider, B. (1993). Parentchoice and inequality. In B. Schneider & J. S. Coleman (Eds.), *Parents, their Children, and Schools* (pp. 147 – 182). Boulder: Westview Press.

Coleman, J. S. (1988). Social capital in the creation of human capital. *The American Journal of Sociology*, 94 (Supplement 1), s95 – s120.

Coleman, K. A. (1995). The value of productive activities of older Americans. In S. A. Bass (Eds.), *Older and active: How Americans over 55 are contributing to societies.* New Haven: Yale Universtiy Press.

Cooke, F. L. (2007). Husband's career first: renegotiating career and family commitment among migrant Chinese academic couples in Britain. *Work, Employment and Society*, 21 (1), 47 – 65.

Cooke, M. (2007), A review of aging and disability policies for economic and social factors that create inequality. *International Journal on Disability and Human Development*, 6 (3), 259 – 272.

Couto, R. A., & Guthrie, C. S. (1999). *Making democracy work better: Mediating structures, social capital, and the democratic prospect.* Chapel Hill; London: The University of North Carolina Press.

Cox, C. B. (2005). *Community care for an aging society: Issues, policies, and services.* New York: Springer Publishing Company.

Crow, L. (1996), Including all of our lives: renewing the social model of disability. In I. Morris (Eds.), *Encounters with Strangers: feminism and disability* (pp. 206 – 226). London: Women's Press.

Cummins, R. A., & McCabe, M. P. (1994). The comprehensive quality of life scale (ComQol): Instrument development and psychometric. *Educational & Psychological Measurement*, 54 (2), 372 – 382.

Czaja, S. J., & Lee, C. C. (2001). The internet and older adults: Design challenges and opportunities. In N. Charness, D. C. Parks & B. A. Sabel (Eds.), *Communication, Technology and Aging Opportunities and Challenges for the Future* (pp. 60 – 76). New York: Springer Publications.

Daatland, S. O., & Hansen, T. (2007). Well-being, control and ageing: An empirical assessment. In H. Mollenkopf & A. Walker (Eds.), *Quality of life in old age: International and multi-disciplinary perspectives* (pp. 33 – 47). Dordrecht: Springer.

Dale, A., Lindley, J., & Shirley, D. (2006). A life-course perspective on ethnic differences in women's economic activity in Britain. *European Sociological Review*, 22 (3), 323 – 337.

Dasgupta, P., & Serageldin, I. (2000). *Social capital: A multifaceted perspective.* Washington, D. C.: World Bank.

Das, R. J. (2004). Social capital and poverty of the wage-labour class: Problems with the social capital theory. *Transactions of the Institute of British Geographers*, 29 (1), 27 – 45.

David, G. , & Patterson, G. (1997). Productive aging: 1995 White House conference on aging, challenges for public policy and social work practice. *Journal of Gerontological Social Work*, 27 (3), 9 – 26.

Davidson, K. , Warren, L. , & Maynard, M. (2005). Social involvement-aspects of gender and ethnicity. In A. Walker (Eds.), *Understanding quality of life in old age* (pp. 84 – 99). New York: Open Unviersity Press.

Deeg, D. J. H. (2007). Health and quality of life. In H. Mollenkopf & A. Walker (Eds.), *Quality of life in old age: International and multi-disciplinary perspectives* (pp. 195 – 213). Dordrecht: Springer.

Deeming, C. (2009). "Active ageing" in practice: A case study in East London, UK. *Policy & Politics*, 37 (1), 93 – 111.

DeFilippis, J. (2001). The myth of social capital in community development. *Housing Policy Debate*, 12 (4), 781 – 806.

De Leon, C. F. M. (2005). Social engagement and successful aging. *European Journal of Ageing*, 2 (1), 64 – 66.

De Vaus, D. A. (2001). *Research design in social research*. London: Sage Publications.

Diener, E. , Emmons, R. A. , Larsen, R. J. , & Griffin, S. (1985). The satisfaction with life scale. *Journal of Personality Assessment*, 49 (1), 71 – 75.

Dilworth-Anderson, P. , & L. Burton. 1999. Critical issues in understanding family support and older minorities. *In Full-color aging*. Washington, D. C. : Grontology Society of America.

Dinello, N. (1998). Forms of capital: The case of Russian bankers. *International Sociology*, 13 (3), 291 – 310.

Dixon, J. , & Seron, C. (1995). Stratification in the legal profession: Sex, sector, and salary. *Law and society review*, 29 (3), 381 – 421.

Duncan, C. M. (2001). Socila capital in American's poor rural communities. In S. Saegert, J. P. Thompson & M. R. Warren (Eds.), *Social Capital and Poor*

Communities (pp. 60 – 86). New York Russell Sage Foundation.

Du, P. (2008). *Intergenerational solidarity and elderly support: The changing role of family and government in China.* Paper presented at the Social Capital and Volunteering in Modern Ageing Cities: Building Intergenerational Inclusion, Hong Kong, December 15 – 19.

Durkheim, E. (1952). *Suicide: A study in sociology.* London: Routledge & Kegan Paul.

Durkheim, E. , & Wilson, E. K. (1981). The realm of sociology as a science. *Social Forces*, 59 (4), 1054 – 1072.

Dychtwald, K. (1999). *Age Power: How the 21st century will be ruled by the new old.* New York: Penguin Putnam.

Eastis, C. (1998). Organizational diversity and the production of social capital: one of these groups is not like the other. *American Behavioral Scientist*, 42 (1), 66 – 77.

Edelman, L. F. , Bresnen, M. , Newell, S. , Scarbrough, H. , & Swan, J. (2004). The benefits and pitfalls of social capital: Empirical evidence from two organizations in the United Kingdom. *British Journal of Management*, 15 (Supplement 1), S59 – S69.

Edwards, B. , & Foley, M. W. (1998). Civil society and social capital beyond Putnam. *American Behavioral Scientist*, 42 (1), 124 – 139.

Edwards, J. D. , Wadley, V. G. , Vance, D. E. , Wood, K. , Roenker, D. L. , & Ball, K. K. (2005). The impact of speed of processing training on cognitive and everyday performance. *Aging & Mental Health*, 9 (3), 262 – 271.

Emerson, R. M. (1962). Power-dependence relations. *American Sociology Review*, 27 (1), 31 – 41.

Epstein, G. S. (2009). Locational choice, ethnicity and assimilation. In G. T. Svendsen and G. L. H. Svendsen (Eds.), *Handbook of Social Capital: The Troika of Sociology, Political Science and Economics*, Cheltenham, UK; Northampton, MA: Edward Elgar.

Erikson, E. H. (1997). *The life cycle completed* (Extended version/with new chapters by Joan M. Erikson. ed.). New York: W. W. Norton.

Erikson, J. M. , Erikson, E. H. , & Kivnick, H. (1986). *Vital involvement in old age.* New York: Norton.

Ermisch, J. F. , Gambetta, D. , Laurie, H. , Siedler, T. , & Uhrig, S. C. N. (2007). *Measuring people's trust.* Colchester: Institute for Social and Economic Research.

Etzioni, A. (2001). Community Building. *Current,* 429, 29 – 33.

Etzioni, A. (2000). Creating good communities and good societies. *Contemporary Sociology,* 29 (1), 188 – 195.

Etzioni, A. (1996). The responsive community: A communitarian perspective. *American Sociological Review,* 61 (1), 1 – 11.

Evergeti, V. (2006). Living and caring between two cultures. *Community, Work & Family,* 9, 347 – 366.

Feng, B. (2005). Understanding the cultural narratives of the migrant Chinese mainlanders living in northern Ireland. *Electronic Journal of Sociology.* Viewd 10 September, 2009 < http: //www. sociology. org/archive. html >.

Fernandez, R. M. , Castilla, E. J. , & Moore, P. (2000). Social capital at work: Networks and employment at a phone center. *American Journal of Sociology,* 105 (5), 1288 – 1356.

Ferrans, C. , & Powers, M. (1985). Quality of life index: Development and psychometric properties. *Advances in Nursing Science,* 8 (1), 15 – 24.

Field, J. (2008). *Social capital* (2nd ed.). London; New York: Routledge.

Fisher, B. J. (1992). Successful aging and life satisfaction: A pilot study for conceptual clarification. *Journal of Aging Studies,* 6 (2), 191 – 202.

Fong, C. L. and I. Watt (1994). Chinese health behaviour: breaking barriers to better understanding. *Health Trends* 26 (1): 14 – 15.

Fountain, H. (2005). No, you can't just dodder. *New York Times,* pp. 1 – 16. Retrieved March 10, 2007, from http: //www. nytimes. com/2005/05/15/weekinreview/15fount. html? _ r = 1.

Fountain, J. E. (1999). Social capital: A key enabler of innovation. In L. M.

Branscomb & J. Keller (Eds.), *Investing in innovation creating a research and innovation policy that works* (pp. 85 – 111). Boulder, Colo. : Net Library, Inc.

Fountain, J. E. (2001). The virtual state: Transforming American government? *National Civic Review*, 90 (3), 241.

Fowler, Robert Booth. (1991). *The dance with community*. Lawrence: University Press of Kansas.

Franke, S. (2005). *Measurement of social capital-reference document for public policy research, development, and evaluation.* Policy Research Initiative.

Frazier, P. A. , Tix, A. P. , & Barron, K. E. (2004). Testing moderator and mediator effects in counselling psychology research. *Journal of Counselling psychology*, 5 (1), 115 – 134.

Freedman, M. (1999). *Prime time: How baby boomers will revolutionize retirement and transform America.* New York: Public Affairs.

Freeman, L. C. , & Ruan, D. (1997). An international comparative study of interpersonal behavior and role relationships. *L'Annee sociologique* (47), 89 – 115.

Friedan, B. (1993). *The fountain of age.* New York: Simon & Schuster.

Friedman, E. (1991). *Chinese village, socialist state.* New Haven: Yale University Press.

Friedrich, K. , Kellaher L. , & Torres, S. 2004. The diversity and welfare of older migrants in Europe. *Ageing & Society*, 24 (3), 307 – 326.

Frisch, M. B. , Cornell, J. , Villanueva, M. , & Retzlaff, P. J. (1992). Clinical validation of the quality of life inventory. *Psychological Assessment*, 4 (1), 92 – 101.

Fuchs, E. R. , Minnite, L. , & Shapiro, R. Y. (1999). *Political capital and piolitical participation.* Paper presented at the Midwest Political Science Association, Chicago, April 15 – 17.

Fujiura, G. T. , & Rutkowski-Kimitta, V. (2001), Counting disability. In Gary L. Albrecht, K. D. Seelman & M. Bury (Eds.), *Handbook of Disability Studies* (pp. 69 – 96). Thousand Oaks: CA: Sage.

Fukuyama, F. (1995a). Social capital and the global economy. *Foreign Affairs*, 74

(5), 89 – 104.

Fukuyama, F. (1995b). *Trust: The social virtues and creation of prosperity.* London: Hamish Hamilton.

Fukuyama, F. (1997). Falling tide. *Harvard International Review*, 20 (1), 60 – 64.

Fung, H., Yeung, D., Li, K. K., & Lang, F. R. (2008). *The benifits of negative social exchanges for emotional closeness.* Paper presented at the Social Capital and Volunteering in Modern Ageing Cities: Building Intergenerational Inclusion, Hong Kong, December 15 – 19.

Furnham, A. & Li, Y. H. (1993). The psychological adjustment of the Chinese community in Britain: A study of two generations. *British Journal of Psychiatry*, 162 (Jan), 109 – 113.

Furtado, D. and N. Theodoropoulos (2009). *Intermarriage and Immigrant Employment: The Role of Networks.* CYPRUS.

Furtado, D., & Theodoropoulos, N. (2009). *Intermarriage and Immigrant Employment: The Role of Networks.* CYPRUS.

Gabbay, S. M. (1995). *Social capital in the creation of financial capital.* Unpublished Ph. D. thesis, Columbia University, New York.

Gary, C. (2004). Citizenship, exclusion and older people. *Journal of Social Policy*, 33 (1), 95 – 114.

Geisler, R. (2005). Civil society and social capital in upper silesia, a region on its way to the European Union. *East European Quarterly*, 39 (1), 103 – 127.

Gibson, R. C. (1995). Promoting successful and productive aging in minority populations. In L. A. Bond, S. J. Cutler & A. Grams (Eds.), *Promoting successful and productive aging* (pp. 279 – 288). Thousand Oaks, CA: Sage.

Giles, H., & Dorjee, T. (2004). Communicative climates and prospects in cross-cultural gerontology. *Journal of Cross-Cultural Gerontology*, 19 (4), 261 – 274.

Gilleard, C., Hyde, M., & Higgs, P. (2007). The impact of age, place, aging in place, and attachment to place on the well-being of the over 50s in England. *Research on Aging*, 29 (6), 590 – 605.

Gilroy, R. , & Speak, S. (2003). Barriers, boxes and catapults: social exclusion and everyday life. In A. Madanipour, G. Cars & J. Allen (Eds.), *Social exclusion in European cities: processes, experiences, and responses* (pp. 95 – 113). London; New York: Routledge.

Gilson, S. F. , & Depoy, E. (2002). Theoretical approaches to disability content in social work education. *Journal of Social Work Education*, 38 (1), 153 – 165.

Ginn, J. and S. Arber (2001). Pension prospects of minority ethnic groups: Inequalities by gender and ethnicity. *British Journal of Sociology* 52 (3): 519 – 539.

Gittell, R. , & Thompson, J. P. (2001). Making social capital work: Social capital and community economic development. In E. M. Uslaner & P. Dekker (Eds.), *Social Capital and Participation in Everyday Life*. London: Routledge.

Goh, I. , L. – F. Low, et al. (2006). Levels and rates of depression among Chinese people living in Chinese ethno – specific and mainstream residential care in Sydney. *International Psychogeriatrics Forthcoming* (1): 1 – 9.

Gold, T. B. (1988). Communist Neo-Traditionalism: Work and Authority in Chinese Industry (Book). *Contemporary Sociology*, 17 (2), 171 – 172.

Goulbourne, Harry. (2006a). Editorial. *Community, Work & Family*, 227 – 233.

Goulbourne, Harry. (2006b). Families, communities and social capital. *Community, Work & Family*, 9, 235 – 250.

Granovetter, M. (1985). Economic action and social structure. *American Jounal of Sociology*, 91 (6), 485 – 510.

Granovetter, M. (1973). The strength of weak ties. *American Journal of Sociology*, 78 (6), 1360 – 1380.

Green, A. & MacKinnon, M. (2001). The slow assimilation of British immigrants in Canada: Evidence from Montreal and Toronto, 1901. *Explorations in Economic History*, 38 (3), 315 – 338.

Green, G. , H. Bradby, et al. (2002). Is the English National Health Service meeting the needs of mentally distressed Chinese women? *Journal of Health Services Research and Policy*, 7 (4): 216 – 221.

Greg, O. N. (2004). The Gerontological Society of America announces initiative on civic engagement in an olderAmerica. Retrieved January 15, 2007, from http://www. geron. org/press/engagement. htm.

Grootaert, C., & Bastelaer, T. v. (Eds.). (2002). *Understanding and measuring social capital-a multidisciplinary tool for practitioners.* Washington, D. C.: World Bank.

Grootaert, C., & Bastelaer, T. v. (2001). *Understanding and Measuring Social Capital: A Synthesis of Findings from the Social Capital Initiative.* Washington, D. C.: World Bank.

Grootaert, C., Narayan, D., Jones, V. N., & Woolcock, M. (2004). *Measuring social capital-an integrated questionnaire.* Washington D. C.: World Bank.

Grootaert, C. (1997). *Social capital: The Missing Link?* Washington, D. C: World Bank.

Guo, X. (2005). *Immigrating to and ageing in Australia: Chinese experiences.* PhD thesis, Murdoch University, Murdoch.

Gutmann, D. (1987). *Reclaimed powers: Toward a new psychology of men and women in later life.* New York: Basic Books.

Hagan, J., Merkens, H., & Boehnke, K. (1995). Delinquency and disdain: Social capital and the control of right-wing extremism among east and west Berlin youth. *The American Journal of Sociology*, 100 (4), 1028–1052.

Halpern, D. (2005). *Social capital.* Cambridge; Malden, Mass.: Polity Press.

Hannifan, L. J. (1920). *The community center.* Boston: Silver, Burdett.

Hareven, T. (1987). Reflections on family research in the PRC. *Social Research*, 54 (4), 663–689.

Harley, C. R. (2001). *The social gradient in health: Social capital, human capital and the transition to adulthood.* Unpublished Ph D thesis, University of Minnesota, Minnesota, United States.

Harpham, T., Grant, E., & Thomas, E. 2002. Measuring social capital within health surveys: Key issues. *Health Policy and Planning*, 17 (1): 106–111.

Hart, J. d., & Dekker (1999). Civic engagement and volunteering in the Netherlands. In J. W. v. Deth (Eds.), *Social Capital and European Democracy.* London, New York: Routledge.

Hartlapp, M., & Schmid, G. N. (2008). Labourmarket policy for "Active Ageing" in Europe: Expanding the options for retirement transitions. *Journal of Social Policy*, 37 (3), 409 – 431.

Havighurst, R. J. (1961). Successful aging. *The Gerontologist*, 1 (1), 8 – 13.

Hayami, Y. (2009). Social capital, human capital and the community mechanism: Toward a conceptual framework for economists. *Journal of Development Studies*, 45 (1), 96 – 123.

Haywood, K. L., Garratt, A. M., & Fitzpatrick, R. (2005). Quality of life in older people: A structured review of generic self-assessed health instruments. *Quality of Life Research*, 14 (7), 1651 – 1668.

Higgs, P., Hyde, M., Wiggins, R., & Blane, D. (2003). Researching quality of life in early old age: The importance of the sociological dimension. *Social Policy and Administration*, 37 (3), 239 – 252.

Hill, J. (2004). Is there life after retirement? *Library Mosaics*, 15 (1), 14 – 15.

Hill, R. D. (2008). *Seven strategies for positive aging*. New York: W. W. Norton & Company.

Hinterlong, J., Tang, F., McBride, A. M., & Danso, K. (2006). Issues in elder service and volunteerism worldwide: Toward a research agenda. In L. B. Wilson & S. P. Simson (Eds.), *Civic Engagement and the Baby Boomer Generation: Research, Policy, and Practice Perspectives* (pp. 213 – 246). New York Haworth Press.

Hoe, Y. C. (2005). Weakening ties with the ancestral homeland in China: The case studies of contemporary Singapore and Malaysian Chinese. *Modern Asian Studies*, 39 (3): 559 – 597.

Holmbeck, G. N. (2002). Post-hoc probing of significant moderational and mediational effects in studies of pediatric populations. *Journal of pediatric psychology*, 27 (1), 87 – 96.

Hong Kong Population By-census Office. (2008). *Thematic report* 2007: *Older persons*.

Hooghe, M., Reeskens, T. Stolle, D., & Trappers, A. 2006. *Ethnic Diversity, Trust and Ethnocentrism and Europe. A Multilevel Analysis of 21 European Countries.* Paper presented at the American Political Science Association's 2006 Annual Meeting.

Ho, W. C. (2006). From resistance to collective action in a Shanghai socialist "model community": From the late 1940s to early 1970s. *Journal of Social History*, 40 (1), 85 – 117.

Hutchinson, J. (2004). Social capital and community building in the inner city. *Journal of The American Planning Association*, 70 (2), 168 – 175.

Hyde, M., Wiggins, R. D., Higgs, P., & Blane, D. B. (2003). A measure of quality of life in early old age: The theory, development and properties of a needs satisfaction model [CASP – 19]. *Ageing & Mental Health*, 7 (3), 186 – 194.

International Classification of Functioning. (2008). "Introduction of ICF" Retrieved June 10th, 2009, from http://www. who. int/classifications/icf/site/icftemplate. cfm? myurl = introduction. html% 20& mytitle = Introduction.

Ip, D., Lui, C., & Chui, W. (2007). Veiled entrapment: a study of social isolation of older Chinese migrants in Brisbane, Queensland. *Ageing and Society*, 27 (5), 719 – 738.

Jacobs, J. (1963). *The death and life of great American cities.* Harmondsworth: Penguin Books.

Janine, N., & Sumantra, G. (1998). Social capital, intellectual capital, and the organizational advantage. *Academy of Management. The Academy of Management Review*, 23 (2), 242 – 266.

Jan, N., Rana, A. K. M. M., & Zarina Nahar, K. (2006). Social capital and quality of life in old age: Results from a cross-sectional study in rural Bangladesh. *Journal of Aging and Health*, 18 (3), 419.

Jencks, C., & Peterson, P. (1991). *The urban underclass.* Washington, D. C.: Brookings institution.

Jennifer, S., & Katz, T. (1998). *Making rural water sustainable: Report on the im-*

pact of project rules. Washington, D. C. : World Bank.

Jiang, J. , Tang, Z. , Futatsuka, M. , & Zhang, K. (2004). Exploring the influence of depressive symptoms on physical disability: A cohort study of elderly in Beijing, China. *Quality of Life Research*, 13 (7), 1337 – 1346.

Jiang, S. , Lu, M. , & Sato, H. (2008). *Happiness in the dual society of urban China: Hukou identity, horizontal inequality and heterogeneous reference.* Belgium: LICOS Center for Institutions and Economic Performance.

Jin, W. , & Wu, S. (2006, June 5th). Three generations in the same neighborhood: The old couple engaged in an independence and their sons become neighbors. *Lian He Newspaper.* Retrieved Feburary 14, 2009, from http: // mag. udn. com/ mag/ life/ storypage. jsp? f_ ART_ ID = 36035.

Johnson, G. , & Kamara, J. L. (1977). Growing up and growing old: The politics of age exclusion. *International Journal of Aging & Human Development*, 8 (2), 99 – 110.

Jordan, B. (2008). Social capital and welfare policy. In D. Castiglione, J. W. v. Deth & G. Wolleb (Eds.), *The Handbook of Social Captial* (pp. 652 – 676). Oxford; New York: Oxford University Press.

Jovchelovitch, S. and M. C. Gervais (1999). Social representations of health and illness: The case of the Chinese community in England. *Journal of Community and Applied Social Psychology*, 9 (4): 247 – 260.

Kager, A. , Lang, A. , & Berghofer, G. (2000). Family dynamics, social functioning and quality of life in psychiatric patients. *The European Journal of Psychiatry*, 3, 161 – 170.

Kahneman, D. , Diener, E. , & Schwarz, N. (1999). *Well-being: The foundation of hedonic psychology.* New York: Russell Sage.

Kaskie, B. , Imhof, S. , Cavanaugh, J. , & Culp, K. (2008). Civic engagement as a retirement role for aging Americans. *The Gerontologist*, 48 (3), 368 – 377.

Kaufman, S. R. (1986). *The ageless self: Sources of meaning in late life.* New York: New American Library.

Kawachi, B. (2000). *Social epidemiology.* New York: Oxford University Press.

Kearney, B. P. M. , & Pryor, J. (2004), The International Classification of Functioning, Disability and Health (ICF) and nursing. *Journal of Advanced Nursing*, 46 (2), 162 – 170.

Kelly, M. P. F. (1995). Social and cultural capital in the urban ghetto: Implications for the economic sociology of immigration. In A. Portes (Eds.), *The Economic sociology of immigration: Essays on networks, ethnicity, and entrepreneurship* (pp. 213 – 247). New York: Russell Sage Foundation.

Kerschner, H. , & Pegues, J. A. M. (1998). Productive aging: A quality of life agenda. *Journal of the American Dietetic Association*, 98 (12), 1445 – 1448.

Keyes, L. C. (2001). Housing, social capital, and poor communities. In S. Saegert, J. P. Thompson & M. R. Warren (Eds.), *Social capital and poor communities* (pp. 136 – 164). New York: Russell Sage Foundation.

Knight, J. , & Shi, L. (1996). Educational attainment and the rural-urban divide in China. *Oxford Bulletin of Economics and Statistics*, 58 (1), 83 – 117.

Kobayashi, K. M. (2000). The nature of support from adult sansei (third generation) children to older nisei (second generation) parents in Japanese Canadian families. *Journal of Cross – Cultural Gerontology*, 15 (3): 185 – 205.

Kondo, N. , Minai, J. , Imaic, H. , & Yamagata, Z. (2007). Engagement in a cohesive group and higher-level functional capacity in older adults in Japan: A case of the Mujin. *Social Science & Medicine*, 64 (11), 2311 – 2323.

Kwok, C. , & Sullivan, G. (2006). Influence of traditional Chinese beliefs on cancer screening behaviour among Chinese-Australian women. *Journal of Advanced Nursing*, 54 (6), 691 – 699.

Lai, D. W. L. (2004). Health status of older Chinese in Canada: Findings from the SF – 36 health survey. *Canadian journal of public health. Revue canadienne de sante publique*, 95 (3), 193 – 197.

Lai, D. W. L. , Ka, T. T. , Chappell, N. , Lai, D. C. Y. , & Chau, S. B. Y. (2007). Relationships between culture and health status: A multi-site study of the older Chinese in Canada. *Canadian Journal on Aging*, 26 (3): 171 – 183.

Lai, G. , & Siu, Y. – M. (2002). *Residential mobility and social capital in urban*

Shanghai. Hong Kong: The Centre for China Urban and Regional Studies, Hong Kong Baptist University.

Lam, C. - Y. (2005). *Digital divide in Hong Kong, China-the effects of self-efficacy on elderly's internet usage intention and capabilities.* City University of Hong Kong, Hong Kong.

Lam, W. F. (1998). *Governning irrigation systems in Nepal: Institutinns infrastructure, and collective action.* San Francisco ICS Press.

Landsman, G. (2005), Mothers and models of disability. *Journal of Medical Humanities,* 26 (2/3), 121 – 139.

Lau, A., Chi, I., & McKenna, K. (1998). Self-perceived quality of life of Chinese elderly people in Hong Kong. *Occupational Therapy International,* 5 (2), 118 – 139.

Lauder, W., Mummery, K., & Sharkey, S. (2006). Social capital, age and religiosity in people who are lonely. *Journal of Clinical Nursing,* 15 (3), 334 – 340.

Law, K. - y. and K. - m. Lee (2006). Citizenship, Economy and Social Exclusion of Mainland Chinese Immigrants in Hong Kong. *Journal of Contemporary Asia,* 36 (2): 217 – 242.

Lawrence, B. B. (1989). *Qualitative research methods for the social sciences* (2 ed.). Boston: Allyn & Bacon.

Lawrence, R. H., & Jette, A. M. (1996). Disentangling the disablement process. *The Journals of Gerontology,* 51B (4), S173 – S182.

Lawton, M., & Brody, E. (1969). Assessment of older people: Self-maintaining and instrumental activities of daily living. *Gerontologiest,* 9 (3), 179 – 186.

Lazarus, R. S., & Folkman, S. (1984). *Stress, appraisal, and coping.* New York: Springer Publishing Co.

Leach, J. (2000). The Cultural Context of Aging: Worldwide Perspectives. *Journal of Gerontological Nursing,* 26 (8), 51.

Leech, N. L., Barrett, K. C., & Morgan, G. A. (2008). *SPSS for intermediate statistics: Use and interpretation* (3rd ed.). New York; London: Lawrence Erlbaum Associates.

Lee, J. A. (2007). Gender, ethnicity, and hybrid forms of community-based urban activism in vancouver, 1957 – 1978: The Strathcona story revisited. *Gender, Place and Culture*, 14 (4), 381 – 407.

Lee, J. P. (2005a Nov. 7th). Volunteering can be an agent of change to benefit society. *South China Morning Post*, Hong Kong, p. C9.

Lee, K. S. (2005). The meaning and practice of civic participation among four immigrant communities. *Dissertation Abstracts International: Section B: The Sciences and Engineering*, 66 (1 – B): 618.

Lee, Y. J., & Xiao, Z. (1998). Children's support for elderly parents in urban and ruralChina: Results from a national survey. *Journal of Cross-Cultural Gerontology*, 13 (1), 39 – 62.

Lelieveldt, H. (2008). Neighbourhood politics. In D. Castiglione, J. W. v. Deth & G. Wolleb (Eds.), *The Handbook of Social Captial* (pp. 327 – 348). Oxford; New York: Oxford University Press.

Leonard, M. (2004). Bonding and bridging social capital: Reflections from Belfast. *Sociology the Journal of the British Sociological Association*, 38 (5), 927 – 944.

Leung, J. C. B. (2001). Family support and community-based services in China. In I. Chi, N. L. Chappell & J. E. Lubben (Eds.), *Elderly Chinese in Pacific rim countries: Social support and integration* (pp. 171 – 188). Hong Kong: Hong Kong University Press.

Leung, J. C. B. (1997). Family support for the elderly in China: Issues and challenges. *Journal of Aging & Social Policy*, 9 (3), 87 – 101.

Leung, J. C. B., (2008). *Social capital and community: A review of international and Hong Kong development*. Paper presented at the Social Capital and Volunteering in Modern Ageing Cities: Building Intergenerational Inclusion, Hong Kong, December 15 – 19.

Leung, J. C. B. (2003). Social security reforms in China: Issues and prospects. *International Journal of Social Welfare*, 12 (2), 73 – 85.

Leung, J. C. B. (2006). The emergence of social assistance in China. *International Journal of Social Welfare*, 15 (3), 188 – 198.

Leung, J. C. B. , & Wong, Y. C. (2002). Community-based service for the frail elderly in China. *International Social Work*, 45 (2), 205 – 216.

Leung, K. K. , Rochelle, T. L. , & Hu, K. (2008). *Measuring social capital in Hong Kong*. Paper presented at the Social Capital and Volunterring in Modern Ageing Cities: Building Intergenerational Inclusion, Hong Kong, December 15 – 19.

Levinson, D. J. (1978). *The seasons of a man's life*. New York: Knopf.

Levitas, R. 1996, The concept of social exclusion and the new Durkheimian hegemony, *Critical Social Policy*, 18 (2), 215 – 225.

Lin, N. (2001a). Building a network theory of social capital. In N. Lin, K. Cook & R. S. Burt (Eds.), *Social Capital: Theory and Research* (pp. 3 – 30). New York: Aldine De Gruyter.

Lin, N. (2001b). The position generator: Measurement techniques for investigations of social captial. In N. Lin, K. Cook & R. S. Burt (Eds.), *Social capital: Theory and research* (pp. 57 – 84). New York: Aldine De Gruyter.

Lin, N. (2001c). *Social capital: A theory of social structure and action*. New York: Cambridge University Press.

Lin, N. , Ensel, W. M. , & Vaughn, J. C. (1981). Social resources and strength of ties: Structural factors on occupational status attainment. *American Sociological Review*, 46 (4), 397 – 399.

Lin, N. (2000). Inequality in social capital. *Contemporary Sociology*, 29 (6), 785 – 795.

Lin, N. (2006). Social capital. In J. Beckert & M. Zafirovski (Eds.), *International encyclopedia of economic sociology* (pp. 608 – 614). London; New York: Routledge.

Lin, N. (1999). Social networks and status attainment. *Annual Review of Sociology*, 25 (1), 467 – 487.

Lin, N. (1982). Social resources and instrumental action. In P. V. Marsden & N. Lin (Eds.), *Social structure and network analysis* (pp. 131 – 145). Beverly Hills: CA: SAGE.

Lin, N. (1992). Social resources theory. In E. F. Borgatta & M. L. Borgatta (Eds.), *Encyclopedia of Sociology* (Vol. 4, pp. 1936 – 1942). New York: Macmillan.

Li, P. L., Logan, S., Yee, L., & Ng., S. (1999). Barriers to meeting the mental health needs of the Chinese community. *Journal of Public Health Medicine*, 21 (1), 74 – 80.

Liu, A. Q., & Besser, T. (2003). Social capital and participation in community improvement activities by elderly residents in small towns and rural communities. *Rural Sociology*, 68 (3), 343 – 365.

Liu, H. (2005). New migrants and the revival of overseas Chinese nationalism. *Journal of Contemporary China*, 14 (43): 291 – 316.

Liu, J. (2000). Classical liberalism catches on in China. *Journal of Democracy*, 11 (3), 48 – 57.

Liu, J. H., Ng, S. H., Loong, C., Gee, S., A. Weatherall, A. (2003). Cultural stereotypes and social representations of elders from Chinese and European perspectives. *Journal of Cross-cultural Gerontology*, 18 (2), 149 – 168.

Liu, L. (2006). Quality of life as a social representation in China: A qualitative study. *Social Indicators Research*, 75 (2), 217 – 240.

Liu, L. (2004). The Changing status of Chinese women migrants in New Zealand. *Asian and Pacific Migration Journal*, 13 (4), 511 – 522.

Liu, Y. L. (2003). Aging service need and Use among Chinese American seniors: Intragroup Variations. *Journal of Cross-cultural Gerontology*, 18 (4), 273 – 301.

Local Government Association (2007). *An action plan for community empowerment: Building on success*. Retrieved April 10, 2009, from http://www. communities. gov. uk/publications/communities/communityempowermentactionplan.

Loch, K. D., & Conger, S. (1996). Evaluating ethical decision making and computer use. *Association for Computing Machinery. Communications of the ACM*, 39 (7), 74 – 83.

Lo, M., & Russell, C. (2007). Family care: An exploratory study of experience and expectations among older Chinese immigrants in Australia. *Contemporary Nurse*, 25 (1 – 2), 31 – 38.

Longworth, N. (2006). *Learning cities, learning regions, learning communities: Lifelong learning and local government.* London; New York Routledge.

Loury, G. C. (1977). A dynamic theory of recial income differences. In P. A. Wallace & A. L. Mund (Eds.), *Women, Minorities and employment discrimination.* Lexington, Mass. : Heath.

Lou, Weiqun, & Chi, Iris (2001). Health-related quality of life of the elderly in Hong Kong: Impact of social support. In Chi, Iris, Chappel, Neena L. and Lubben, James eds. *Elderly Chinese in Pacific Rim Countries: Social Support and Integration* (pp. 97 – 113). Hong Kong: Hong Kong University Press.

Lowndes, V., & Pratchett, L. (2008). Public policy and social capital. In D. Castiglione, J. W. v. Deth & G. Wolleb (Eds.), *The Handbook of Social Capital* (pp. 677 – 707). Oxford; New York: Oxford University Press.

Lubben, J., & Lee, A. (2001). Social support networks among elderly Chinese Americans in Los Angeles. In I. Chi, N. L. Chappell and J. E. Lubben. eds. *Elderly Chinese in Pacific Rim Countries: social Support and Integration,* Hong Kong: Hong Kong University Press.

Lynch, J. W., Kaplan, G. A. & Shema, S. J. (1997). Cumulative impact of sustained economic hardship on physical, cognitive, psychological, and social functioning. *The New England Journal of Medicine,* 337 (26), 1889 – 1895.

MacFarquhar, R. (2006). *Mao's Last Revolution.* London: Belknap Press of Harvard University Press.

Macinko, J., & Starfield, B. (2001). The utility of social capital in research on health determinants. *The Milbank Quarterly,* 79 (3), 387 – 427.

Mackinnon, D. P. (2000). Contracts in multiple mediator models. In J. S. Rose, L. Chassin, C. C. Presson & S. J. Sherman (Eds.), *Multivariate Applications in Substance Use Reserach: New Methods for New Questions* (pp. 141 – 160). Mahwah, New Jersey: Erlbaum.

Mackinnon, D. P. (2008). *Introduction to Statistical Mediation Analysis.* New York: Taylor & Francis.

MacKinnon, M. E., Gien, L., & Durst, D. (2001). Silent pain: Social isolation of the elderly Chinese in Canada. In I. Chi, N. L. Chappell and J. E. Lubben (Eds.) *Elderly Chinese in Pacific Rim Countries: Social Support and Integration*, Hong Kong: Hong Kong University Press.

Madanipour, A. (Eds.) (2003). *Social exclusion and space*. London; New York: Routledge.

Mahalingam, R. (Eds.) (2006). *Cultural psychology of immigrants*. Mahwah, NJ, US: Lawrence Erlbaum Associates Publishers.

Mak, B. (2008). *Misconception and knowledge gap about elderly issues*. Paper presented at the Social Capital and Volunteering in Modern Ageing Cities: Building Inter-generational Inclusion, Hong Kong December 15 – 19.

Maloney, W. A. , Smith, G. , & Stoker, G. (2000). Social capital and associational life. In T. Schuller, S. Baron & J. Field (Eds.), *Social Capital: Critical perspectives* (pp. 212 – 225). New York: Oxford University Press.

Mand, K. (2006). Social relations beyond the family? *Community, Work & Family*, 9, 309 – 323.

Manning, T. T. (2006). Defining the relationships between civic engagement and leadership in later life. In L. B. Wilson & S. P. Simson (Eds.), *Civic engagement and the Baby Boomer Generation: Research, Policy, and Practice Perspectives* (pp. 171 – 192). New York Haworth Press.

Mansuri, G. , & Rao, V. (2004). Community based and driven development: A critical review. *World Bank Research Observer*, 19 (1), 1 – 39.

Marsden, P. , & Hurlbert, J. S. (1988). Social resources and mobility outcomes: A replication and extension. *Social Forces*, 66 (4), 1038 – 1059.

Martin, P. (1998). The economic sociology of immigration (Book). *International Migration Review*, 32 (3), 786 – 787.

Martin, R. , & Harold, s. (1995). Social integration, participation, and exchange in five industrial countries. In S. A. Bass (Eds.), *Older and Active: How Americans over 55 are Contributing to Societies* (pp. 237 – 262). New Heaven: Yale University Press.

Marx, K. (1957). *Capital: A critical analysis of capitalist production*. London: Allen

& Unwin.

Marx, K. (1975). *Kapital.* Beijing: The People's Press.

Massey, D. S. (1990). The social and economic origins of immigration. *Annals of the American Academy of Political and Social Science*, 510 (4), 60 – 72.

Maureen, H. (2008). ICAA defines "active aging". *Long-Term Living*, 57 (4), 12 – 15.

McDowell, I., & Newell, C. (1996). *Measure health: A guide to rating scales and questionnaires.* Oxford: Oxford University Press.

McFarquhar, T., & Bowling, A. (2009). Psychological well-being and active ageing: Maintaining quality of life in older age. *European Psychiatry*, 24 (Supplement 1): 1102 – 1122.

McIntosh, B. R. & N. L. Danigelis. (1995). Race, gender, and the relevance of productive activity for elders' affect. *J Gerontol B Psychol Sci Soc Sci*, 50 (4): 229 – 239.

McKay, S. (1998). Escapingpoverty: From safety nets to networks of opportunity (Book review). *Journal of Social Policy*, 27 (2): 302 – 303.

McKenna, S. P., Doward, L. C., Niero, M. & Erdman, R. (2004). Development of needs-based quality of life instruments. *Value in Health*, 7 (Supplement 1): 17 – S21.

McReynolds, J. L., & Rossen, E. K. (2004). Importance of physical activity, nutrition, and social support for optimal aging. *Clinical Nurse Specialist*, 18 (4), 200 – 206.

Mehio-Sibai, A., Beydoun, M., & Tohme, R. (2009). Living arrangements of ever-married older lebanese women: Is living with married children advantageous? *Journal of Cross-Cultural Gerontology*, 24 (1), 5 – 17.

Meng, X., & Luo, C. (2008). What determines living arrangements ofthe elderly in urban China? In B. Gustafsson, S. Li & T. Sicular (Eds.), *Inequality and public policy in China* (pp. 267 – 286). Cambridge; New York: Cambridge University Press.

Middleton, A., Murie, A., & Groves., R. (2005). Social capital and neighbourhoods that work. *Urban Studies*, 42 (10), 1711 – 1738.

Minichiello, V. (1995). *In depth interviewing*: *Principles*, *techniques*, *analysis* (2 ed.). Melbourne: Addison Wesley Longman Australia.

Mitchell, K. (1998). Reworking democracy: Contemporary immigration and community politics in Vancouver's Chinatown. *Political Geography*, 17 (6), 729 – 750.

Mjelde-Mossey, L. A., & Chi, I. (2004). Gender differences in expectations predictive of volunteer experience among older Chinese professionals in Hong Kong. *Journal of Ethnic & Cultural Diversity in Social Work*, 13 (4), 47 – 64.

Mok, B. H., Cheung, Y. W. & Cheung, T. S. (2006). Empowerment effect of self-help group participation in a Chinese context. *Journal of Social Service Research*, 32 (3): 87 – 108.

Moody, H. (1993). Age, productivity and transcendence. In F. C. S. Bass, & Y. P. Chen (Eds.), *Achieving a Productive Aging Society* (pp. 27 – 40). Westport, CT: Auburn House.

Morgan, G. A., eds. (2007). *SPSS for Introductory Statistics*: *Use and Interpretation* (3rd ed.). Mahwah, N. J.: Lawrence Erlbaum.

Moriarty, J. and J. Butt (2004). Inequalities in quality of life among older people from different ethnic groups. *Ageing and Society*, 24: 729.

Moriarty, J., & Butt, J. (2004). Social support and ethnicity in old age. In A. Walker & C. H. Hennessy (Eds.), *Growing Older-quality of Life in Old Age* (pp. 167 – 187). New York: The Open Unviersity Press.

Morris, R., & Caro, F. (1995). The young-old, productive aging, and public policy. *Generations*, 19 (3), 32 – 37.

Morris, S., M. Sutton, et al. (2005). Inequity and inequality in the use of health care in England: An empirical investigation. *Social Science and Medicine*, 60 (6): 1251 – 1266.

Morse, J. M. (2003). Principles of mixed methods and multimethod research design. In A. Tashakkori & C. Teddlie (Eds.), *Handbook of Mixed Methods in Social & Behavioral Research* (pp. 189 – 208). Thousand Oaks, CA: SAGE Publications.

Motel-Klingebiel, A. (2004). Quality of life and social inequality in old age. In S.
O. Daatland & S. Biggs (Eds.), *Ageing and Diversity: Multiple Pathways and Cultural Migrations* (pp. 189 – 205). Bristol: Policy Press.

Motta, M., Bennati, E., Ferlito, L., Malaguarnera, M., & Motta, L.
(2005). Successful aging in centenarians: Myths and reality. *Archives of Gerontology and Geriatrics*, 40 (3), 241 – 251.

Mui, A. C. and M. D. Domanski (1999). A community needs assessment among
Asian American elders. *Journal of Cross – Cultural Gerontology*, 14 (1): 77.

Munn, P. (2000). Social capital, schools, and exclusions. In T. Schuller, S.
Baron & J. Field (Eds.), *Social capital: Critique perspectives* (pp. 168 – 181).
New York: Oxford university Press.

Murtagh, K. N., & Hubert, H. B. (2004). Gender differences in physical disability among an elderly cohort. *American Journal of Public Health*, 94 (8), 1406 –
1411.

Mutuels, A. C., Hubl, A. M., Zambia, B. D., & Hemingway, D.
(2001). Health and other aspects of the quality of life of older people. *Social Indicators Research*, 54 (3), 239 – 274.

Narayan, D. (1995). *Designing community-based development.* (No. 7). Washington, D. C. : World Bank.

Narayan, D. (1997). *Voice of the poor: Poverty and social capital in Tanzania, Environmentally and Socially Sustainable.* (No. 20). Washington, D. C. : World Bank.

Newton, K. (1997). Social capital and democracy. *The American Behavioral Scientist*, 40 (5), 575 – 586.

Newton, K. (2008). Trust and politics. In D. Castiglione, J. W. v. Deth & G.
Wolleb (Eds.), *The Handbook of Social Captial* (pp. 241 – 272). Oxford;
New York: Oxford University Press.

Newton, K. (2001). Trust, social capital, civil society, and democracy. *International Political Science Review*, 22 (2), 201 – 214.

Ngan, L. (2008). *The Identity of Long-established Australian-born Chinese.* Hong Kong: Centre of Asian Studies, the University of Hong Kong.

Ng, F. M. (2006). *Social inclusion and social capital.* Paper presented at the The 5th International Conference on Sociall Work and Mental Health, Hong Kong, December 14 – 16.

Ng, S. H. (2008). *Ageing well for self and for others-personal aging & social aging.* Paper presented at the CADENZA Symposium 2008: Successful Ageing, Hong Kong, October 10 – 11.

Nisbet, R. A. (1962). *Community and power.* Newyork: Oxford University Press.

OECD (2001). *The well-being of nations, The role of human and social capital* (No. 92 – 64 – 18589 – 5). Paris: Center for Education Research and Innovation.

Oliver, M. (2009). *Understanding Disability: From Theory to Practice,* Basingstoke, Macmillan.

Onyx, J., & Bullen, P. (2001). The different faces of social capital in NSW Australia. In P. Dekker & E. M. Uslaner (Eds.), *Social Capital and Participation in Everyday Life.* London: Routledge.

O'Reilly, P., & Caro, F. (1994). Productive aging: An overview of the literature. *Journal of Aging and Social Policy Studies,* 6 (3), 39 – 71.

Orley, J. (1995). The WHOQOL Measure: Production of the WHOQOL – 100 Field Trial form. *Quality of Life Newsletter,* 12, 3.

Ostrom, E. (1996). Crossing the great divide: Coproduction, synergy, and development. *World Development,* 24 (6), 1073 – 1087.

Ostrom, E. (1990). *Governing the commons: The evolution of institutions for collective action.* New York: Cambridge University Press.

Overall, J. E., Tonidandel, S., & Starbuck, R. R. (2006). Rule-of-thumb adjustment of sample sizes to accommodate dropouts in a two-stage analysis of repeated measurements. *International Journal of Methods in Psychiatric Research,* 15 (1), 1 – 11.

Owen, D. (2006). Demographic profiles and social cohesion of minority ethnic communities in England and Wales. *Community*, *Work* & *Family*, 9, 251 – 272.

Pahl, R. E. (1995). *After success*: *Fin-de-siècle anxiety and identity*. Cambridge, UK: Polity Press.

Palmer, E., & Deng, Q. (2008). What has economic transition meant for the well-being of the elderly in China? In B. Gustafsson, S. Li & T. Sicular (Eds.), *Inequality and Public Policy in China* (pp. 182 – 203). Cambridge; New York: Cambridge University Press.

Palmore, E. B. (1995). Successful aging. In G. L. Maddox (Eds.), *Encyclopedia of aging*: *A comprehensive resource in gerontology and geriatrics* (2nd ed., pp. 914 – 915). New York: Springer.

Parent, A. S. (2004). *Ageing in Europe*: *Realizing and promoting the contributions of older people*. Retrieved Jan. 10, 2007, from http://www.aarp.org/international/international-report/Articles/a2004 – 11 – 11 – AGEingEurope.html.

Pargal, S., Huq, M., & Gilligan, D. (1999). *Social capital in solid waste management*: *Evidence from Dhaka*, *Bangladesh*. Washington D. C.: World Bank, Social Development Family, Environmentally and Socially, Sustainable Development Network.

Paskulin, L., Vianna, L., & Molzahn, A. E. (2009). Factors associated with quality of life of Brazilian older adults. *International Nursing Review*, 56 (1), 109 – 115.

Paterson, L. (2000). Civil society and democratic renewal. In T. Schuller, S. Baron & J. Field (Eds.), *Social Capital*: *Critique perspectives* (pp. 39 – 55). New York: Oxford University Press.

Patterson, F. M. (2004). Policy and practice implications from the lives of aging international migrant women. *International Social Work*, 47 (1), 25.

Patton, M. Q. (1990). *Qualitative evaluation and research methods*. Newbury Park: Sage publication.

Pavot, W., Diener, E., Colvin, C. R., & Sandvik, E. (1991). Further validation of the satisfaction with life scale: Evidence for the cross-method convergence of well-being measures. *Journal of Personality Assessment*, 57 (1), 149.

Pei, X. , & Pillai, V. K. (1999). Old age support in China: The role of the state and the family. *International Journal of Aging and Human Development*, 49 (3), 197 – 212.

Peng, T. R. , M. Navaie – Waliser, et al. (2003). Social Support, Home Health Service Use, and Outcomes Among Four Racial – Ethnic Groups. Gerontologist, 43 (4): 503 – 513.

Phillips, D. , Siu, O. , A. Yeh, A. , & Cheng, K. (2008). Informal social support and older persons' psychological well-being in Hong Kong. *Journal of Cross-Cultural Gerontology*, 23 (1), 39 – 55.

Pieke, F. N. (2007). Editorial introduction: Community and identity in the new Chinese migration order. *Population Space and Place*, 13 (2), 81 – 94.

Pierson, J. (2002). *Tackling social exclusion.* London; New York: Routledge.

Pillemer, K. , & Glasgow, N. (2000). Social integration and aging: Background and trends. In K. Pillemer, P. Moen, E. Wethington & N. Glasgow (Eds.), *Social integration in the second half of life.* Baltimore: The Johns Hopkins Press.

Pimple, K. D. , eds. (2008). *Research ethics.* Aldershot, England; Burlington, VT: Ashgate.

Plant, E. A. and N. Sachs – Ericsson (2004). Racial and ethnic differences in depression: The roles of social support and meeting basic needs. *Journal of Consulting & Clinical Psychology*, 72 (1): 41 – 52.

Poggi, A. (2003). *Does persistence of social exclusion exist in Spain?* Retrieved July 20, 2008, from www. ecap. uab. es/wp/wpdeao308. pdf.

Portes, A. , & Landolt, P. (2000). Social capital: Promise and pitfalls of its role in development. *Journal of Latin American Studies*, 32 (2), 529 – 547.

Portes, A. , & Landolt, P. (1996). The downside of social capital. *The American Prospect*, 94 (26), 18 – 21.

Portes, A. , & Sensenbrenner, J. (1993). Embeddedness and immigration: Notes on the social determinants of economic action. *American Journal of Sociology*, 98 (6), 1320 – 1350.

Portes, A. (1998). Social capital: Its origins and applications in modern sociology. *Annual Review of Sociology*, 24 (1), 1 – 24.

Priestley, M. (1998). Constructions and Creations: idealism, materialism and disability theory. *Disability & Society*, 13 (1), 75 – 94.

Prior, L., P. L. Chun, et al. (2000). Beliefs and accounts of illness. Views from two Cantonese – speaking communities in England. *Sociology of Health and Illness*, 22 (6): 815 – 839.

Putnam, R. D. (1993a). *Making democracy work: Civic traditions in modern Italy.* Princeton, NJ: Princeton University Press.

Putnam, R. D. (1995). Bowling alone: America's declining social capital. *Journal of Democracy*, 6 (1), 65 – 78.

Putnam, R. D. (2000). *Bowling alone: The collapse and revival of American community.* New York: Simon & Schuster.

Putnam, R. D. (1993b). The prosperous community: Social capital and public life. *The American Prospect*, 13 (13), 35 – 42.

Putnam, R. D. (2002). Conclusion. In R. D. Putnam (Eds.), *Democracies in flux: The evolution of social capital in contemporary society* (pp. 393 – 416). New york: Oxford University Press.

Putnam, R. D., Feldstein, L. M., & Cohen, D. (2003). *Better together: Rrestoring the American community.* New York: Simon & Schuster.

Putnam, R. D., & Goss, K. A. (2002). Introduction. In R. D. Putnam (Eds.), *Democracies in flux: The evolution of social capital in contemporary society.* New York: Oxford University Press.

Quah, S. R. (2003). *Home and kin: Families in Asia.* Singapore: Eastern Universities Press.

Ranzijn, R., & Luszcz, M. (2000). The measurement of subjective quality of life of elders. *International Journal of Aging and Human Development*, 50 (4), 19 – 34.

Reblin, M., & Uchino, B. N. (2008). Social and emotional support and its implication for health. *Current Opinion in Psychiatry*, 21 (2), 201 – 205.

Reynolds, M. D. (1993). *Coping with an immigrant parent.* New York: the Rosen

Publishing Group.

Rickey, G. (1995), *Constructivism*: *origins and evolution*. New York: G. Braziller.

Riley, M., & Riley, J. (1994). Structural lag: Past and future. In M. W. Riley, R. L. Kahn & A. Foner (Eds.), *Age and Structural Lag*: *Society's Failure to Provide Meaningful Opportunities in Work*, *Family*, *and Leisure* (pp. 15 – 36). New York: Wiley.

Rohe, W. M. (2004). Building social capital through community development. *Journal of the American Planning Association*, 70 (2), 158 – 164.

Room, G. (1995). *Beyond the threshold*: *the measurement and analysis of social exclusion*. Bristol: The Policy Press.

Room, G., & Britton, N. (2006), The dynamics of social exclusion. *International Journal of Social Welfare*, 15 (4), 280 – 289.

Room, G. (1999). Social exclusion, solidarity and the challenge of globalization. *International Social Welfare*, 8, 166 – 174.

Rosenmayr, L. (1973). Family relations of the elderly. (Recent data and some critical doubts). *Zeitschrift fur Gerontologie*, 6 (4), 272 – 283.

Rossi, A. S., & Rossi, P. H. (1990). *Of human bonding*: *Parent-child relations across the life course*. New York: Aldine de Gruyter.

Ruston, D., & Akinrodoye, L. (2002). *Social Capital Question Bank*. Retrieved January 10, 2006, from http: //www. statistics. gov. uk/about _ ns/social _ capital/default. asp.

Ryff, C. D. (1989). Successful aging: A developmental approach. *The Gerontologist*, 22 (2), 209 – 214.

Sabatini, F. (2009). Social capital as social networks: A new framework for measurement and an empirical analysis of its determinants and consequences. *Journal of Socio-Economics*, 38 (3), 429 – 442.

Sachs, J. (2003). Validation of the Satisfaction with Life Scale in a sample of Hong Kong university students. *Psychologia*, 46 (4), 225 – 234.

Salant, P. (1994). *How to conduct your own survey*. New York: Wiley.

Saldov, M., Poon, M. (2001). Elderly Chinese in Public Housing: Social Integration and Support in Metro Toronto Housing Company. In I. Chi, N. L. Chappell and J. E. Lubben (Eds.), *Elderly Chinese in Pacific Rim Countries: Social Support and Integration*, Hong Kong: Hong Kong University Press.

Sampson, R. J. (2001). Crime and public safety: Insights from community-level perspectives on social capital. In S. Saegert, J. P. Thompson & M. R. Warren (Eds.), *Social Capital and Poor Communities* (pp. 89 – 114). New York: Russell Sage Foundation.

Sanders, J. M., & Nee, V. (1996). Immigrant self-employment: The family as social capital and the value of human capital. *American Sociological Review*, 61 (2), 231 – 249.

Sander, T. H., & Putnam, R. D. (2006). Social capital and civic engagement of individuals over age fifty in theUnited States. In L. B. Wilson & S. P. Simson (Eds.), *Civic Engagement and the Baby Boomer Generation: Research, Policy, and Practice Perspectives* (pp. 21 – 42). New York Haworth Press.

Schultz, T. W. (1971). *Investment in human capital: The role of education and of research.* New York: Free Press.

Seeman, T. E., Charpentier, P. A., & Berkman, L. F. Tinetti, M. E., Guralnik, J. M., Albert, M., et al. (1994). Predicting changes in physical performance in a high-functioning elderly cohort: MacArthur studies of successful aging. *Journal of Gerontology*, 49 (3): 97 – 108.

Shin, D. C., & Johnson, D. M. (1978). Avowed happiness as an overall assessment of the quality of life. *Social Indicators Research*, 5 (1 – 4), 475 – 492.

Silveira, E. R. T. & Ebrahim, S. (1998). Social determinants of psychiatric morbidity and well-being in immigrant elders and whites in east london. *International Journal of Geriatric Psychiatry*, 13: 801 – 812.

Silver, H. 1995. Reconceptualizing social disadvantage: Three paradigms of social exclusion. In G. Rodgers, C. Gore & J. B. Figueiredo (Eds.), *Social Exclusion: Rhetoric, Reality, Response* (pp. 57 – 80). Geneva: International Labor Organization.

Smaje, C. and J. Le Grand (1997). Ethnicity, equity and the use of health services in the British NHS. *Social Science and Medicine*, 45 (3)：485 – 496.

Smith, A. (2002). *The theory of moral sentiments*. Cambridge：Cambridge University Press.

Stewart, D. W. (2007). *Focus groups：Theory and practice* (2 ed.). Thousand Oaks：SAGE Publications.

Stone, W. , & Hughes, J. (2002). *Social capital：Empirical meaning and measurement validity*. Melbourne：Australian institute of family studies.

Sun, R. (2002). Old age support in contemporary urban China from both parents' and children's perspectives. *Research on Aging*, 24 (3)：337 – 359.

Takhar, S. (2006). South asian women, social capital and multicultural (mis) understandings. *Community, Work & Family*, 9 (3)：291 – 307.

Tam, S. and S. Neysmith (2006). Disrespect & Isolation：Elder Abuse in Chinese Communities. *Canadian Journal on Aging/La Revue Canadienne du Vieillissement*, 25 (2)：141 – 151.

Tam, S. , & Neysmith, S. (2006). Disrespect & Isolation：Elder Abuse in Chinese Communities. *Canadian Journal on Aging/La Revue Canadienne du Vieillissement*, 25 (2)：141 – 151.

Taylor, G. R. (2005). *Integrating quantitative and qualitative methods in research* (2 ed.). Lanham, MD：University Press of America.

Teichmann, M. , Murdvee, M. , & Saks, K. (2006). Spiritual needs and quality of life in Estonia. *Social Indicators Research*, 76 (1)：147 – 163.

The Department of Social Work and Social Administration, HKU (2006). *Building social capital：A formative program review of CIIF projects*. Hong Kong：the University of Hong Kong.

The National Economic and Social Forum. (2003). *The policy implication of social capital*. Dublin：The National Economic and Social Forum.

The People's Association (2006, June 31). Mission of the People's Association Retrieved February 22, 2009, from http：//www. pa. gov. sg/1226885842710/1225681482596. html.

Tholen, B. & M. S. De Vries. (2004). The Inclusion and Exclusion of Minorities in European Countries: A Comparative Analysis at the Local Level. *International Review of Administrative Sciences*, 70 (3): 455 – 476.

Thomas, A. G., Marc, F., Michelle, C. C., Joel, H., Kevin, D. F., Nick, I., et al. (2004). Experience Corps: Design of an intergenerational program to boost social capital and promote the health of an aging society. *Journal of Urban Health*, 81 (1): 94 – 105.

Tocqueville, A. d. (2007). *Democracy in America: An annotated text backgrounds interpretations*. New York: W. W. Norton & Company.

Torres, S. (1999). A culturally-relevant theoretical framework for the study of successful ageing. *Ageing & Society*, 19 (1), 33 – 51.

Torres, S. (2003). A preliminary empirical test of a culturally-relevant theoretical framework for the study of successful aging, *Journal of Cross Cultural Gerontology*, 18 (1): 79 – 100.

Treas, J. & S. Mazumdar. (2002). Older people in America's immigrant families Dilemmas of dependence, integration, and isolation. *Journal of Aging Studies*, 16 (3): 243 – 258.

Tsang, E. Y. L., Liamputtong, P., & Pierson, J. (2004). The views of older Chinesepeople in Melbourne about their quality of life. *Ageing & Society*, 24 (1), 51 – 74.

Typer, P., & Casey, P. (1993). *Social function in psychiatry: The hidden axis of classification exposed*. Petersfield: Wrightson Biomedical Publishing.

Tyrer, P., Nur, U., Crawford, M., Karlsen, S., McLean, C., Rao, B. & Johnson, T. (2005). The social functioning questionnaire: A rapid and robust measure of perceived functioning. *International Journal of Social Psychiatry*, 51 (3), 265 – 275.

Unger, J. (1993). Urban families in the eighties. In D. Davis & S. Harrell (Eds.), *Chinese families in the post-Mao Era* (pp. 25 – 49). Berkeley: University of California Press.

United Nations Population Division (1999). *Population ageing* 1999: United Nations Population Division.

United Nations （2004）. *World population prospects*：The 2004 *revision analytical report.* In Population Division, United Nations Department of Economic and Social Affairs （Eds.）（Vol. 3, Available from http：//www. un. org/esa/population/publications/WPP2004/WPP2004_ Volume3. htm）.

United Nations. （2012）. *World population prospects*：The 2012 *revision, Highlights and Advance Tables.* Population Division, United Nations Department of Economic and Social Affairs （Eds.）（New Addition on 01. Aug. 2013, Available from http：//esa. un. org/unpd/wpp/Documentation/pdf/WPP2012 _ HIGHLIGHTS. pdf）.

Uphoff, N. , & Wijayaratna, C. M. （2000）. Demonstrated benefits from social capital：The productivity of farmer organizations in Gal Oya, Sri Lanka. *World Development*, 28 （11）, 1875 – 1890.

Uskul, A. K. , Lalonde, R. N. & Cheng, L. （2007）. Views on interracial dating among Chinese and European Canadians：The roles of culture, gender, and mainstream cultural identity. *Journal of Social And Personal Relationships*, 24 （6）, 891 – 911.

Uslaner, E. M. （2001）. Volunteering and social capital：How trust and religion shape civic participation in the United States. In P. Dekker & E. M. Uslaner （Eds.）, *Social capital and participation in everyday life.* London：Routledge.

Vaillant, G. E. （2002）. *Aging well*：*Surprising guideposts to a happier life from the landmark Harvard study of adult development* （1 ed.）. Boston：Little, Brown.

Verbrugge, L. （1984）. Longer life but worsening health：Trends in health and mortality of middle-aged and older persons. *Milbank Quarterly*, （62）, 475 – 519.

Völker, B. （2008）. *Social capital and the production of collective goods in local neighbourhoods.* Paper presented at the Social Capital and Volunteering in Modern Ageing Cities：Building Intergenerational Inclusion, Hong Kong, December 15 – 19.

Walder, A. （1986）. *Communist Neo-Traditionalism*：*Work and authority in Chinese industry.* Berkeley：University of California Press.

Walker, A. （2009）. Commentary：The emergence and application of active aging inEurope. *Journal of Aging & Social Policy*, 21 （1）, 75 – 93.

Walker, A. (2005). Conclusion from research to action. In A. Walker (Eds.), *Understanding quality of life in old age* (pp. 161 – 172). New York: Open University Press.

Walker, A., & Hennessy, C. H. (Eds.). (2004). *Growing older: Quality of life in old age*. Maidenhead, Berkshire; New York: Open University Press.

Walker, R. B., & Hiller, J. E. (2007). Places and health: A qualitative study to explore how older women living alone perceive the social and physical dimensions of their neighbourhoods. *Social Science & Medicine*, 65 (6), 1154 – 1165.

Wang, F., Zuo, X., & Ruan, D. (2002). Rural Migrants in Shanghai: Living Under the Shadow of Socialism. *International Migration Review*, 36 (2), 520 – 545.

Wang, S., & Lo, L. (2005). Chinese immigrants in Canada: Their changing composition and economic performance. *International Migration*, 43 (3), 35 – 71.

Warburton, J., & McLaughlin, D. (2007). Passing on our culture: How older Australians from diverse cultural backgrounds contribute to civil society. *Journal of Cross Cultural Gerontology*, 22 (1), 47 – 60.

Warnes, A. M., & Williams, A. (2006). Older migrants inEurope: A new focus for migration studies. *Journal of Ethnic and Migration Studies*, 32 (8), 1257 – 1281.

Warren, M. E. (2008). The nature and logic of bad social capital. In D. Castiglione, J. W. v. Deth & G. Wolleb (Eds.), *The Handbook of Social Capital* (pp. 122 – 149). Oxford; New York: Oxford University Press.

Warren, M. R. (2001). *Dry bones rattling: Community building to revitalize American democracy*. Princeton; Oxford: Princeton University Press.

Warren, M. R., Thompson, J. P., & Saegert, S. (2001). The role of social capital in combating poverty. In S. Saegert, J. P. Thompson & M. R. Warren (Eds.), *Social Capital and Poor Communities*. New York: Russell Sage Foundation.

Warren, R. L. (1963). *The community in America*. Chicago: Rand McNally.

Watt, I. S., D. Howel, et al. (1993). The health care experience and health behaviour of the Chinese: A survey based in Hull. *Journal of Public Health Medicine*, 15 (2): 129 – 136.

Wegener, B. (1991). Job mobility and social ties: Social resources, prior job, and status attainment. *American Sociological Review*, 56 (1), 60 – 71.

Weich, S., Nazroo, J., Sproston, K., McManus, S., Blanchard, M., Erens, B., Karlsen, S., King, M., Lloyd, K., Stansfeld, S. & Tyrer, P. (2004). Common mental disorders and ethnicity in England: The EMPIRIC study. *Psychological Medicine*, 34 (8), 1543 – 1552.

Weidekamp-Maicher, M., & Naegele, G. (2007). Economic resources and subjective well-being in old age. In H. Mollenkopf & A. Walker (Eds.), *Quality of Life in Old Age: International and Multi-disciplinary Perspectives* (pp. 65 – 84). Dordrecht: Springer.

Wellman, B., Carrington, P. J., & Hall, A. (1988). Networks as personal communities. In B. Wellman & S. D. Berkowitz (Eds.), *Social Structures: A Network Approach* (pp. 130 – 184). Cambridge: Cambridge University Press.

White, T. A., & Runge, C. F. (1994). Common property and collective action: Lessons from cooperative watershed management inHaiti. *Economic Development and Cultural Change*, 43 (1), 1 – 41.

Whitfield, K. E., & Baker-Thomas, T. (1999). Individual differences in aging minorities. *International Journal of Aging & Human Development*, 48 (1), 73 – 79.

Wilkinson, R., & Marmot, M., eds. (2003). *Social determinants of health: The solid facts* (2nd ed.): WHO Europe.

William, A. D., Jayson, L. D., & Lawrence, B. S. (2008). A social capital approach to the prevention of elder mistreatment. *Journal of Elder Abuse & Neglect*, 20 (1), 1 – 23.

Wilmoth, J. M., G. F. De Jong, et al. (1997). Immigrant and non – immigrant living arrangements among America's White, Hispanic, and Asian elderly population. *The International Journal of Sociology and Social Policy* 17 (9/10): 57.

Wilson, J., & Musick, M. (1997). Who cares? Toward an integrated theory of volunteer work. *American Sociological Review*, 62 (5), 694 – 713.

Wilson, L. B., & Simson, S. (Eds.) (2006). *Civic engagement and the baby boomer generation: Research, policy, and practice perspectives*. New York: Haworth

Press.

Wilson, L. (2006), Developing a Model for the Measurement of Social Inclusion and Social Capital in Regional Australia. *Social Indicators Research*, 75 (3), 335 – 360.

Wilson, W. J. (1987). *The truly disadvantaged*: *The inner city*, *the underclass*, *and public policy*. Chicago: University of Chicago Press.

Wong, B. P. (2007). Immigration, globalization, and the Chinese American family. In J. E. Lansford, K. Deater-Deckard and M. H. Bornstein (Eds.) *Immigrant families in contemporary society*, New York: Guilford.

Wong, F. – s. M. (2005). *Social capital and sustainable development in Hong Kong*: *A preliminary assessment*.

Wong, S. (2007). *Exploring "unseen" social capital in community participation*: *Everyday lives of poor mainland Chinese migrants in Hong Kong*. Amsterdam: Amsterdam University Press.

Woolcock, M. J. V. (1997). The economic sociology of immigration: Essays on networks, ethnicity and entrepreneurship (Book Review). *Acta Sociologica* (*Taylor & Francis Ltd*), 40 (2), 211 – 217.

Woolcock, M. , & Narayan, D. (2000). Social capital: Implications for development theory, research, and policy. *World Bank Research Observer*, 15 (2), 225 – 250.

Woolcock, M. (1998). Social capital and economic development: Toward a theoretical synthesis and policy framework. *Theory and Society*, 27 (2), 151 – 208.

Woolcock, M. (2004). Why and how planners should take social capital seriously. *Journal of the American Planning Association*, 70 (2), 183 – 189.

World Bank. (1998). *The local level institutions study*: *Program description and prototype questionnaires*. (No. 2). Washington, D. C: World Bank, Social Development Department.

World Bank. (2009). What is social capital? Retrieved March 29, 2009, from http://web. worldbank. org/WBSITE/EXTERNAL/TOPICS/EXTSOCIALDEVELOPMENT/EXTTSOCIALCAPITAL/0, contentMDK: 20185164 ~ menuPK：418217 ~ pagePK：148956 ~ piPK：216618 ~ theSitePK：401015，00. html.

Worms, J. - P. (2002). France: Old and new civic and social ties in France. In R. D. Putnam (Eds.), *Democracies in Flux: The Evolution of Social Capital in Contemporary Society* (pp. 137 - 188). New York: Oxford University Press.

Wray, S. (2003). Women growing older: Agency, ethnicity and culture. *Sociology*, 37 (3), 511 - 527.

Wu, C., & Yao, G. (2006). Analysis of factorial invariance across gender in the Taiwan version of the Satisfaction with Life Scale. *Personality & Individual Differences*, 40 (6), 1259 - 1268.

Wu, E. Y. (2007). *Feather in the storm: A childhood lost in chaos* (1 ed.). Hong Kong: Ming Pao Publications Ltd.

Wu, F. (2001). Housing provision under globalisation: A case study of Shanghai. *Environment & Planning A*, 33 (10), 1741 - 1764.

Wu, F. (2000). The global and local dimensions of place-making: Remaking Shanghai as a world city. *Urban Studies*, 37 (8), 1359 - 1377.

Wuthnow, R. (2002). The United States: Bridging the privileged and the marginalized. In R. D. Putnam (Eds.), *Democracies in Flux the Evolution of Social Capital in Contemporary Society* (pp. 59 - 102). New York: Oxford University Press.

Xie, B., & Jaeger, P. T. (2008). Older adults and political participation on the internet: A cross-cultural comparison of the USA and China. *Journal of Cross Cultural Gerontology*, 23 (1), 1 - 15.

Xu, Q., Gao, J., & Yan, M. C. (2005). Community centers inurban China: Context, development, and limitations. *Journal of Community Practice*, 13 (3), 73 - 90.

Yang, J. S., & Kagawa-Singer, M. (2007). Increasing access to care for cultural and linguistic minorities: Ethnicity-specific health care organizations and infrastructure. *Journal of Health Care for the Poor and Underserved*, 18 (3), 532 - 549.

Yang, L. H., Jo C. Phelan & Link, B. G. (2008). Stigma and beliefs of efficacy towards traditional Chinese medicine and Western psychiatric treatment among Chinese-Americans. *Cultural Diversity and Ethnic Minority Psychology*, 14 (1), 10 – 18.

Yan, J. (1996). *Turbulent decade: A history of the cultural revolution.* Honolulu: University of Hawaii Press.

Ying, Y. W. (1999). Strengthening intergenerational/intercultural ties in migrant families: A new intervention for parents. *Journal of Community Psychology*, 27 (1), 89 – 96.

Yoon, E., & Kolomer, S. R. (2007). Refining the measure and dimensions of Social Values of Older People (SVOP). *Educational Gerontology*, 33 (8), 649 – 663.

Yue, T. X. et al. (2005). Surface modelling of human population distribution inChina. *Ecological Modelling*, 181 (4), 461 – 478.

Zajdow, P., & Grazyna, J. (1998). Civil society, social capital and the Twelve Step group. *Community, Work & Family*, 1 (1), 79 – 89.

Zeng, Y. (2002). A demographic analysis of family households in China, 1982 – 1995. *Journal of Comparative Family Studies*, 33 (1), 15 – 34.

Zhou, M. (1992). *Chinatown: The socioeconomic potential of an urban enclave.* Philadelphia: Temple University Press.

Zhou, M. (2006). Negotiating culture and ethnicity: Intergenerational relations in Chinese immigrant families in the United States. In M. Ramaswami (Eds.) *Cultural Psychology of Immigrants.* NJ: Lawrence Erlbaum Associates Publishers.

附　录

附录 I　社区访问提纲

参照社区概况进行初步访问，了解其各方面概况。

1. 社区建立（存在）多少年了？（20 年，10～20 年，10 年）

2. 社区的住户有多少？

3. 与其他社区相比，居民们是否更注重公共权益，倾向于互相帮助？

4. 是否有水电设施的问题？

5. 是否有公共的娱乐设施，比如运动场、活动中心等？如有，最近三年有些什么变化？（改进、恶化、保持原样）

6. 是否有公众的保安系统？由谁提供（派出所、公司、社区）？其保安质量近三年有何变化？

7. 社区居民是否在一年中有一段时间外出工作或者有外来人员到社区中工作？一般从事什么性质的工作？（男性：　　女性：　　　　）

8. 社区是否有学前教育、小学、中学、成人教育？其教育设施和教育资源是否充足？

9. 社区是否有严重的大面积传染病史？是否有困扰人群的主要疾病或健康隐患？

10. 社区是否有环境问题、污染问题，即社区的垃圾收集方式、污染性工业？

11. 社区总体环境评价（非常好，好，一般，差，非常差）；近三年是否有所改善？

12. 社区有何组织？（社区发展委员会、俱乐部、健康委员会、青年组织、

运动组织、文化组织、公民组织、党团组织）

13. 这些组织有何支持来源？（地区政府、国家政府、政团组织、宗教组织、学校/老师、非政府组织、经济组织、服务团队、居民、整个社区）

14. 近三年社区是否有解决社区事务的集体行动，或有亟待解决的需求或问题？对于社区公共活动，居民的参与意识如何？

15. 社区是否有特殊的援助项目或援助系统？（项目、机构）

16. 社区是否存在如下问题？如有，对这些问题最受风险的人群是什么？（年纪、性别、基层、信仰）

	是	否	最受风险的人群
偷窃			
抢劫			
袭击			
帮派			
破坏			
暴力			
酗酒			
毒品			
未成年妈妈			
家庭暴力			
虐童			
卖淫			
其他（注明）			

附录 II 长者调查问卷

退休人士及老年人社区生活状况调查

尊敬的居民，您好！此份调查问卷是根据本人的教育部研究课题的需要而设计，目的是了解退休人士以及老年人的生活状况和生活网络，样本为随机抽取。问卷只作学术研究之用，不需要您提供姓名，所有资料保密。

希望您能接受问卷调查，并感谢您的帮助！如有任何疑问，请电话联系本人：65643268。

复旦大学社会工作系　陈虹霖　博士

2011 年 3 月 8 日

第一部分　社会资本

1. 社会网络及团体/组织参与

此部分问题调查您现今的生活网络及参与的团体、组织。这里所指的"团体或组织"包括正式法定的团体或人们定期聚会、交流的非正式组织。

1.1　您参与了多少个团体或组织？其具有什么特征？您在决策上的参与度如何？

团体/组织名称	团体/组织类型*	您在该团体/组织决策上的参与度				
		1. 不参与	2. 参与较少	3. 比较积极	4. 非常积极	5. 领导

[＊将以下 A－I 选项对应填入该栏中。]

A. 党派组织　　B. 行业专业型（如医生、教师、退伍军人）

C. 学术教育型　　D. 文化艺术型（如读书会、书法会）

E. 娱乐健身型（如舞蹈、拳操、旅游等）　　F. 聚会社交型

G. 居委会　　H. 民间/志愿组织（如老年协会、红十字会等）

I. 其他

1.2　在所有这些参与的团体或组织中，对您最重要的是_____团体/组织（名称）。该团体/组织中大多数成员是否有如下相同特征？在下表相应处画"✓"。

该团体/组织中大多数成员有相同的……	是，相同	否，不同
A. 语言（含方言）		
B. 籍贯		
C. 性别		
D. 政治信仰		
E. 宗教信仰		
F. 职业		
G. 社会阶层		
H. 教育背景或文化水平		

您所参加的其他团体/组织中，是否有一些团体/组织的大多数成员在下列各方面有很大区别？

大多数成员有不同的……	是，有这样的团体/组织	否，没有这样的团体/组织
I. 语言（含方言）		
J. 籍贯		
K. 性别		
L. 政治信仰		
M. 宗教信仰		
N. 职业		
O. 社会阶层		
P. 教育背景或文化水平		

1.3　在过去的 12 个月内您是否参与过该团体/组织的活动，比如会议、集体活动、组织工作等；您为该团体/组织捐献过多少钱或物？请在下表相应处画"√"。

是否参与活动	是	否
是否捐献财物	是，约＿＿＿＿件	否
	是，约＿＿＿＿元	否

您参加的其他团体/组织呢？

是否参与活动	是		否
是否捐献财物	是，共约_____件		否
	是，共约_____元		否

1.4 在过去的 12 个月内，您大约为该团体/组织贡献过多少工作时间（以一天 8 小时工作日计算）？

A. 0 ~ 5 天（小于 1 天/月）   B. 6 ~ 48 天（约 1 ~ 4 天/月）

C. 49 ~ 96 天（约 4 ~ 8 天/月）   D. 97 ~ 240 天（约 8 ~ 20 天/月）

E. 240 天以上（约 20 天/月以上）   F. 其他（请注明）_____

您为参加的其他团体/组织约贡献过多少工作时间？

A. 0 ~ 5 天（小于 1 天/月）   B. 6 ~ 48 天（约 1 ~ 4 天/月）

C. 49 ~ 96 天（约 4 ~ 8 天/月）   D. 97 ~ 240 天（约 8 ~ 20 天/月）

E. 240 天以上（约 20 天/月以上）   F. 其他（请注明）_____

1.5 您怎样才能加入该团体/组织？

A. 被要求加入   B. 承继家庭传统

C. 受邀请加入   D. 自愿加入，无需申请

E. 自愿申请加入   F. 其他（请注明）_____

您参加的其他团体/组织呢（可多选）？

A. 被要求加入   B. 承继家庭传统

C. 受邀请加入   D. 自愿加入，无需申请

E. 自愿申请加入   F. 其他（请注明）_____

1.6 参加该团体/组织有何主要益处（可多选）？

A. 改善了我家生计现状/改善了所获得的服务

B. 对在危急时刻或将来获得帮助很重要

C. 获得心理支持

D. 提升社会地位

E. 获得精神上的满足

F. 对整个社区有益处

G. 其他（请注明）_____

您参加的其他团体/组织呢（可多选）？

A. 改善了我家生计现状/改善了所获得的服务

B. 对在危急时刻或将来获得帮助很重要

C. 获得情绪心理支持

D. 提升社会地位

E. 获得精神上的满足

F. 对整个社区有益处

G. 其他（请注明）＿＿＿＿＿＿＿

1.7　该团体/组织是否和社区之外别的团体/组织互相交流或合作？

A. 否　　　　　　　　B. 是，偶尔　　　　　　　　C. 不清楚

D. 是，较多　　　　　E. 是，经常

您参加的其他团体/组织是否和社区之外别的团体/组织互相交流或合作？

A. 否　　　　　　　　B. 是，偶尔　　　　　　　　C. 不清楚

D. 是，较多　　　　　E. 是，经常

1.8　近几年您有＿＿＿＿＿＿＿个亲密的朋友？同住的家人有＿＿＿＿＿＿＿个亲密的朋友？这些朋友是您相处融洽，能倾诉隐私或寻求帮助的。

1.9　如果您或您家人急需一小笔钱（相当于一个月工资），除您的亲人外，您是否有可以求助或愿意为您提供这笔钱的人？

A. 绝对没有　　　　　B. 可能没有　　　　　　　　C. 不确定

D. 可能有　　　　　　E. 当然有

1.10　请您列出您知道的社区中的民间组织或团体，并写出其相应的特征。

团体/组织名称	组织类型*	会员数量	组织的主要活动	是否与其他组织交往				
				1. 否	2. 偶尔	3. 不清楚	4. 较多	5. 经常

［＊将以下 A－I 选项对应填入该栏中。］

A. 党派组织　　　　　B. 行业专业型（如医生、教师、退伍军人）

C. 学术教育型　　D. 文化艺术型（如读书会、书法会）

E. 娱乐健身型（如舞蹈、拳操、旅游等）　　F. 聚会社交型

G. 居委会　　H. 民间/志愿组织（如老年协会、红十字会等）

I. 其他

2. 信任及团结

2.1　总体而言，您是否同意下列说法？请在表格中相应选项下画"√"。

您是否同意……	1. 非常同意	2. 较同意	3. 没有意见	4. 较不同意	5. 非常不同意
A. 大多数社区/邻里居民可以信任					
B. 大多数社区/邻里居民乐意在您需要的时候伸出援手					
C. 在这个社区/邻里区域内，要小心有人会占你的便宜					
D. 这里的居民只关注自家的利益而不关心社区集体的利益					

2.2　如果一个社区项目不能直接使您受益，但已经给社区其他很多人带来好处，您愿意为之付出时间和金钱吗？

项目	1. 不愿意	2. 不大愿意	3. 不确定	4. 比较愿意	5. 非常愿意
时间					
金钱					

2.3　与别的社区比较，您所在社区的人在互相借予物品方面的信任度如何？

1. 信任度大大低于别的社区　　2. 信任度比别的社区要少一些

3. 与别的社区差不多　　4. 信任度比别的社区稍微高一些

5. 信任度大大高于别的社区

3. 集体行动与合作

3.1　在过去 12 个月内，您曾和社区其他居民一起从事过社区的公益性活动吗？

1. 没做过→跳答 3.3　　　　2. 做过，一共参与过_____天

A. 0～5 天（小于 1 天/月）　　B. 6～48 天（1～4 天/月）

C. 49～96 天（4～8 天/月）　　D. 97～240 天（8～20 天/月）

E. 240 天以上（20 天/月以上）

F. 其他（请注明）_____该分法有待改善

3.2　请列举其中三件典型事例，分别列入"自愿参与"或是"被要求参与"的方框中。

	自愿参与	被要求参与
A. 捐款捐物救灾等		
B. 志愿或义务服务等		
C. 其他（请注明）_____		

3.3　如果不参与社区活动，人们有可能会受到批评或者谴责吗？

1. 极不可能　　2. 不太可能　　3. 不一定

4. 有可能　　5. 极有可能

3.4　人们是否可能尝试合作解决诸如噪声、停车、物业管理等社区公共问题？

1. 极不可能　　2. 不太可能　　3. 不一定

4. 有可能　　5. 极有可能

3.5　假设社区邻里发生不幸的事，如罹患重病、遭遇火灾或长辈去世等，一些社区居民是否可能共同帮助他们？

1. 极不可能帮　　2. 不太可能帮　　3. 帮不帮都有可能

4. 有可能帮　　5. 极有可能帮

4. 社会凝聚力及社会融合

4.1　您所在社区的邻里之间亲近感如何？

1. 非常疏远　　2. 比较疏远　　3. 既不亲近也不疏远

4. 比较亲近　　5. 非常亲近

4.2　居住在同一社区的人们是否因如下因素产生差异？差异程度是否明显？这些差异是否导致矛盾甚至暴力冲突？

因……引致的 差异	差异程度					是否导致矛盾甚至暴力冲突		
	差异 极大	差异 很大	差异不大 也不小	差异 较小	差异 甚微	导致暴 力冲突	导致矛盾 但无冲突	无矛盾 无冲突
性别								
年龄								
民族/种族								
教育程度								
房屋所有权								
财富								
社会地位								
长期住户与新 迁入住户								
政党归属								
宗教信仰								
其他因素								

4.3　社区中是否有不允许享有或使用以下资源的人群？约有多少人？请画"✓"。

项　　目	否	是		
		少数人	很多人，但不超过社区居民的50%	超过社区居民的50%
A. 教育/学校				
B. 保健服务/医疗门诊				
C. 生活用水				
D. 法律咨询，权益保护				
E. 交通运输				

4.4　有没有不允许您参加的社区活动？

1. 有　　　　　　2. 没有，我可以参加所有活动→跳答4.7

4.5　哪些活动不允许您参加？［调查员说明：最多可列出三个］

4.6　为何不允许您参加？［调查员说明：最多可列出两个原因］

1. 贫穷　2. 职位或职业　3. 教育水平不够　4. 社会阶层差异

5. 性别　6. 年龄　7. 种族差异　8. 语言　9. 政党归属

10. 宗教信仰　11. 其他（请注明＿＿＿＿＿＿＿＿＿）

4.7　在您看来，社区总体来说很融洽还是充满矛盾？

1. 非常融洽　　2. 比较融洽　　3. 既不融洽矛盾也不多

4. 矛盾比较多　5. 矛盾非常多

4.8　相对5年前＊，社区的暴力冲突行为是增加、减少还是不变？

［＊ 调查员亦可根据某突出事件发生之前和发生之后进行比较提问。］

1. 显著增加　　2. 稍有增加　　3. 几乎不变

4. 稍有减少　　5. 大大减少

4.9　针对犯罪行为和暴力情况，总体而言，您独自在家时是否觉得安全？

1. 非常安全　　2. 比较安全　　3. 可能安全可能不安全

4. 较不安全　　5. 非常不安全

4.10 您觉得夜晚天黑后单独在街上行走是否安全？

1. 非常安全　　2. 比较安全　　3. 可能安全可能不安全

4. 较不安全　　5. 非常不安全

4.11　在过去的12个月中，您或您家人是否遭受过袭击或抢劫等犯罪行为的侵犯？

1. 是，＿＿＿＿＿＿＿次　　　　　　　　　　2. 否

4.12　在过去的12个月中，您的房屋是否遭受过偷窃或破坏？

1. 是，＿＿＿＿＿＿＿次　　　　　　　　　　2. 否

5. 赋权及政治参与

5.1　在过去的12个月中，社区居民是否经常联合向居委会、街道干部或者党政领导对有关社区公益的事项表达诉求？

1. 从未发生→跳答5.3　　2. 一次　　3. 不清楚

4. 几次（≤5）　　5. 多次发生（＞5）

5.2 以上行为是否成功？

1. 是，都很成功　　2. 大多数成功　　3. 不清楚　　4. 大多数不成功

5. 从未成功

5.3 在过去的 12 个月中，您是否参与过以下活动？	1. 是	2. 否
A. 参与竞选		
B. 参与社区居委会会议，或居民代表会议、公开听证会、公众讨论		
C. 投票选举		
D. 参与抗议行动（包括向居委或街道反映问题、提意见等）		
E. 约见一名政治人物，给他打电话或写信		
F. 向警察或政府反映一件当地问题		
G. 对报纸、电台或电视中反映的当地问题保持关注		

5.4　当地方政府机关/领导做影响到你们的有关决定时，是否考虑你们的意见？

1. 根本不考虑　　2. 基本不考虑　　3. 不清楚

4. 考虑一点　　　5. 很大程度上考虑

5.5　在您看来，社区中下列机构的官员或者职员是否有诚信？由 1 至 5 打分，1 表示非常没有诚信，5 表示非常有诚信，9 代表不适用或机构不在社区中。请在表格中对应分数下画"✓"。

1. 非常没有诚信　　　　　　2. 大多数情况没有诚信

3. 可能诚信可能没有诚信　　4. 大多数情况有诚信

5. 非常有诚信　　　　　　　9. 不适用（机构不在社区中）

社区中下列机构的官员或者职员诚信度	1	2	3	4	5	9 不适用
A. 地方政府官员，如街道干部等						
B. 传统的社区领导，如居委会干部等						
C. 保健门诊的医生护士						
D. 老师及学校职员						
E. 邮局职员						
F. 警察						
G. 法官及法院职员						
H. 民间（非政府）组织的职员						

5.6　总体而言，相比 5 年前＊，地方政府的诚信度是有所改善、有所恶化还是保持不变？［＊调查员亦可根据突出事件发生之前和发生之后进行比较

提问。]

　　1. 显著改善　　2. 有所改善　　3. 保持不变　　4. 有所恶化

　　5. 大大恶化

第二部分　生活满意度

　　此部分将就您的生活现状提问，请用数字标出您对以下五项叙述最确切的看法。这些 1 到 7 的数字由一个极端到另一极端，代表不同的感受。"1" 表示极其不赞同，"7" 表示极其赞同，"4" 代表没有意见或不能做判断，请尽量避免使用。请在表格中对应分数下画 "✓"。

　　1 = 极其不赞同　2 = 不赞同　3 = 有些不赞同　4 = 没有意见　5 = 有些赞同　6 = 赞同　7 = 极其赞同

您是否觉得……	1	2	3	4	5	6	7
我的生活在大多数方面接近我的理想状态							
我生活的情形非常好							
我对生活非常满意							
到如今我获得了生命中重要的东西							
如果生命可以重来，我不愿意改变什么							

第三部分　工具性日常生活活动能力（IADL）

以下事项您是否能自己完成，请在表格中对应选项下画 "✓"。

项　目	1. 自己能做到	2. 要人帮忙	3. 完全做不到
打 电 话			
购　物			
煮　饭			
家 务 处 理			
洗 衣 服			
外　出			
吃　药			
处 理 钱 财			

第四部分　受访者资料

下面将了解您和家人的个人信息，请填写或在表格中对应选项下画"√"。

1. 年龄		_____周岁	2. 性别		① 男	② 女
3. 政治面貌			4. 籍贯			
5. 同住家庭人口数		_____人（含本人）	6. 身体是否有障碍		① 健全	② 持证
7. 自何时起在社区居住？			① 出生至今		② 自_____年前至今	
8. 婚姻状况	①单身	②已婚	③配偶已去世	④同居	⑤离婚/分居	

9. 居住状况	①与配偶居住		②与子女居住		③与配偶、子女居住	
	④与亲友居住		⑤独居			

10. 最高学历	①没有任何学历	②小学		③初中	④高中
	⑤大专		⑥本科或以上教育（非学位）		
	⑦本科或以上教育（学位）		⑧ 硕士/博士		

11. 目前有无工作或做生意？	有，是：			没有，是：		
	①雇员	②自雇	③雇主	④料理家务者	⑤学生	⑥退休人士

12. 职业（请回答现从事的职业或退休前从事的职业？）

①非技术工人/保安员/小贩/杂工/散工		②器械操作员及装配员	
③工艺技术人员	④服务工作及商业销售人员	⑤秘书/文员	⑥经理/行政
⑦政府职员	⑧专业人员/教师/律师/医生等	⑨其他，请列明：_____	⑩不适用

13. 您每月平均收入（单位：元）		①没有收入	② 1280以下	③1280～1999
④2000～2999	⑤3000～4999	⑥5000以上	⑦拒答	

14. 您家庭每月总收入约_____元（包括同住所有成员的工作收入及其他收入，精确到百元）。

15. 请问是否获得政府的社会保障援助？

①没有			
②有，获得的包括（可选择多项）			
A. 低保	B. 失业金	C. 协保	D. 高龄慰问金
E. 遗属补贴	F. 其他，请说明：_____		
③拒答			

16. 同住社区或家中的其他家庭成员概况，包括子女和配偶以及长期同住的朋友。

家庭成员与本人关系	性 别		年龄（周岁）	文化程度（选项参照第10题）	在职状况（选项参照第11题）	职业（选项参照第12题）	月收入（选项参照第13题）
	男	女					
1.							
2.							
3.							
4.							
5.							

——问卷完，再次感谢您的填答！——

访问员签名：　　　　访问所耗时间：

索　引

后　记

老龄化社会是未来人类社会的常态，随着老龄化程度的加深，关于老年人群体及老龄化社会的研究已经得到各界的广泛重视。其宏观层面的研究涉及人口变迁、基础设施建设、社会福利政策、经济产业结构转型、人力资源配置等；中观层面涉及社会组织服务、家庭功能及社会功能的互补、社区老年人的集体活动方式等；微观层面涉及不同年龄阶段、不同性别、不同文化、不同地域及居住模式的老年人个体的方方面面。根据笔者涉猎的国内外文献以及同行的经验，笔者认为可从制度、经济、文化、科技、社会服务等几个层面将老龄化研究分为如下几个方面。

1. 制度视角（政府）：制度是实现老龄化社会健康发展的保障。①完善社会保障制度，更重要的是建立保障制度的监察机制，使老年人的各种需求随时代变迁不落后于社会主流，比如在各种津贴的计算方法中考虑生活标准的变化，纳入新时代的生活内容，例如计算使用网络及通信设备的费用补贴等。②改进医疗制度，普及老年人医院或者专科医院，有针对性地发展家庭医生制度，使老年病学适应将来老年人激增的状况。③发展护理者教育项目，从正式、非正式教育渠道同时开展专业护理人员和非正式护理人员老年护理全科教育或者培训。④制订适应当下情况的家庭政策来鼓励家庭功能的恢复和重建，比如借鉴新加坡的子女就近购房减税优惠和政府补贴政策等。⑤适当缩小城乡差距，特别关注城乡人群在制度安排上的福利、服务享有方面的区别。

2. 经济（产业/市场）视角：构建适宜老年人经济参与的体系，维护老年人在经济生活中的主流角色。① 开发老年人就业产业链，如设立老年人专门就业市场，为 50 岁以上人群开拓相关行业，为老年人提供就业机会。②推行终身教育项目，如在电视媒体、老年人学校中设立老年人金融讲堂，开发各种适合老年人经济参与的新方式，优化他们的收入结构和支出结构，满足老年人经济独立的需求。

3. 文化视角：正所谓 "It is not age that is at fault but rather our attitudes toward it"。①研究者需要联合媒体力量，以多种形式弘扬老龄化社会的正面价值观，重塑老年人的社会形象，消除老年歧视；从社会文化上推崇善待老年人的核心价值观，营造互敬的氛围，建设新时代的家庭价值观念。② Old is gold。教育年轻人乐观面向老年，做好迎接自己老年时代的全面准备——积极的心理准备、价值观准备、物质和身体准备。③推崇全民健身的理念，并在社区内建设利民的健身设施。④通过社区、传媒、医疗等各渠道发展生命教育，为每个人完成和理解生命历程，认识宁养、临终关怀等服务做基础工作。⑤发展老年文化产业，以影片、电视节目、综艺节目等多种方式展现老龄社会主流文化。

4. 技术视角：根据老年人生活各方面的需求，进行技术创新。①在衣着、食物、日用品设计方面上采用适合老年人体能的新材料；住房安排须考虑老年人的安全需求，比如普及电梯、安装适合老年人使用的安全预警系统，并进行周期性的性能检查；研发老年人安全出行的方法和工具。②特别发展和普及辅助失能老人的新技术，如安康钟、视力康复等方面的辅助工具。③发展满足老年人其他需求的技术，如 ICT 等方面的技术推广和产品应用，满足老年人维持社会功能的需求。④开展影响老年人健康因素的相关研究，从生理、精神、社会等多方面探求健康、积极的老年人生活体系。

5. 社会服务视角：建立一个老年人从开始步入老年（young old）到晚年（oldest old）的成长指数，考量老年人从健康能动阶段到生命安宁发展过程（quality of death）的多层次需求，并据此建立相应的服务。①大力开展全民健身活动，普及健康知识，整合社区资源，实现社区内体育设施的共享。② 鼓励社会组织力量发动老年人为社会继续贡献，提供平台鼓励老年人再就业，依靠专业民间组织，加大发展老年人服务老年人或其他群体（如社区学校跨年龄师友计划等）的项目，并提供培训机会，为这些服务者配备如心理咨询、沟通、服务技巧等方面的知识。③ 为失能老人普及各种康复知识，比如中风老年人的康复，耳、齿、眼等器官功能的保护和康复知识，以及其他高危人群的日常护理知识；开发技术发展高质量的长期护理（LTC）。④提供家庭服务，维持家庭功能的良性运作，如依靠社区志愿者力量，为家庭护理者，尤其是长期病患和老年痴呆症的家庭，提供支持和缓解压力的服务（care giver support & respite，有学者形象地称其为"喘息服务"），使家庭关系保持活力。⑤开发社会服务项目，与公共媒体广泛合作，维持老年人的社会功能，鼓励老年人参政议政，创造机会使其参与社区社会公共事务。⑥防止虐老事件发生，依靠社区，建立热线服务等，提供相关法律支持。⑦依靠社会力量，引进资源，大力发展专业宁养服务和临终关怀，开展生死教育，树立老年人积极面对死亡的价值观，完善人生"老去"阶段的各种服务环节。⑧继续发展机构养老、居家养老、社区养老的相关服务，并完善配套设施，如尝试支付老年人一定的资金，购买自己需要的服务项目。

研究当服务于实践，这是科研的根本动力，研究者在预防胜于治疗的理念下，培养各种老年领域的研究者，针对以上五个方面，进行系统的老龄化社会研究。组织专门人员，针对各种新的服务和制度，完善各种法律法规，提供配套的法律，构建各部门协调、分步骤满足老龄化社会多样化诉求的机制。

几乎每个人都要面对老年人生，在老年人主宰的社会中，如何让每个人都有均等的机会追求高质量的生活，是当前人类社会须直面的挑战，而老年人群体怎样在时代潮流中活出精彩人生亦是共同的诉求。长寿高龄本应是社会和科技进步的标志，年龄也本应不是问题，但在当下的社会中，工业化、城市化、全球化、信息化的发展越来越快，从而使第三年龄群体成为较为弱势的年龄群体。作为将来的老年人，我们不得不考虑，如何使文明进一步发展。随着社会进步，当科技进步和公众舆论使社会生活达到去年龄化的时候，也许才能真正实现对于老龄社会的接纳、认同。

本书是浩瀚的老龄化研究中的沧海一粟，笔者希望通过本研究及本研究对理论、政策、实务工作的各项启示，实现倡导积极老龄化观念的愿望，视老龄化社会如机遇，视老年人如社会财富，通过多方努力形成对于老龄化议题的正面态度，构建老龄化社会的友善环境。囿于时间精力，本书无论是文字描述还是分析和讨论都还有很多不成熟的地方，而且随着研究的一步步推进，笔者愈是感觉尚待研究的问题永无止境。作为研究者，更希望结有志同行者，将激情澎湃的余生岁月奉献给充满希望和朝气的老龄化研究。

最后感谢复旦大学"985 工程"学科建设项目资金对本书的资助，特别感谢社区干部、警察、调查员对于课题调查提供的帮助，感谢金思贤、张郁、邵小龙、叶雅惠、王璐、李昀鋆等同学为书稿做的校订、翻译等工作，感谢社会科学文献出版社胡亮编辑的细心审阅。

二〇一四年二月 于上海

图书在版编目（CIP）数据

追溯老年佳境：基于社会资本理论的研究/陈虹霖著. —北京：社会科学文献出版社,2015.2

（社会发展与社会政策论丛）

ISBN 978 - 7 - 5097 - 6695 - 8

Ⅰ.①追…　Ⅱ.①陈…　Ⅲ.①老年人 - 社会问题 - 研究 - 中国　Ⅳ.①D669.6

中国版本图书馆 CIP 数据核字（2014）第 247766 号

·社会发展与社会政策论丛·

追溯老年佳境：基于社会资本理论的研究

著　　者／陈虹霖

出 版 人／谢寿光
项目统筹／童根兴
责任编辑／胡　亮

出　　版／社会科学文献出版社·社会政法分社（010）59367156
　　　　　　地址：北京市北三环中路甲 29 号院华龙大厦　邮编：100029
　　　　　　网址：www.ssap.com.cn
发　　行／市场营销中心（010）59367081　59367090
　　　　　　读者服务中心（010）59367028
印　　装／三河市尚艺印装有限公司

规　　格／开　本：787mm × 1092mm　1/16
　　　　　　印　张：16.5　字　数：277 千字
版　　次／2015 年 2 月第 1 版　2015 年 2 月第 1 次印刷
书　　号／ISBN 978 - 7 - 5097 - 6695 - 8
定　　价／59.00 元